陈新寰◎编著

班组经济管理创新实践

央企生产经营一线班组管控实例

中国工人出版社

图书在版编目（CIP）数据

班组经济管理创新实践 / 陈新寰编著. — 北京：中国工人出版社, 2018.1
ISBN 978-7-5008-6881-1

①班… Ⅱ.①陈… Ⅲ. ①班组管理 - 经济管理 Ⅳ. ①F406.6

中国版本图书馆CIP数据核字（2018）第017898号

班组经济管理创新实践

出 版 人	芮宗金
责任编辑	石钰艳
责任校对	赵贵芬
责任印制	栾征宇
出版发行	中国工人出版社
地　　址	北京市东城区鼓楼外大街45号　邮编：100120
网　　址	http://www.wp-china.com
电　　话	（010）62005043（总编室） （010）62005039（出版物流部） （010）62382916（职工教育分社）
发行热线	（010）62005996　（010）82075964（传真）
经　　销	各地书店
印　　刷	北京美图印务有限公司
开　　本	710 毫米 × 1000 毫米　1/16
印　　张	19
字　　数	400千字
版　　次	2018年5月第1版　2018年5月第1次印刷
定　　价	59.00 元

本书如有破损、缺页、装订错误，请与本社出版物流部联系更换

前　言

班组是企业最重要的单元，也是关系企业生存和发展的关键细胞。班组管理是企业的基础管理工作，班组的管理直接影响着安全、生产、质量、成本和提质增效等各方面。现在谈论班组管理的文献比较多，但深入研究探讨班组经济管理的理论和实践不多。探索符合实际的班组经济管理理论，并在此基础上建立班组经济管理的标准化流程是一件很有意义的事情。

如何抓好抓实班组经济管理工作？这是需要企业管理者认真思考的课题。

一、班组经济管理在企业生存发展中的作用

企业管理者必须明确企业生存发展的两件事：一是市场；二是成本。过去，大家把市场作为班组管理的主要任务，生产适销对路的产品、提高产品质量、保证生产安全等。而把成本管控的任务主要交给了财务会计部门，认为只要财务会计部门做好年度预算、依法会计核算、提供流动资金就可以了。其实，一个企业综合成本的90%是来自生产环节，而不少企业财务部门所直接能管控的成本费用最多占10%。为此，我们当然要把班组管理，特别是班组经济管理作为重要工作来抓。

二、班组经济管理的核心是成本联控

一个企业少的有几十个班组，多的有上千个班组。对于单个班组而言，传统的成本管控重点就是降成本，无非就是控制人工费、控制材料费、降低单机消耗、修旧利废、减少浪费等。实际上，大型制造业企业的班组群是一个关联度极高的系统，仅仅满足上述降成本的要求是远远不够的，我们在实践中创新探索出一套“成本联控”的理论和方法，成本联控的核心概括为“成本倒推、资金授限、联动管控”十二个字。这在本书的上篇进行了详细的描述。

三、班组经济管理是班组长的必修课

作为班组的灵魂人物——班组长，如果只关注安全生产，而不重视经济管理，那整个企业成本管理的基础就不能说建立起来了。作为班组长，首先，对工作要有高度负责的精神，严于律己，处处起好带头的表率作用；要注重工作方式，善于团结同志，做好职工的思想政治工作，敢于承担责任，认真总结工作中的经验教训；要广泛征求职工对班组管理特别是经济管理的意见，不断改进工作方法；要清楚一线员工们最关注什么？做任何工作要算清楚经济账，工作讲程序。一个既懂生产技术又懂经济管理的班组长一定会得到大家的认可。本书的第二篇详细描述了基层班组经济管理的流程和矩阵，方便班组参考。

这是一本来自央企生产一线班组经济管理的实践书。在全书的编著过程中，我们对大量的基层经济管理流程进行了梳理，考虑到行业千差万别，但班组经济管理的目标和路径大同小异，授之以渔是我们的初衷，相信这本书的价值不仅填补了经济管理实践领域的空白，更满足各行各业生产一线班组员工的管理提升需求。期待永远成为基层班组团队的一员。

目录
CONTENTS

上篇 班组经济管理理论

下篇 班组经济管理实践

上 篇

班组经济管理理论

第一章　班组经济核算

本章重点

1. 理解班组经济核算的主要内容
2. 掌握班组经济核算的基本方法
3. 了解班组经济核算的常见问题
4. 了解班组经济核算的改善对策

【案例引导】

夜深了，某煤电路综合能源企业A公司的机关员工早已下班，但公司会议室仍然灯火通明，这个煤炭市场的领头羊企业遇到了发展瓶颈，公司领导正在与来自北京的知名咨询公司探讨对策。

“王总，在您心中，贵公司在追求怎样一种目标呢?”来自咨询公司的李先生问道。“成为国内最大的煤电路综合能源企业，迅速增长的市场占有率和领先对手的成本联控优势是最重要的。”王总自信地回答。“那请问贵公司成本核算的最基本单位是什么呢?”李先生接着问。“公司成本核算最基本的单位是班组，成本联控的主体关键是协同。”王总自信地回答。

“在当今市场竞争白热化的今天，企业以低成本优势抢占市场并实现可持续发展已经成为一种必然，因此，加强成本管控、降低产品成本工作就显得尤为急迫。而生产班组是企业生产基层的基础单位，推行班组经济管理是企业发展的基本内需。”李先生笑着说。

那么，什么是班组经济核算？怎样进行班组经济核算？请思考以下问题：

问题 1：班组经济核算的主要内容有哪些？
问题 2：怎样进行班组经济核算？
问题 3：班组经济核算过程中会遇到哪些问题？怎样解决这些问题？

第一节　班组经济核算的主要内容

班组经济核算是指在班组范围内，通过对投入和产出进行分析评价，对产品整个制造过程进行精益管理，以取得良好经济效益的一种班组经济管理方法。

班组经济核算主要包括对生产成本、物料成本、人力成本、制造费用、质量成本和设备成本的核算。

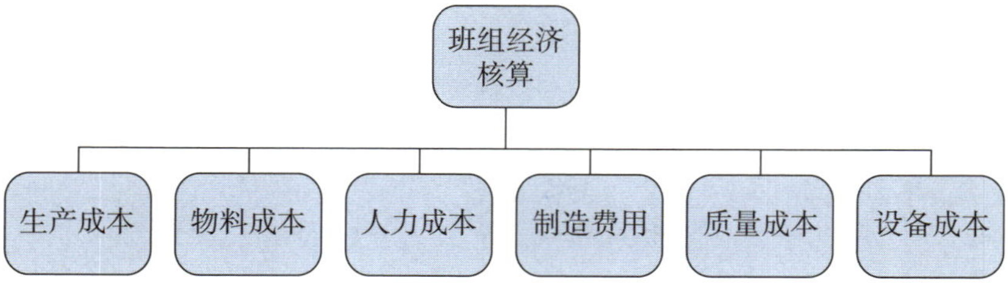

1. 生产成本

班组是企业生产的基本作业单元，主要工作是产品的加工制造，其全部消耗的成本即为生产成本。生产成本是企业各车间班组为生产一定种类和数量的产品所发生的直接材料、直接人工和间接制造费用的总和。班组经济核算最主要的工作就是对生产成本的全面掌控，关键是找到成本控制的“阀门”。

2. 物料成本

在班组的全部生产成本之中，物料成本一般占 60%—90%，是生产成本最主要的部分。物料成本主要包括物料管理成本与物料耗费成本，物料管理成本主要包括采购成本、供应成本、使用成本、保管成本、库存成本等；物料耗费成本主要包括原材料成本、辅助材料成本、包装材料成本、物料耗损成本等。班组物料成本管理主要是控制采购、库存费用、生产消耗等活动环节。

3. 人力成本

在班组的全部生产成本之中，人力成本所占的比重逐年增加，成为影响

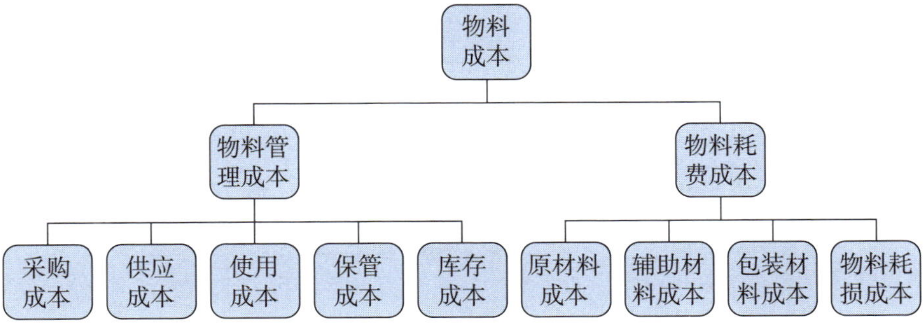

生产成本管理的直接因素。人力成本主要包括人力管理成本和人力薪资成本。人力管理成本包括人员的培训、使用、保障、离职等成本；人力薪资成本包括人员工资、社保福利等成本。班组可通过降低工资成本，提高员工的生产率，减少单位产品中工资的比重，达到控制生产成本的目的。

4. 制造费用

在班组的全部生产成本之中，制造费用在成本中所占项目多、比重不大。制造费用主要包括折旧费、修理费、辅助生产费用、车间管理人员工资、其他杂费等。班组对有的制造费用容易忽视，特别是要加大对差旅费、通信费、运输费、办公用品费、保险费等控制。

5. 质量成本

在班组的全部生产成本之中，质量成本是指为了使产品满足质量标准而进行的质量控制费用以及由产品质量不合格造成的损失。质量成本一般分为质量控制成本和质量损失成本。质量控制成本是使产品满足质量标准而发生的控制费用，包括鉴定成本和预防成本；质量损失成本是由产品质量不合格造成的损失发生的成本，包括内部损失成本和外部损失成本。班组要高度重视员工技能水平的提高，员工技能水平的高低直接影响质量损失成本。

6. 设备成本

在班组的全部生产成本之中，设备成本是指班组在生产过程中对设备进行使用和维护的成本，以及因设备闲置造成的设备浪费等成本。在生产过程中，设备效率与生产设备的成本呈反比关系。班组需要分析影响设备效率的因素，采取有效的措施，提高设备效率，降低设备成本。

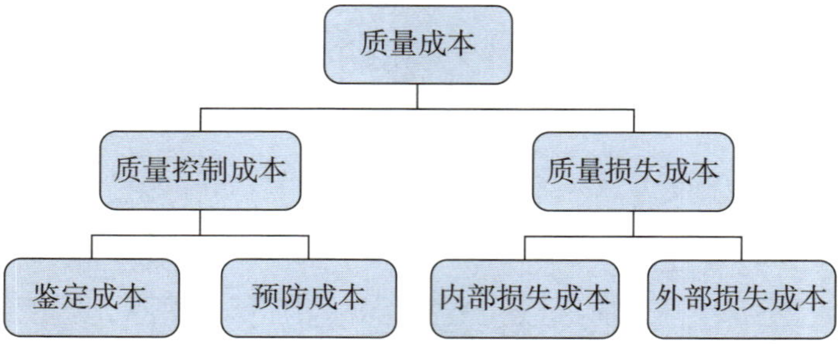

第二节　班组经济核算的基本方法

班组经济核算的基本方法主要包括预算编制法、决策法、计划编制法、成本控制法、成本核算法、成本分析法、成本考核法等。

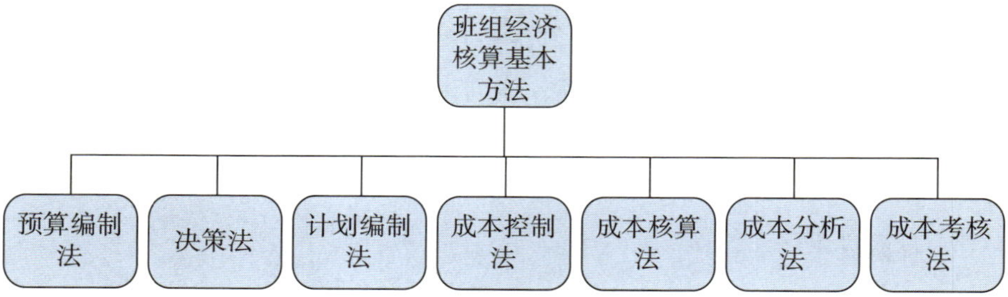

（1）预算编制法

预算编制法一般包括固定预算、滚动预算和零基预算。

固定预算	指编制预算的过程中，不考虑预算期内企业生产经营产生的变化，适用于业务水平比较稳定的企业
滚动预算	指对头一个季度的预算按照月份进行编制，对以后三个季度的预算按照季度进行编制
零基预算	指在不考虑以前的成本费用项目和成本费用发生额，一切从零开始编制预算

（2）决策法

决策法一般包括总额分析法、相关成本分析法和成本无差别点法等。

总额分析法	以利润作为最终的评价指标，按照销售收入减成本的模式计算利润，由此决定方案取舍的一种决策方法。决策中涉及的收入和成本是指各方案的总收入和总成本，通常不考虑总成本与决策的关系，不需要区分相关成本与无关成本
相关成本分析法	以相关成本作为最终的评价指标，由相关成本决定方案取舍的一种决策方法。相关成本越小，说明企业所费成本越低，故决策时应选择相关成本最低的方案
成本无差别点法	成本无差别点法是以成本无差别点业务量作为最终的评价指标，根据成本无差别点所确定的业务量范围来决定方案取舍的一种决策方法，适用于只涉及成本而业务量未知的方案决策。成本无差别业务量指两个不同备选方案总成本相等时的业务量

（3）计划编制法

计划编制法一般包括统一编制法和分级编制法两种。

统一编制法	指以企业财会部门为核心，其他有关部门和车间班组配合，根据综合经营计划的要求，编制产品生产成本计划，是一种自上而下的编制方法，适用于中小型企业或品种较少的企业
分级编制法	指以上级部门下达生产成本控制指标，部门、车间、班组等根据指标，按生产成本计划要求，通过同级间、上级和下级间的沟通和协调，形成总体生产成本计划，是一种自下而上的编制方法，适用于产品较多的企业

（4）成本控制法

成本控制法一般包括指标分解法、预算法、定额法、联动管控法。

指标分解法	指将大指标分解为小指标，分解时，可以按车间、班组进行分解，也可以按产品类型和产品的工艺阶段或零部件分解，还可以工序分解
预算法	指企业可根据季度的生产销售计划制定较短期的生产成本预算，并将它作为成本控制的标准

续表

定额法	指建立生产成本定额和生产费用开支限额，并将其作为成本标准进行控制，实行定额控制的办法有利于成本控制的具体化
联动管控法	指把成本单元协同起来综合运用上述方法的管控

（5）成本核算法

成本核算法一般包括品种法、分批法、分步法、定额法。

品种法	指各种产品按月定期计算成本，不需要在完工产品与在产品间分配费用，适用于单一产品生产
分批法	指每批或每件产品不定期计算成本，通常不需要在完工产品与在产品间分配费用，适用于产品复杂的单件、小批量生产类型
分步法	指产成品及其各生产阶段成本按月定期计算成本，需要在完工产品与在产品间分配费用，适用于产品复杂的大批量生产类型
定额法	指各类产品在费用发生时随时计算实际成本与定额之间的差异，需要在完工产品与在产品间分配费用，适用于有条件的大批量生产企业

（6）成本分析法

产品成本分析一般包括产品总成本分析、主要成本分析。

产品总成本分析	包括按成本项目反映的产品生产成本表的分析和按产品种类反映的产品生产成本表的分析	本项目反映的产品生产成本表的分析一般可采用对比分析法、构成比率分析法、相关指标比率分析法
主要成本分析	根据企业生产的各种主要产品的主要成本构成情况进行的分析	主要成本项目分析方法有直接材料成本分析、直接人工成本分析、制造费用分析

（7）成本考核法

成本考核法一般包括对实物指标、价值指标、数量指标和质量指标等考核。

实物指标	指从使用的价值角度，按照它的自然单位来表示的指标
价值指标	指以货币为统一尺度所表示的指标
数量指标	指反映在一定时期内某一工作数量的指标，如人工成本、材料成本、燃料成本等
质量指标	指反映一定时期内成本管理工作的质量，如单位产品生产成本、成本降低率等

第三节　班组经济核算的常见问题

班组经济核算常见问题主要体现在物料成本管理、人力成本管理、设备成本管理、质量成本管理、制造费用管理等方面。

1. 物料成本管理问题

物料成本管理主要在物料采购、呆废料、物料缺料、物料损耗等环节存在问题。

物料采购	一般表现为由于供应商选择等方面不恰当，无法取得合理最低价格，给班组增加无形成本
呆废料	一般表现为由呆料和废料造成的成本损失，其中，呆料成本是指库存时间过长而极少或有可能根本不用的物料；废料是指那些质量不符合技术标准，不能按照原定用途加以利用，或只有通过加工修复才能利用的物料，废料成本损失是由于废料的产生而形成的损失性费用
物料缺料	一般表现为因物料短缺造成等待、停工所引起的成本损失。按照缺料产生的原因，可分为定额不准产生的缺料成本、生产调整产生的缺料成本、过度损耗产生的缺料成本和供货不及时产生的缺料成本等
物料损耗	一般表现为搬运过程、投产过程和保管过程损耗成本

2. 人力成本管理问题

人力成本管理主要在员工技能，对上级政策、执行，工作效率，多余人员，班组员工分配等。

员工技能不足或技能单一，会使班组员工工作范围狭窄，工作效率低下，某种程度上增加人力成本。

对上级政策、要求执行不力的情况通常有三种：执行态度不力，班组员工在执行工作任务的过程中，不认真、不努力，缺乏责任心；执行速度不力，计划在执行中经常被延误，有些工作甚至不了了之，影响了计划的执行速度；执行力度不力，制定的一些政策措施在执行过程中，力度越来越小，离工作目标也越来越远，许多工作通常是虎头蛇尾，没有成效。

工作效率低下，相当于班组员工在单位时间内创造的价值较少，无形中增加了人力成本。

班组中存在多余人员，会直接占用大量资源，降低运作效率，提高人力成本，同时会影响士气和凝聚力。

班组员工分配不合理会造成部属工作不均衡，忙闲不均，工作效率低下；工作安排不合理，甚至会造成内部不满；不合理安排工作，也可能是把工作安排给不适合的人作业，导致工作效率和质量问题；工作准备不充分，也是一种工作安排不合理，导致工作受阻。

3. 设备成本管理问题

设备成本管理主要在设备使用、设备维护、设备闲置、设备减值、设备报废等方面存在问题。

设备使用	一般表现为班组为完成生产任务，在设备使用过程增加的各类投入。主要存在超额发生燃料动力费、修理费、人工费、搬运费等各项费用支出问题
设备维护	一般表现为保证设备正常运转而进行日常清洁、紧固、润滑、调整、检修等作业所发生的成本支出。主要存在超额发生材料费、人工费、外来修理等各项费用支出问题
设备闲置	一般表现为在班组设备闲置期间因对设备进行管理和维护所发生的支出。主要存在超额发生设备保养费、设备仓储费、设备资金占用费等各项费用支出问题

续表

设备减值	一般表现为由设备减值所造成的损失金额。设备减值是指设备的可收回金额低于账面价值。主要存在设备价格大幅下跌，跌幅明显高于因时间推移或正常使用预计的幅度；企业面临的市场形势发生重大变化，对企业造成不利影响；设备陈旧或人为形成的损坏等问题
设备报废	一般表现为因班组设备报废工作发生的费用支出。主要存在设备报废评估不准确、设备报废处理不科学等发生的超额费用支出问题

4. 质量成本管理问题

班组质量成本管理一般表现为质量损失成本。具体包括内部损失成本和外部损失成本。

内部损失成本	指在生产产品的过程中，由于产品本身的缺陷所造成的经济损失和员工处理缺陷所花费的费用的总和
外部损失成本	指产品出售后因质量问题而产生的一切损失和费用，即将产品交付给客户后发生的与质量有关的成本

其中，内部损失主要包括：复检费用、分析处理费、返修损失、产品降级损失、废品损失、停工损失。

复检费用	即对产品质量复检所支付的相关费用
分析处理费	即分析、处理产品质量问题所产生的直接费用
返修损失	即对不合格的产成品、半成品进行返修所耗用的材料、人工费用
产品降级损失	即产品因外表或局部质量达不到质量标准（但不影响主要性能）而被降级处理造成的损失
废品损失	即无法修复或经济上不值得修复的半成品或产成品报废所带来的损失
停工损失	即由于质量问题而引起停工所造成的费用损失等

5. 制造费用管理问题

制造费用一般表现为对人员管理、办公用品、通信费用、差旅费、经营租赁、运输费和保险费等管理方面出现的问题，制造费用不是班组成本的直接费用，项目较多，但单项成本较小，不易引起重视，容易形成管控死角，造成浪费。

第四节　班组经济核算的改善对策

针对班组经济核算存在的物料成本管理问题、人力成本管理问题、设备成本管理问题、质量成本管理问题、制造费用管理问题，班组需逐一分析并加以改善。

1. 物料成本管理问题的改善对策

加强对物料消耗定额的控制。物料消耗定额是指在一定的生产技术条件下，生产单位合格产品或完成单位工作量所要消耗的一定品种规格的物料、配件、半成品等的数量标准。班组长可通过制定物料消耗定额的方式来对物料的使用进行控制，避免产生物料浪费，从而降低产品的物料成本。

加强对原材料成本的控制。主要包括通过工艺设计控制原材料成本、通过工艺改进控制原材料成本。班组根据原材料消耗定额及生产任务要求，计算生产计划期内的原材料需求量，编制原材料需求计划。生产不按要求进行审核，并作出是否调整的决定，从而通过计划—审核控制原材料成本。原材料限额领料控制的具体实施措施：规范填写领料单、审核发放。在生产加工过程中控制原材料成本的措施包括合理加工、边角料利用、废料回收。

加强对辅助材料成本的控制。主要包括规范现场保管制度、推行定额使用制度、辅料报费控制。辅料现场保管措施包括设置管理台账、实施专人保管、分类保管等。推行定额使用制度，需制定定额使用标准，并制定奖惩办法。报废辅料时，要按规定的程序进行，以有效地控制辅料浪费，进而控制辅料成本。

加强对包装材料成本的控制。主要包括使用控制、保管控制和技术控制。班组在使用包装材料的过程中应进行有效的成本控制，要做到按程序领取、按定额使用、加速周转等。在班组生产现场，可能会存在用剩的包装材料，或者根据生产需要进行统筹安排而存放在现场的包装材料，这时班组需要合理保管包装材料，以实现有效的成本控制。在生产过程中，班组应仔细观察各种包装材料的优劣，并向技术部门提出合理化建议，促使企业采购并使用工艺较好的包装材料，进而降低包装材料成本。

加强对呆废料成本的控制。主要包括控制废料产生和控制废料处理。班组要控制废料产生，应从两个方面来开展，即控制搬运过程和控制使用过程。在废料处理中控制成本，主要是指加强废料报废的审批手续，使物料报废程序标准化，防止合格物料被当作废料报废，从而有效地控制物料成本。

加强对物料缺料成本的控制。为防止生产现场因缺料造成损失，可事先储存一部分生产所需的物料，此部分物料库存也可称为安全库存。班组长需配合仓储人员做好安全库存的控制工作，以便控制缺料成本。

加强对物料损耗成本的控制。主要包括搬运物料损耗成本控制、投产物料损耗成本控制、库存物料损耗成本控制。搬运物料损耗成本控制措施包括卸载场地选择、做好防护措施和保持通道畅通。投产物料损耗，来源于人为损耗、机器损耗和工艺损耗。因此投产物料损耗成本控制的方法包括控制工艺损耗、控制人为损耗和控制机器损耗。库存物料损耗成本的控制主要包括密闭保存和定期维护。

2. 人力成本管理问题的改善对策

人力成本管理主要通过培养多能员工、提高执行能力、提高工作效率、深挖富余人员潜能、进行人员合理分配等方面实施。

培养多能员工方面，既可扩大班组员工的工作范围，又能提高班组整体工作效率，并能在适当时机精减富余人员，控制人力成本。班组可通过内外部培训培养、轮岗交换、师傅“传帮带”等方式打造多能员工。

提高执行能力方面，班组长要及时传递各项工作任务管控的压力及措施，提高员工落实的执行力，提高班组工作的效率和效果。班组可通过加强监督考核、控制工作时间浪费、提高工作技能等方式增强执行力度，间接控制人力成本。

提高工作效率方面，就是最大限度地使班组员工在单位时间内创造出更多的价值。班组可通过不断改进生产技术、制定劳动定额、提升班组员工的工作技能、提高员工的工作积极性等方式，促进班组员工提高整体工作效率。

深挖富余人员潜能方面，班组中存在一些富余人员，会直接占有大量资源，提高人力成本，且会影响班组整体团结稳定。班组可通过一方面以数据测算具体业务量，明确削减富余人员；另一方面充分深入分析班组内每一岗位工作的具体内容，找到内部相连逻辑关系，去掉不必要的业务或环节，增加重要及关节环节力量，以达到合理分配富余人员。

人员合理分配方面，科学合理的人员岗位分配对于班组整体效率的提升至关重要。班组长要全面了解生产流程、工作内容和每一位班组员工的状况，结合实际，科学合理分配员工岗位。班组可通过作业环节分析、了解员工具体状况、进行员工实习安排等方式，进行合理班组人员分配。

3. 设备成本管理问题的改善对策

设备成本管理主要通过开展全员设备维护、提高设备使用寿命、提高设备使用效率、避免出现设备闲置、及时处理设备闲置等方式实施。

开展全员设备维护方面，班组长组织班组全体员工开展全员设备维护活动，降低设备出现故障的概率，谋求设备的最高使用效率。班组可通过全员参与、全过程控制、保全管理等方式，实现设备全生命周期管理。

提高设备使用效率方面，班组长对设备进行合理的使用管理，及时进行设备的维护和保养，做好设备的故障预防和处理，以提高设备使用寿命，降低单位时间的设备使用成本。班组可通过严格按照技术规程执行操作设备，避免设备出现意外事故；及时做好设备的保护工作，避免因环境因素缩短设备周期；强化对设备的日常和定期保养，实时监督检查；提前做好设备故障的预防和处理方案等方式，提升设备使用效率。

提高设备使用效率方面，班组可通过减少设备故障停机时间、减少设备非故障停机时间、降低设备速度损失、实现设备快速换模等方式实施提高。

避免出现设备闲置方面，班组长可通过人机作业分析来对人员和设备作业时间进行分析，不断优化作业工序，最大限度避免出现大量设备闲置的情况。

及时处理设备闲置方面，设备闲置将大大增加企业生产成本，占用生产场地，加大设备维护、保养难度。班组长应积极配合设备管理人员及时对闲置设备进行处理。可通过盘活闲置设备、企业内外调剂闲置设备、公开拍卖等方式，提高闲置设备利用价值。

4. 质量成本管理问题的改善对策

质量成本管理主要通过提高员工技能、控制产品质量、控制工序质量、降低产品不良率等方式实施。

提高员工技能。班组员工技能的提升不仅可促使员工生产出高质量产品，还可使其准确掌握质量检验方法，减少质量损失和质量鉴定成本。班组可通过内外部技术培训、技术竞赛、技术交流、技能大师工作室等载体作用，提高员工整体技能水平。

控制产品质量。产品质量控制贯穿于生产的全过程，在生产开始前进行预先检验，在生产过程中进行中间检验，在生产结束后进行最后检验。班组可通过按标准检验、控制检验、作业人员互检、工序间互检、班组长抽检等方式，控制产品质量。

控制工序质量。班组要将质量特性值控制在规定的波动范围内，使工序处于受控状态，稳定生产合格产品，有效控制班组质量成本。班组可通过实施自控法、工序检验控制法、控制图法等方式，提高工序质量。

降低产品不良率。班组通过降低产品不良率，能够控制产品的整体质量水平和生产效率，进而控制班组质量成本。班组可通过严格按照操作规程、作业指导书等方式，指导员工精确标准操作，降低产品不良率。

5. 制造费用管理问题的改善对策

企业应采取措施提高管理人员的能力与工作效率，并完善管理人员管理制度，以期在提高管理人员工作效率的同时降低管理人员的成本开支。

班组对办公用品成本应进行控制，可减少制造费用，节约生产成本。班组一般可在办公用品的申请、采购、使用和维护四个方面对办公用品进行控制。

班组对通信费用应进行控制，可减少通信费用开支，进而减少班组的成本支出。通信费用控制方法主要有明确通信工具配置标准、制定通信费用支出标准、制定通信费用统计办法、制定通信工具使用规定并监督四种。

加强对差旅费应进行控制，可达到合理节约差旅费的目的。控制差旅费，可以从建立费用标准、严格审批程序、建立报销制度三个方面着手控制。

班组对租赁费用应进行控制，可减少租赁费用开支，降低制造费用成本。通常，对租赁费用可在厂房租赁、设备用具租赁两个方面进行控制。

班组对运输费用应进行控制，可减少运输费用支出，降低生产成本。根据班组运输费用的构成，班组可在人员和物资损耗两个方面对运输费用进行控制。

班组对保险费用应进行控制，可降低班组的制造费用成本。通常，班组可在保险标的选择、保险公司选择、保险险种选择三个方面对保险费用进行控制。

第二章　班组成本联控

本章重点

1. 理解班组成本联控的主要内容
2. 掌握班组成本联控的基本方法
3. 了解班组成本联控的常见问题
4. 了解班组成本联控的改善对策

【案例引导】

某露天煤矿卡车轮胎单耗超预算，矿领导扣罚轮胎奖金，由于卡车拉运属于运输班组工作，故矿领导考核运输班组奖金，但运输班组提出工务班组修理矿区道路不平整，致使卡车轮胎单耗较高，工务班组却抱怨爆破班组在爆破时未将岩石完全炸碎，致使岩石清理困难，而爆破班组则辩解称自己爆破没问题，是运输班组卡车司机操作不当造成轮胎单耗偏高，因为没有成本联控机制，卡车轮胎单耗超预算扣罚奖金最终只能由运输班组承担。

那么，什么是班组成本联控？怎样进行班组成本联控？请思考以下问题：

问题 1：班组成本联控的主要内容有哪些？

问题 2：怎样进行班组成本联控？

问题 3：班组成本联控过程中会遇到哪些问题？怎样解决这些问题？

第一节　班组成本联控的主要内容

成本联控的理论基础是“成本倒推、资金授限、联动管理”。运用到基层班组的成本联控又是由一系列的成车控制方法构成。

班组成本联控是指将班组所有生产成本联合管控，环环相扣，对每一个生产作业环节成本进行关联，一个环节的成本变动进而影响另一个或者另几个环节成本的变化，寻求最合理的成本管控区间。

班组成本联控包括以下几方面内容：班组成本预算管理、班组成本决策管理、班组成本计划管理、班组成本控制管理、班组成本核算管理、班组成本分析管理、班组成本考核管理。

1. 班组成本预算管理

班组成本预算是按照预算期的生产和经营情况所编制的预定成本，它属于一种预计或未来成本。确定班组成本预算应以企业预算期内的销售和生产预算为基础，编制产品生产和经营的直接材料成本预算、直接人力成本预算和制造费用。

企业为合理配置本单位的生产经营的资源，在编制预算前，应首先由财务、企管等部门联合计划、生产、机电及其他管理部室根据企业的中长期发展规划和战略发展要求，明确生产经营的发展方向，制定预算编制原则。

一是确定成本费用控制重点，针对企业以往生产成本费用控制的薄弱环节，提出预算年度的控制要求

二是保证预算的严肃性，确保预算编制在“资料收集—审查汇总—预算调整—结果确认”全过程中做到全面、准确、有序、合理、合规

三是以增利减亏，经济平衡为原则，企业盈利时要增利、亏损时要减亏，对生产成本费用要节约，实现组织经济的均衡可持续发展

班组长须做好本车间的生产成本预算工作，生产各相关部门按照预算编制的要求，在每年10—11月，向财务部提供下一年度及每月的生产成本预算资料，财务部于每年12月中旬编制下一年度生产成本预算，经公司总经理会议审查后，于12月底上报公司董事长会议审定，经批准后贯彻执行。对由生产技术指标调整而造成的生产预算调整以及因企业因素而引起的成本增减，

由公司的预算管理委员会（财务部一般为办事机构）按有关程序申请调整预算。对月度生产计划、各项生产技术指标的调整文件或资料，专业管理部门应及时提交给预算管理委员会。

2. 班组成本决策管理

班组成本决策是指在成本预测的基础上，拟订出各种降低成本的方案，通过对各方案进行分析计算，从中选出经济效益最佳的方案，最终使目标成本最优化的过程。

班组成本决策的目标就是要求在一定期间的生产经营活动中，资金耗费水平达到最低，所取得的经济效益最大。涉及具体问题可采取不同的方法，但总的原则是必须兼顾企业目前和长远的利益，并且要通过努力能够实现。

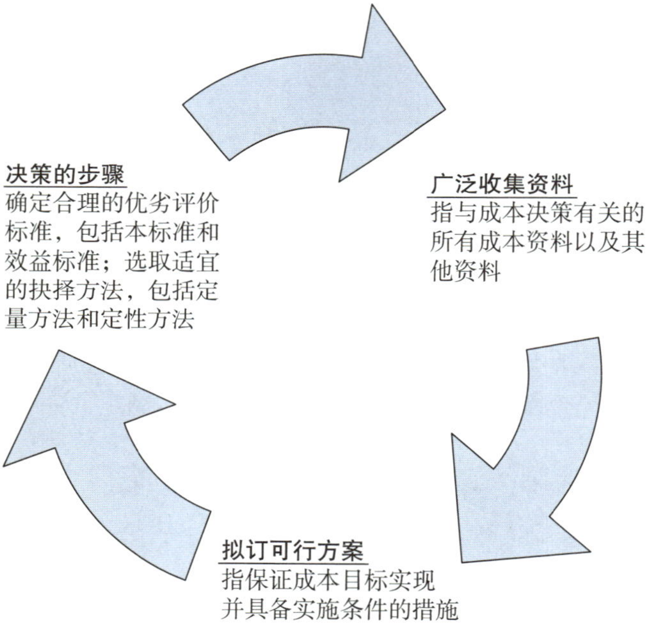

3. 班组成本计划管理

班组成本计划是企业生产计划的重要组成部分，是对企业生产经营活动进行指导、控制、分析、考核的重要依据。班组长需要参与生产成本计划管理的相关工作，并按生产成本计划进行成本管理，节约班组的成本。

生产成本计划包括目标成本指标和相应的控制措施，班组长在配合财务部门编制生产成本计划时，主要有四步。

第一步	收集和整理相关资料，这是编制生产成本计划的基础工作，主要包括各项成本降低指标及有关各项规定、计划期各种直接材料、直接人工的消耗定额、工时定额、材料计划价格及劳动工资率
第二步	初步确定成本指标，预计和分析上年生产成本计划完成情况，确定成本指标
第三步	成本指标试算平衡，须与其他计划指标进行综合平衡，如产品材料计划和物资供应计划、设备使用计划、资金计划的互相衔接平衡
第四步	编制生产成本计划，依据工时定额、材料消耗定额、费用定额等编制生产成本计划

4. 班组成本控制管理

班组成本控制管理是每个企业都必须重视的问题，做好这一点可以有效地降低生产成本。班组成本控制程序是在产品成本形成的整个过程中，对生产成本形成的具体活动，按照标准进行严格的监督控制，发现超过规定的标准，就要查明原因，采取措施，使生产成本被控制在预算范围内，从而保证达成低成本的目标。

班组应定期分析成本异常原因，结合管理部门下达的资金计划，对应成本要素的变化及时提出应对策略。

5. 班组成本核算管理

班组成本核算是指从生产费用发生开始，经过归集和分配，直至计算出完工产品的总成本和单位成本。

成本核算的准备。第一，应根据设备条件、技术水平、员工积极性等要素，制定和修订原材料、燃料和人工等消耗定额，并据此审核各项消耗是否达到了降低成本的目的。第二，应对生产过程中的工时和动力的消耗、在制品和半成品的内部转移以及产品质量的检验结果等，做好原始记录的登记、传递、审核和保管工作，以便正确、及时地为成本核算提供原始材料。第三，应分设基本生产成本和辅助生产成本账户进行核算。在制造费用未计入各产品成本计算对象之前，应先在制造费用账户中进行归集核算，然后再按一定标准分配计入各产品成本中。

成本核算的实施。首先应划分生产成本的界限，为了正确核算生产成本费用，准确计量产品的生产成本，必须正确划分生产成本界限，具体分为划分班组成本界限、划分各月份的费用、划分各产品的成本、划分完工产品和在制品的成本四个过程；其次进行班组成本核算。生产成本核算是从生产成本费用发生开始，到算出完工产品总成本和单位成本为止的整个成本计算的步骤。班组长只有掌握生产成本核算的步骤，才能核算出本班组的生产成本。

6. 班组成本分析管理

班组成本分析是对所收集的生产成本数据资料加以分析比较，作为成本控制及做出企业决策的依据。

班组生产成本表的编制。要对产品生产成本进行分析，班组长须配合相关人员编制生产成本表。生产成本表是反映在报告期内生产的全部总成本的报表。该表一般分为两种：一种按成本项目反映；另一种按产品种类反映。按成本项目反映的生产成本表是按成本项目汇总反映企业发生的全部生产成本以及生产成本合计额的报表。按产品种类反映的产品生产成本表是按产品种类汇总反映企业生产的全部产品的单位成本和总成本的报表。

7. 班组成本考核管理

班组成本考核是指通过定期对成本考核指标的对比分析，对目标成本的实现情况和成本计划完成情况进行全面审核、评价，它是成本管理的重要内容。

班组成本考核是评价班组成本管理业绩的主要手段，通过考核，可促进班组控制和降低各种耗费，从而降低产品的生产成本。成本考核是制定成本考核指标，然后根据指标对成本控制业绩进行评价的过程。

第二节　班组成本联控的基本方法

班组成本联控的基本方法主要包括，目标管控法、作业管控法、监督管控法、激励管控法、缺陷管控法。

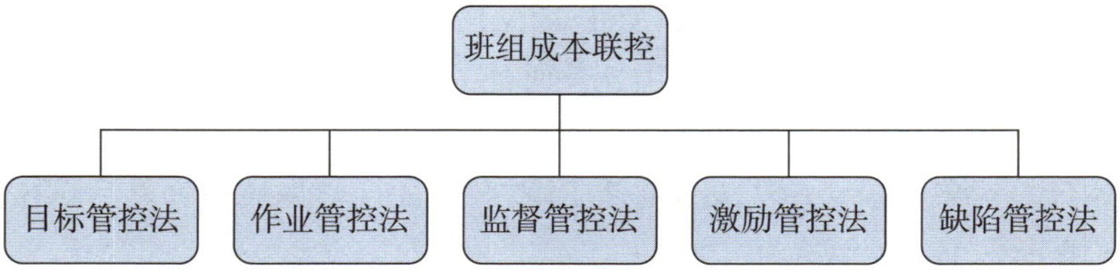

1. 目标管控法

班组目标管控是指在班组内首先设定成本目标，再将成本目标逐一细化到每一生产单元进行成本管控的手段。

主要采取的步骤为：首先确定目标成本，目标成本是在企业生产经营活动开始前，根据预定的目标预先确定的成本，主要通过经营目标或直接制定目标成本。其次是目标成本责任落实，将目标总成本分解到各个责任单元，班组长负责把每一项责任成本核算工作落到实处，按产品制造过程分解，并落实到每一道工序、每一个班组。目标成本的分解宜采用“倒推法”，即按照产品成本形成的逆方向倒推，按照市场价格→产品目标成本→各工序半成品目标成本→各工序目标成本构成程序进行，构成完整的闭环成本控制及考核体系。最后是目标成本控制实施，目标成本控制实施的是在班组内实行全过程、全要素、全员参与的成本控制。

2. 作业管控法

班组作业管控是指在班组内深入作业层次对生产作业活动进行追踪，强化成本链分析，来指导生产人员有效执行必要的作业，消除和精简不能创造价值的作业，以实现降低成本、提高作业效率。班组作业管控的主要要素是对资源、作业、成本对象及成本动因的管控。

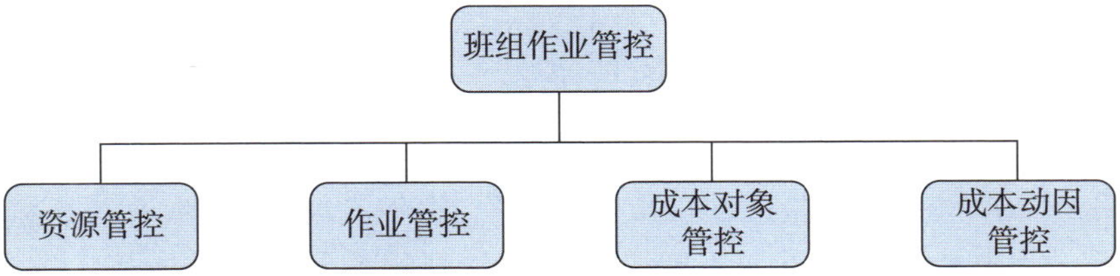

资源管控	指为了产出产品而产生的费用支出，包括物料、能源、设备、资金和人工等资源
作业管控	作业管控的核心要素，是指在生产现场为了生产产品耗费资源的工作，根据业务的层次和范围，分为单位作业、批别作业、产品作业和支持作业
成本对象管控	指在班组内需要计量成本的对象，可将每一个生产批次作为成本对象，也可将一个品种作为成本对象
成本动因管控	指解释发生成本的作业的特性的计量指标，反映作业所耗用的成本或其他作业所耗用的作业量

班组作业管控的步骤主要包括：作业调研、作业认定、成本归集、建立成本库、建立作业成本模型、作业成本分析、持续改进。

3. 监督管控法

为了规范生产人员行为，提高全员成本管控水平，降低企业生产成本，可实施班组成本监督管控。班组生产成本监督管控是指对产品成本的形成过程进行监督控制。监督管控方式，成本监督在审查生产循环时，对生产流程、机器设备耗用、人员配置、生产技术的开发、资源的合理使用、人流物流情况等都应进行详细的审查和评价，并且要充分结合审查测试、审查实质性分析、选择调查取证渠道、建立分析模型等方法来进行监督与检查。监督管控内容，班组在对生产成本进行监督管控时，可对成本决策、成本计划、成本形成等内容进行监督审查。

4. 激励管控法

为提高工作效率，降低生产成本，班组长必须在班组内部对员工进行激励，制定合理的激励机制，充分发挥每一位员工降本增效的积极性。对员工鼓励方法主要包括物质奖励、精神激励、舆论激励、民主激励、监督激励。科学的激励方法选择是对班组长最重要的问题，通常激励方法选择程序主要包括员工需求调查、分析员工工作动机、确定员工需求、选择合理的激励方法。

5. 缺陷管控法

班组缺陷管控法是指对缺陷成本进行管控的方法。缺陷成本是质量成本的一部分，主要是指交货前因产品未能满足规定的质量要求所造成的损失，诸如重新加工、返工、重新鉴定或报废等。班组缺陷成本产生的原因主要有生产决策、生产管理、员工操作等方面。避免缺陷成本就是要努力寻求控制的办法，及时发现问题、分析原因、解决问题，然后把解决问题的方法应用到实际操作中，减少这些现象的重复发生，如此才能更好地对生产成本进行控制。具体控制措施主要有在生产现场班组长具有良好的工作能力、员工具有良好的职业操作素养、班组内每一步生产工序都具有严格的岗位标准，总体上都是要围绕降低生产成本、提高企业效益而进行。

第三节　班组成本联控的常见问题

成本联控方面存在的问题主要体现在：缺乏创新管理、成本管控片面性、班组管理手段陈旧、成本管理观念落后等。

1. 缺乏创新管理

成本管理是班组经济管理的重要组成部分，成本管理的主体应该是生产经营的最小单元——班组，成本管理的动力来自班组对效益最大化的需要，但是多数管理者未充分意识到这一点，成本管理似乎仅限于国家颁布的财务法规中有关成本条例的遵守和执行，而忽略成本管理对企业生产经营的重要作用。从系统的角度看，过去班组的管理者更多的是局限于本班组的成本控制，实际上一个完整的生产经营单位需要多班组成本的联动管控。这在我们看来是成本管理方面一个根本性的变革。

从传统成本管理看来，节约成了降低成本的基本手段，而从现代成本管理的角度出发，不难发现，成本降低是有条件和限度的，在某些情况下控制成本的费用，可能会导致产品质量和企业效益的下降。因而这种成本管理是一种消极的而不是积极的管理方式。因此，企业不仅要关注产品的生产成本，而且要关注其产品在市场上的效益。有的班组成本管理仅局限于降低成本，却很少从效益角度来看成本的效用，降低成本的手段也主要依靠节约日常费用的方式。我们以制造业为例，一个产品的生产加工需要一系列班组协同完成，如果每个班组单独追求成本最低往往导致的可能是整个生产加工环节整体成本管控的失效，所以我们强调的是成本联控。

2. 成本管控片面性

班组在成本管理中只注重本班组成本的管理，忽视其他方面的成本分析与研究。有的班组成本管理工作并没有形成一个有机的整体，主要表现在成本控制与成本核算、成本分析与成本考核之间存在脱节。有的班组成本管理没有形成有效的目标成本指标体系，成本指标没有细化量化，成本控制难以有效进行，其表现如下：企业的成本从大到小涉及管理的各工序、各层次、各环节、各岗位，是一个系统工程。但由于缺乏应有的体系，没有进行系统思考、统筹安排，一个环节、一个工序的成本降下来了，另一个环节、另一个工序的成本又上升了；管理部门不健全、职责不清，导致各项管理工作不顺畅。另外，有些班组长只注重生产质量和销售情况。

3. 班组管理手段陈旧

成本核算是成本管理工作的重要组成部分，它是将班组在生产经营过程中发生的各种耗费按照一定的对象进行分配和归集，以计算总成本和单位成本，完整地归集与核算成本计算对象所发生的各种耗费；正确计算生产资料转移价值和应计入本期成本的费用额；科学地确定成本计算的对象、项目、其间以及成本计算方法和费用分配方法，保证各种产品成本的准确、及时。成本核算仅注重材料、人工、制造费用，忽视了现代企业日趋增大的产品研究开发、中间试验和小批试制及售后服务上的投入，使产品的相关成本内容不全，不能正确评价产品在寿命周期全过程的经济效益；在过去高度劳动密集型企业里，对核算所作的简单假定（即以直接人工小时数或产量为依据来分配间接费用），通常不会严重扭曲产品成本。但在现代化的制造环境下，直接人工成本比例大大下降，制造费用所占比例大幅度上升，再使用传统的成本计算方法会产生不合理现象，使用传统成本核算法将导致产品成本信息的扭曲，导致企业错误地选择产品经营方向。

4. 成本管理观念落后

由于多年来形成的成本管理观念，说起成本管理，就是简单地降低日常运行和管理费用，就只会想到对那些属于财务部门控制的成本，如采购环节的原材料价格、行政管理中的办公经费、业务招待费、差旅费、出国经费等，实际上这些由财务部门所能够直接控制的成本费用仅占全部生产成本的8%左右。而对那些财务部门不易抓住和不易“看见”或属于生产技术环节大幅降低成本途径则很少考虑，如设计生产工艺方法、改变生产组织、提高设备利用率、提高劳动生产效率、提高产品品质等。在成本管理上缺乏全局观念，在实施成本管理的过程中，只注重成本核算，只重视生产成本的降低，只重视财务和成本报表，利用报表中的数字去管理成本。这种做法虽然对降低成本起到一定的作用，但归根结底成本核算还是事后控制，对成本没有做到预先控制和发生过程中的控制，而且所控制的成本比例非常有限。

5. 存在一定的经济风险

在日常生产之中，受各种主客观因素的影响，班组内部管理存在一些不合规甚至违规违纪的现象，主要表现在班组在岗人员不正确履行职责或不作为，个人自由裁量空间较大，缺乏有效制衡和监督制约；制度管理松散、制度流程不完善、制度落实不到位，不注重程序的执行；资产处置未按规定履行审批程序、重大资产损失核销未按规定履行审批程序、资产长期闲置积压；在财务管理中，存在“账外账”“小金库”、账实不符等问题。

第四节　班组成本联控的改善对策

班组成本联控的改善对策主要包括实行全员成本管控、创新成本联控手段、推进班组信息化建设、开展班组对标管理、开展班组经济本质安全管理等方面。

1. 实行全员成本联控

班组长要树立“一切成本皆可控”的理念，充分调动班组内每一单元的积极因素，纵向上下联动，横向互相均衡，实现全体员工参与成本联控，努力寻求系统成本联控的最优区间，以提高全员整体生产效率，最大限度降本增效。例如，露天煤矿企业可针对穿爆、采掘、运输、排弃、供电等整体生产工艺，实行成本联控管理，穿爆和采掘班组、运输与工务班组之间需要不断强化沟通协调，量化技术指标，建立制衡机制，实现煤炭生产组织中所有班组全员共同管控生产成本。

2. 创新成本联控手段

班组长要集思广益，群策群力，结合班组业务实际，不断创新成本联控手段。一是在班组内可通过按月度召开不定形式的经营分析，以问题为导向，突出异常管理，重点分析班组内成本消耗异常现场，追根溯源，落实责任与考核，把成本联控的压力及措施传递到班组内每一名员工，实现班组经济均衡发展。二是要不断激活班组细胞，建立创新奖励机制，在班组内大力开展修旧利废、技改技革、科技创新等活动，树立劳模、技能大师、技术能手等先进典型，努力营造“比学赶帮超”的浓厚学习氛围，以激发班组内每一名员工创新创效的主动性与积极性。三是加大对上下工序不同班组的协同力度，如定期召开不同班组协同会议，寻求联动效应，树立大局意识，追求整体成本的最优化。

3. 推进班组信息化建设

紧紧围绕班组成本联控，借助企业内外部专业力量，强化班组信息化建设。结合实际，推进 ERP 系统或企业自有信息平台在班组建设中的实施，加强班组生产经营指标数据分析，缩小分析单元，延展分析深度，提高分析数据的及时性，开发建立班组生产经营管理分析信息化平台，以数据分析为抓手，落实单台、单机、单人的标准数据，提高班组整体工作效率，提升全员成本联控的水平，最终实现公司生产经营决策一体化系统。

4. 开展班组对标管理

企业要积极为班组长搭建学习的平台，加大对班组长内外培训的力度，结合市场新形势，及时填充新知识、新技能，培养既懂技术又懂管理的现代班组领头人。建立班组对标学习常态化制度，每年定期开展班组之间对标学习，对标先进班组，取长补短，持续改进提升。充分调动班组内部员工建言献策的积极性，广泛征求改进班组管理的合理化建议，发扬民主风气，只要是有利于班组降本、提升管理水平的方法，就应大胆试验，成型后积极推广执行，努力构建班组充满活力、和谐稳定的班组团队。

5. 开展班组经济本质安全管理

班组经济本质安全就是要求班组的各项管理与内部控制流程要高度契合。班组员工职责必须明确，由生产工艺界定的员工作业流程必须以手册的形式固化下来，防止发生诸如损失风险、误操风险、安全风险。要通过建立一套有效的经济安全体系，把流程梳理清楚，把业务标准固化下来，通过评价考核办法检查班组日常管理过程中的经济风险，力争把经济风险控制在受控范围内。

第三章　班组绩效管理考核

本章重点

1. 理解班组绩效考核的主要内容
2. 掌握班组绩效考核的基本方法
3. 了解班组绩效考核的常见问题
4. 了解班组绩效考核的改善对策

【案例引导】

某煤电综合企业成立于2003年，在成立初期就注重引入班组绩效管理模式，但由于公司建立初期各管理体系和规章制度还处于建设的摸索阶段，绩效管理也仅仅是初步地编制了绩效考核管理标准和考核实施细则，以加强对公司员工及生产经营活动的监督和管理。虽然在建立考核制度的一段时期内，这套绩效考核办法起到了积极的作用，既提升了公司的执行力又调动了员工的积极性，起到了预期和应有的作用。但随着时间的推移，班组绩效考核也暴露出一些问题：一是考核认知有局限性。班组员工普遍认为绩效即工资。绩效和薪酬联系过于紧密容易造成员工的反感情绪，管理部门或管理人员在具体的考核过程中受人际、自身利益等因素的影响，使得绩效考核对员工的引导作用与实际产生的效果所偏离。二是反馈的缺失。考核完就完事，工作中存在什么问题、如何解决、有无提升空间等没有系统地进一步总结、讨论和提出解决措施。而考核结果更重要的地方恰恰在于对后续问题跟踪解决，在于为员工进一步改善、提供指导和支持上。三是随着绩效考核的模式固有化，考核成了公司管理部门和管理人员期末不得不做的作业，根本不能发挥绩效考核的管理作用。四是各绩效板块单独管理，相互之间没有关联，不能有机地统一起来，不能形成一个闭环的管理模式，造成绩效管理缺失。

那么，是什么原因造成了这样的问题？怎样进行班组绩效考核与成本联控？请思考以下问题：

问题1：班组绩效考核与成本联控的主要内容有哪些？

问题2：怎样进行班组绩效考核与成本联控？

问题3：班组绩效考核与成本联控过程中会遇到哪些问题？怎样解决这些问题？

第一节　班组绩效管理考核的主要内容

班组绩效管理考核是指对班组具体业务工作的整体评价，定性与定量考核相结合，科学准确地评价班组管理水平。班组绩效管理考核须紧紧围绕班组成本联控执行，加大班组成本考核权重，注重价值创造能力，注重提质增效。

1.“五型班组”绩效管理考核

“五型班组”绩效管理考核实行月度与年度考核相衔接、考核与评价相结合、考核评价与过程监控相统一、考核结果与奖惩相挂钩的方式。

“五型班组”绩效考核指标体系主要由本质安全型、文明生产型、学习创新型、经济核算型、和谐团结型指标组成，在班组内实现生产管理精益化、基础管理标准化、班组环境定置化、员工行为规范化、文化引领持续化。

本质安全型	主要包括政治安全、经济安全、生产环保安全，是指无重大政治、经济、环境污染事故及责任死亡事故，体现安全稳定健康
文明生产型	主要包括班组生产管理、岗位标准作业流程执行等生产管理性指标
学习创新型	主要包括开展职工技能大赛、技能比武、技术革新、QC攻关、专利发明、达标竞赛、合理化建议等创新性指标
经济核算型	主要包括节支降耗、成本节约、修旧利废、联动管控等经济性指标
和谐团结型	主要包括维护员工合法权益、丰富员工文体生活、帮扶困难员工等软件性指标

考核须体现以下原则：

一是坚持价值创造原则，增强班组的市场意识，实现降本增效、提质提效、创新创效，不断提高价值创造能力

二是坚持行业对标原则，班组应积极转变管理理念，按照“内学先进，外创一流”的理念，开展内外部对标学习，查找管理短板，寻求改进措施

三是坚持精准考评原则，按照“五型班组”建设要求，有针对性地选择关键指标和管理短板指标实施考评；科学设定考评目标值，将实际完成值与考评目标值的差距控制在合理范围内；依据相关规则确定考评分数，考评结果应全面准确反映班组实际工作业绩

四是坚持以全面预算管理为中心的原则，强化班组全面预算管理，层层分解、落实、控制各项指标并按季度进行分析、总结与考核

五是坚持考核与成本联控挂钩。就是提高成本联控效果占绩效考核的比重，实践表明，比重越大，考核的效果特别是成本联控的工作越能做到位

2. 全面质量标准化绩效管理考核

全面质量标准化管理是指以基础管理、现场管理为基础，以工作标准和工作质量为中心，以过程控制为手段，通过各系统的规范化、标准化运行，实现管理的全员参与、全程控制、全方位管理。将班组绩效管理考核纳入全面质量标准化绩效管理体系，全面推行质量标准化管理，达到班组最优管控效果。企业设立全面质量标准化管理奖励基金，考核责任部门对班组绩效管理系统进行独立检查、考核，再由全面质量标准化办公室统一汇总评比、奖罚。针对班组绩效考核获得的质量奖金，须向重点生产岗位、现场管理岗位和基础管理岗位进行倾斜，不搞平均主义，奖金实行合理的二次或三次分配。

第二节　班组绩效管理考核的基本方法

班组绩效管理考核主要核心就是围绕降低成本指标、提高工作效率、提升管理水平。企业应充分挖掘生产工艺特点，改变仅注重单一环节的成本管控意识，主动调动各环节整体联控效果，以成本联控确保绩效考核真正在班组一线落地。

1. 考核遵循的基本原则

价值创造性原则。班组、车间要以企业整体价值创造最大化为导向，在完成月度经营考核指标的同时，进一步降本增效，不断增强所在单元价值创造力。

实时监控性原则。建立和加强考核部门之间的信息沟通工作机制，确保考核的及时性、科学性和准确性。

适用可操作性原则。考评方式突出生产经营重点、方便考核，确保考核内容、流程可操作，责任分解到位，考核结果落实到位。

客观公正性原则。根据责任单位实际情况选取考核指标，确保考核结果能够客观地反映各队的经营业绩。

奖惩激励性原则。按照责任单位生产经营指标完成情况，实行月度考核、月度兑现，做到激励到位，约束有力。

2. 考核确定的基本指标

班组绩效考核管理实行按月执行，月度绩效考核指标根据责任单位实际生产经营情况，设立量化指标，如生产任务量、设备点检、设备运行记录、员工操作标准等指标；根据各车间、各班组成本互相影响的特点，重点设立联动考核指标，如针对每一项具体操作业务，可由甲车间根据企业技术部门制定的操作标准，考核与之业务相连的乙车间、丙车间等，具体考核过程应由考核部门与被考核部门共同认定责任业务，做好考核记录，现场班组长签字确认，按制定的处罚标准执行。

月度考核指标的确定，各车间根据生产实际对年度生产经营绩效考核指标进行月度分解，提前上报考核小组各对口部门，考核小组各对口部门根据上报车间实际情况，对月度绩效考核指标进行审核和确定。各项月度考核计划指标的下达，必须与年度计划指标相衔接，生产量等促进类指标累计考核不得低于年度计划值，生产成本等抑制类指标累计考核不得高于年度计划值。各项月度计划指标一经下达，原则上不允许调整。如由于不可抗力导致难以完成的指标，按以下程序调整：各车间应及时向考核小组各对口部门以书面形式报告，考核小组各对口部门调研后形成初步意见，经企业分管领导审批后，作为月度计划调整的依据，事后提出报告的不予认可。

3. 考核的基本流程

绩效考核管理须制定详细具体的考核流程，使考核便于执行，效果突出。

具体流程如下：

每月8日前，考核小组各对口部门将上月企业内指标的完成情况提交到企业各分管部门，同时报考核领导小组办公室。提交的考核指标以下达的《××××年各车间月度绩效考核指标》为准。

每月3日前，各车间将上月联动考核记录及处罚情况，提交到考核领导小组办公室，由考核领导小组办公室根据业务分工转给企业财务部及人力资源部，作为月度绩效考核的依据。

每月3日前，各车间将根据企业整体效益最大化，增加的工程量、成本，出具报告，说明原因、工程内容、统计消耗量、工程量等情况，上报企业财务部，由财务部组织各相关业务部门共同认定后，作为调整月度绩效考核完成指标的依据。

每月15日前，考核领导小组办公室对各车间考核指标完成情况进行汇总，结合企业考核结果的反馈情况，拟定月度考核结果及奖惩建议，报考核领导小组审定后，奖惩建议提交企业人力资源部用于兑现当月绩效工资（上月考核结果用于兑现下月绩效工资，以此类推）。

年终考评，年底考核领导小组将按照年初下达的各项生产经营指标对各车间进行综合考评，考评结果用于兑现年终绩效工资。考核小组各对口部门对各车间月度计划执行情况进行差异分析，提出管理建议。

4. 考核的计分方法

企业各车间绩效考核的结果，是各项绩效考核指标实际完成数与计划数的对比，按升降率及权重计算指标得分或按照发生次数计算指标得分，汇总后得分为各车间当月绩效考核结果。

一是各类指标得分按升降率及权重计算指标计算规则：促进类指标超过预算的，按增长率进行加分，最高增长5%；低于预算的得分为：实际完成值/预算值×基本分。抑制类指标低于预算的，按降低率进行加分，最高降低5%；超过预算的得分为：（1－超预算部分/预算值）×基本分。加分规则补充说明，对于各车间在生产经营过程中有突出业绩的措施、办法，由各对口部门根据实际情况进行认定，加分项参考实际升降率一并计算。

二是各类指标得分按发生次数计算得分的指标以《××××年各车间月度绩效考核指标》内的计算规则进行计算，扣分以基本分为限。

月度绩效考核指标均设基础分和加分，基础分合计为100分，加分为10分，累计110分。

5. 考核的奖惩办法

将员工工资与考核指标联动，强化工资与生产经营指标的挂钩分配力度，将工资总额的30%—50%作为绩效工资，与各车间的考核结果相挂钩，其中20%—45%与各车间的月度考核结果挂钩，5%—10%与年终综合考核结果挂钩。按月度绩效考核得分兑现当月绩效工资，半年和年底对超额完成指标的车间进行适当奖励。具体考核奖惩情况如下：一是由考核小组各对口部门依据企业《××××年各车间月度绩效考核指标》进行考核，充分考虑各车间联动考核情况，将责任落实到具体的责任车间。各车间按其绩效考核实际得分兑现当月绩效工资。二是由于生产量减少、生产人员变动等不可控因素影响导致有关绩效考核指标变化的，以企业重新下达的指标为准。各车间要强化主要考核指标的分解落实，将月度考核指标分解细化到班组（机组）和个人，不得平均分配；各车间联动考核应每月有考核记录，涉及处罚的应认真履行，否则否决加分项，以确保完成年度生产经营任务。

考核期内，绩效工资扣罚不补，扣完为止，年终清算。其中，绩效工资计算规则如下：

$$\text{人均绩效工资}=\frac{\text{核定月度绩效工资}}{\sum_{i=1}^{n}\text{车间人数}\times\text{系数}\times\text{分数(绩效)}/100}$$

$$\text{队绩效工资总额}=\frac{\text{人均绩效工资}\times\text{车间人数}\times\text{系数}\times\text{分数}}{100}$$

第三节　班组绩效管理考核管控的常见问题

由于对班组绩效考核没有正确或完全理解，导致许多班组在操作中形成了一些常见问题，这些问题阻碍了绩效考核的实施效果，会直接影响班组的积极性，甚至影响生产。

1. 绩效考核不能有效联动

产品成本是由不同班组、不同成本组合而成，产品成本结构复杂，且各成本之间具有相关性，若各班组只注重本班组内部成本的考核，无法考核其上、下游工序班组的成本，就会导致各班组各自为政，班组间无法考核，考核无法有效联动。

2. 绩效考核流于形式

由于班组管理基础差和“老好人”思想等原因的影响，绩效考核的效果不是很理想，考核部门疲于应付考核的组织实施，考核不能反映工作的实际成效，考核结果无法应用，只好直接送进文件柜，考核最终流于形式，成了由各考核者和被考核者参加的一场游戏，成为“鸡肋”。

3. 绩效考核无法细化到个人

绩效考核培训力度不足，未进行有效沟通，使班组员工认为绩效考核是对整个班组的考核，而不是对班组员工个人的考核，更为严重的是，有的班组员工甚至不知道绩效考核，这就导致绩效考核推行不力，绩效考核无法执行，考核成了班组的“大锅饭”。

4. 绩效考核重眼前轻长远

由于班组成本联控和绩效考核是比较具体、细致的工作，所以不能急于求成。一方面，要重视前期的规划和后期的执行工作，不能希望立即带来效果，产生效益；另一方面，从制定目标到结果运用，需要健全系统支持，比如一份内容详尽、权责明确的工作说明书，一套完善的奖惩体系等。

5. 绩效考核结果难以兑现

由于班组绩效考核和成本联控必须结合在一起综合考虑，实践中，往往会由于工作的难度系数确定的不准确，造成不同班组，甚至于员工个人会认为，考核指标多的、功效难度系数大、成本联动复杂的工种不一定得到合理的考核结果，久而久之，势必会挫伤一部分班组和员工积极性，继而造成考核结果难以兑现。

第四节　班组绩效管理考核的改善对策

班组绩效管理须结合班组实际业务情况，深入分析影响成本消耗的主要因素，抓住管控重点，真正将成本联控的压力与措施传递到每一位班组员工，考核与每一位员工的工资相挂钩，不搞平均主义，严格执行奖金二次分配，建立科学合理的班组绩效考核与成本联控机制。

1. 做好班组绩效管理的基础工作

班组长须真正把握成本联控的核心内涵，一切从降低生产成本出发，制定科学合理的考核机制。首先，针对各项成本消耗情况，及时做好记录，按月进行总结，发现成本消耗的异常部分，分析产生的原因，提出解决问题的措施。其次，明晰责任，强化执行，须严格落实车间绩效考核管理实施办法，体现出“谁创造的价值大，谁获得的奖励多”的原则，切实将考核引导到价值创造与成本联控上，加大成本联控指标在考核体系中的权重，充分发挥考核的正导向激励作用。

2. 注重培养成本联动管控思维

企业生产过程及生产工艺错综复杂，单位责任人须培养广阔成本联控思维，了解各车间、班组基本生产关联特性，深刻分析影响本车间、班组的主要成本指标，其发生的成本指标分为内、外两部分，内部主要有自身生产消耗的材料、人工等费用指标；外部主要有上一生产环节作业标准对本环节生产成本的影响。责任人须抓住制约成本消耗的上下逻辑关系，建立系统横向成本联控的考核机制，共同探索成本管控的最合理区间，以达到企业系统整体成本最优。例如，煤矿基层各生产队部须进行互相考核，针对柴油、轮胎的消耗，采掘环节可加大对穿爆环节的考核、运输环节可加大对整修矿山道路的工务环节考核，以此各环节横向联动考核，既可有效降低各环节作业成本，又可协同管控主要生产成本。

3. 做好奖金的二次或三次分配

班组绩效考核管理的目的就是要充分调动每一名员工降本增效的积极性，提高整体工作效率及效果。结合班组业务实际，科学合理地对奖金实行二次或三次分配十分重要。须制定考核奖励的具体管理办法，提高考核的科学性与严肃性，加大成本联控指标考核权重，有节约必奖励，因各种人为因素造成成本超支则必处罚，在班组内部形成良好的考核奖励机制，实现科学合理的奖金二次或三次分配，充分调动起每一名员工由被动拿奖金到主动挣工资的积极性，以达到班组全员、全要素、全方位共同降本增效的目标。

4. 强化目标管理，加大经营绩效考核力度

各班组要确保全面完成既定的各项目标任务，不仅要分解责任到人，还要强化目标管理，切实加大经营绩效考核和奖惩的力度，从“领工资”向“挣工资”转变。考核是推动工作最有力的杠杆，这不仅有利于增强员工的责任感，减少经营决策和管理的盲目性，还有利于提升班组整体管理水平，克服分配中的平均主义，充分调动员工积极性，激励员工在完成任务的基础上创造更好的成绩，从而全面激发班组活力，顺利实现整体目标。

5. 适时修正绩效考核结果

对于通过考核结果的分析，可以先在部分紧密班组之间试行，对于可能出现的考核结果有损于日常工作量大的、成本消耗占比重的班组的积极性，要做充分的调查研究，必要时采取轮岗换位的方式，找到产生问题的症结，适时修正绩效考核的结果，需要调整相应系数的要及时调整，确保绩效考核工作能够持续下去，发挥绩效考核与成本联控的组合作用。

下 篇
班组经济管理实践

第一章　班组经济管理流程和矩阵

本章重点

1. 理解班组经济管理的主要办法
2. 掌握不同类型的企业班组经济业务流程和矩阵

【案例引导】

某综合能源企业因为业务需要，对班组长进行了轮岗。轮岗之后，不少班组长习惯把自己原来的做法带到新的岗位，一时间造成不少问题出现。不少职工反映，过去比较好的做法变了，职工明显不能适应变化。有的职工认为，诸如领料环节、废旧物资管理，以及班组奖励的管理都不如以前的办法管用了。

长期以来，该企业班组没有建立一套适合的业务流程和矩阵，是造成上述问题的关键原因。为此，该企业成立了班组管理流程标准化项目组，对涉及班组各项管理的标准进行梳理。通过流程梳理和矩阵的编制，一方面，让全体班组人员参与。另一方面，确保班组不因人员变动而发生较大的流程变化，从而进一步防范了业务风险。

问题1：没有一套标准的业务流程，造成一人一个做法。

问题2：班组不能有效执行上级的要求。

问题3：班组经常发生因为人员变化而变化的操作问题。

经济业务管控是对班组的重要业务事项通过业务流程和控制措施实现的管理。业务流程管理重点关注业务流程的设计、执行、衡量和优化。在执行中，不但要体现不相容职务相分离的控制原则，还要提高执行效率，通过监督检查、评价等方法持续改进业务流程来提升企业的运营效果。公司经济业务活动应当设定控制目标，该活动中的关键环节设计缺失或不合理，或设计合理但执行不到位或未执行，管理者应当审视其对实现控制目标的影响，并以此判断缺陷等级，并采取适当的措施纠正，提高经营管理水平。凡是偏离预选设定的控制目标的，无论大小均应视为管理缺陷。对经济业务管控实际上是对风险的管理，经济本质安全很大程度上是对经济领域可能发生的风险进行的管理。通过业务流程梳理，准确辨别业务环节可能面临的风险，采取恰当风险防控措施，增强业务活动的合理性，防范风险事件的发生，将风险降低至可承受的范围。

班组经济管理是对班组的重要业务事项通过业务流程和控制措施实现的管理。业务流程管理重点关注业务流程的设计、执行、衡量和优化。在执行中，不但要体现不相容职务相分离的控制原则，还要提高执行效率，通过监督检查、评价等方法持续改进业务流程来提升企业的运营效果。

第一节　煤矿班组经济管理

为进一步规范煤矿班组经济管理，提高核算水平，为成本联控提供基础数据，为生产经营提供科学的依据，使数据真实地反映生产经营的全过程和基本情况，并促进各队厂务公开、消耗公开的实行，真正使经济管理落实到各班组。

一、班组经济管理的组织和职责

煤矿成立班组经济管理领导小组，组长由矿总会计师担任，副组长由经营部经理担任，组员由经营部及各队从事与核算、生产经营分析工作相关的人员组成。领导小组下设办公室，办公室设在经营部，办公室主任由经营部经理兼任，主要负责内部核算管理的各环节的组织、协调、监督、考核等日常管理工作。

各队负责对班组和机组年、月、日核算及分析工作。

经营部负责对机组（车组）的产量，能源、材料、配件等物资消耗进行月度和年度的汇总核算及分析工作；负责对轮胎等物资库存的价值跟踪管理、已领未结材料、配件等物资消耗进行汇总核算工作；负责以成本中心为单位的成本核算和分析工作。

二、班组经济核算的内容

经营部设置专职核算管理人员，各队必须设置全职核算人员（核算员）负责该项工作，职责是贯彻和实施下达的核算内容及标准，完成日常基层核算工作，并积极配合矿检查与考核工作。

班组必须认真做好内部核算的基础数据统计工作，要做到数据真实、全面、准确，及时，不得虚报、漏报。内部核算要做到核算方法恰当、合理，核算数据准确、全面，不得人为调节考核指标。

三、班组经济核算的要求

（一）原始记录的要求

原始记录包括生产记录；各种材料、燃料、动力消耗记录；各种物资领用、库存记录；各种设备规格型号、变动、使用记录；各种消耗材料出库单、结算单据等。

班组的原始记录要统一格式，统一计算口径，指标含义确切，并有严格的传递、报送程序。

核算工作交接时，交接手续要清楚，责任要明确，要确保资料的衔接。原始记录如有修改，需注明原因，且需填写人签字。原始记录要按期整理归档。

（二）统计台账的要求

班组要根据统计工作的需要，建立各类综合、专业统计台账。

统计台账要做到有层次，指标不重不漏；统计台账、原始记录、统计报表数据吻合，确保指标的系统性和资料的连续性。

台账必须做到登记及时，指标完整，台账保管要专人负责，不转借，不转抄，注意保密。

（三）核算报表的要求

1. 核算内容

（1）班组、单机（单车）和不同的机组（车组）产量。

（2）主要能源消耗：包括火工品、轮胎、柴油、电、水、汽油等。

（3）材料、配件：包括大型材料（钢丝绳、电缆等）、配件、油脂、工器具、劳保用品、防冻液、其他材料。

（4）其他支出：修理费、生产车辆费、废旧物资。

2. 核算方法及基本流程

核算方法

班组（机组）每日应对班组（机组）的产量、能源、材料、配件等物资消耗进行原始记录，并对记录数据进行核对。

班组（机组）对单机（单车）产量、能源、材料、配件等物资消耗除了要按照经济业务发生的时序逐笔序时进行日统计外，还应建立统计台账，并进行班组（单机/单车）及不同机组（车组）月度汇总核算。

班组（机组）对班组（单机/单车）的产量、能源、材料、配件等物资消耗应进行年度累计汇总核算。各队应根据月度核算及年度累计汇总进行班组、单机（单车）及不同机组（车组）的产量、能源、材料、配件等物资消耗的年度核算。

核算基本流程

（1）班组核算流程：以爆破班组为例，各班组根据生产任务提供使用能源、材料计划，经队部审核后，交由矿上相关部门及领导审批，确定是否为火工品。若确定为火工品，则由班组向炸药厂提报当日火工品使用计划，待领取到火工品后，现场使用并签字，做好原始记录。爆破技术员根据原始记录，做好统计并与炸药厂进行核对，将未使用的火工品退库。若核对数据存在异议，则爆破技术员与炸药厂联系核对确认。若核对数据无异议，则由爆破技术员汇总并登记台账，每月每隔固定时间（10 天），由工长与爆破技术员根据原始单据认真核对确认火工品等消耗数据。若核对数据存在异议，则爆破技术员与炸药厂联系核对确认。若核对数据无异议，则进行班组月度核算、分析，并结合月度绩效考核及队内相应考核办法，进行奖罚。班组每年根据月度核算及年度累计汇总，进行班组年度核算、分析。若确定为非火工品，则办理出库并在出库单上签字，统计并进行班组月度核算、分析。每年根据月度核算及年度累计汇总，进行班组年度核算、分析。

（2）机组核算流程：柴油等需进入 ERP 系统审批的能源、材料，先由领用工单创建人员创建工单，并经过 ERP 系统审批，通过后根据工单从供应处等外部单位领用相应物资（月底财务根据工单进行核对结算）。领用相应物资之后与水、电等不需进入 ERP 系统的物资步骤一致，具体如下：使用并签字做好原始记录，核算员、设备司机、加油工等每日根据原始单据认真核对确认各项能源、材料消耗数据，若核对数据存在异议，则使用人与矿外部单位联系核对确认，并由核算员做好汇总并建立台账。若核对数据无异议，则直接由核算员做好汇总并建立台账。工长、核算员、加油工等每月每隔固定时间（10—15 天），根据原始单据认真核对确认各项能源、材料等消耗数据。若核对数据存在异议，则使用人与矿外部单位联系核对确认。若核对数据无异议，则进行单机单车、不同机组月度核算、分析，并结合月度绩效考核及队内相应考核办法，进行奖罚。各队每年根据月度核算及年度累计汇总，进行单机单车、不同机组年度核算、分析。

3. 核算要求

（1）班组按照核算方法及基本流程，认真进行班组或机组核算，将生产任务、能源、材料、配件等物资消耗准确、真实、及时地反映出来，确保核算资料的真实性、及时性、准确性和完整性，形成各队基本核算表。

（2）煤矿根据实际情况对报表进行了统一设计、优化，各班组也可根据实际情况，适当调整物资消耗项目的次序及核算科目，并按照 ABC 分类法进行管理。对消耗量比较大的、对成本影响较大的非常重要的项目列在前面；不重要的也要列出消耗品的具体名称，并按金额式排列。

（3）除上述基本核算表外，煤矿核算报表还包括对其他内容的核算，具体核算表包括：轮胎具体消耗统计表、轮胎所占比例情况表、钢丝绳消耗统计表、钢丝绳收支统计表、耗水统计表、耗电统计表、各班组同型号设备能源消耗对比表（报企业管理部）、柴油用量统计表、卡车轮胎跟踪表、轮胎消耗统计表、已领未结材料统计表、指挥车修理台账（报财务部）等，各班组需对以上表中负责的内容进行认真统计核算，同基本核算表一同报送经营部，涉及财务部的表格要按照统一要求上报至财务部。

（4）班组要做好核算报表分析说明，根据年初责任状及公司考核办法中的计划指标进行比较，说明本月以及累计产量变动情况、与计划产量的差异以及完成情况；本月以及累计能源、材料消耗情况，与计划指标差异以及完成情况，实际与计划差异比较大的，需分析差异原因。

（5）各班组每月 2 日下班前将本班能耗报表及其分析说明上报经营部。

（6）各班组每月 3 日下班前将本班的月度核算报表及其分析说明上报经营部及财务部。

（7）各班组上报的核算报表实行班组负责人审核、签字、盖章制度，对数据、分析质量负责。

（8）经营部对各班组上报的核算报表，进行汇总、核算，形成矿核算报表，并进行翔实的分析说明，报送有关领导。

（9）各班组每月3日下班前将经营分析会材料上报经营部。

四、考核标准及内容

（一）考核标准

煤矿把经济核算工作纳入全面质量标准化体系中，按季度进行考核、评选、奖励。依据考核内容进行打分，设立一等奖一名、二等奖两名、三等奖两名。奖金情况根据实际发放。

（二）考核基本内容

1. 基础管理工作

（1）原始记录。固定表式，统一编号，考核记录是否及时，数字是否真实、全面，是否按期装订成册，妥善保管。

（2）统计台账。考核是否建立月度、季度、年度统计台账，内容是否全面，数据是否准确、完整。

2. 核算报表要求

（1）及时，即考核报表是否按照规定时限上报。

（2）准确，即考核数据是否计算准确、统一，是否自行调整。

（3）全面，即考核数据是否全面、系统。

（4）规范，即考核报表形式是否符合矿规范要求。

五、煤矿班组经济管理考核评分表

煤矿班组经济核算管理考核评分表

（穿爆队、采掘队、运输队、工务队、供电队）

序号	考核内容	考核标准	分值	评分标准（分项分值扣完为止）	得分
一	制度建设（10分）	设立固定的专（兼）职核算人员，严格执行矿内部核算管理制度	5	无固定专（兼）职核算人员扣2分；未按规定执行矿内部核算管理制度的扣3分	

续表

序号	考核内容	考核标准	分值	评分标准（分项分值扣完为止）	得分
一	制度建设（10分）	制定适用于本队的成本管理考核细则，明确队部内经营管理人员与财务相关的职责范围和内容，岗位一经确认不得随意更改	5	内容不完善酌情扣分，没有的全扣，要细化包括库管人员、核算员、办事员等与经营相关岗位责任	
二	报送矿企业管理部、财务部的核算报表；矿内部及其他上级单位要求的临时性报表（45分）	1. 能耗报表每月2号之前报送 2. 核算报表每月3号之前报送 3. 其他临时性报表按规定日期报送	9	各类报表未在规定时间内报送扣4分，每迟报1天加扣1分，最多扣5分	
		报表数据要准确、全面	8	数据不全面扣1分，每有1处不准确扣1分	
		报表不得出现虚报、漏报、错报、拒报现象	10	拒报报表一次扣5分 虚报或漏报、错报报表，每有一处扣1分	
		报表不得人为随意调整，若因特殊情况需调整的，则要在备注与说明里标注	8	随意调整且未说明原因的，每有一处扣2分	

续表

序号	考核内容	考核标准	分值	评分标准（分项分值扣完为止）	得分
二	报送矿企业管理部、财务部的核算报表;矿内部及其他上级单位要求的临时性报表（45分）	各队要做好核算报表分析说明，内容要符合企业管理部、财务部要求： （1）主要能源、材料消耗方面，重点分析实际消耗与上年同期及上月对比情况，依据实际生产和经营管理情况分析增加或减少的原因 （2）成本方面，重点分析实际成本与预算及上年同期对比情况，依据实际生产和经营管理情况分析增加或减少的原因	10	主要能源消耗、材料消耗方面未按要求分析的，根据内容酌情扣减，最多扣5分；成本方面未按要求分析的，根据内容酌情扣减，最多扣5分	
三	报送经营分析会材料(10分)	按时上报月度经营分析会材料，重点分析材料消耗差异、总结队内采取的措施及控制的结果，分析必须全面、准确和及时，尽量量化。要求每月2日之前上报矿财务部、企业管理部	10	报送不及时扣3分，分析不全面、不准确酌情扣减	
四	建立台账(8分)	1. 建立轮胎管理台账、钢丝绳管理台账、大型供电配件管理台账、柴油消耗情况管理台账	6	台账登记不完整或有漏记现象的扣2分，要求标明该材料配件的使用状态，未标明的扣2分；达不到其他管理要求的扣2分，未登记的全扣	
		2. 建立生产车辆修理管理台账，要求对已发生但未结费用做标示，每季度末29日之前上报财务部	2	未登记的全扣，登记不准确的扣0.5分	

续表

序号	考核内容	考核标准	分值	评分标准（分项分值扣完为止）	得分
五	工单填制（10分）	1. 工单的填制必须包含成本中心和正确的移动类型	4	缺失一项扣1分，填写错误导致财务集成错误扣2分	
		2. 每月由各队核算员登录ERP系统对工单，如有差异月底前一天之前与财务部联系	3	存在差异联系不及时的扣1分	
		3. 建立未返未出工单明细，包含价格，说明原因每季度末29号之前报送财务部	3	未建立的全扣，报送不及时的扣1分，不完整的酌情扣分	

六、班组生产经营报表

班组2018年×月生产经营报表

单位负责人：　　　　　　　　制表人：

编制单位：　　　　　　　　　编制日期：　年　月　日

××班组成本完成情况对照表

编制单位：

编制时间：××年×月×日

费用项目	全年费用（万元）	单位成本	计划数			实际数			完成计划百分比（%）		备注
			本月计划	累计计划	单位成本	本月实际	累计实际	单位成本	累计计划	年计划	
一、材料费											
1. 大型材料											
2. 配件											
3. 火工品											
炸药											
其他											
4. 柴油											
5. 附属油											
6. 轮胎											
7. 工器具											
8. 其他材料											
二、电费											
三、水费											
合 计											
四、其他支出											
1. 修理费											
2. 生产指挥车量费											
3. 其他											

××班组分类设备成本汇总表

编制单位：　　　　　　　　　　　　　　　　编制时间：××年×月×日

费用项目	××类设备				××类设备				合计			
	本月实际	单位成本	累计实际	单位成本	本月实际	单位成本	累计实际	单位成本	本月实际	单位成本	累计实际	单位成本
一、材料费												
1. 大型材料												
2. 配件												
3. 火工品												
4. 柴油												
5. 附属油												
6. 轮胎												
7. 工器具												
8. 其他材料												
二、电费												
三、水费												
四、其他												
合计												
	本月任务量		累计任务量		本月任务量		累计任务量		本月任务量		累计任务量	

××班组单机、单车成本表

编制单位：　　　　　　　　　　　　　　　　　　　　编制时间：××年×月×日

费用项目	××设备（设备编号）				××设备（设备编号）				此类设备合计			
	本月实际	单位成本	累计实际	单位成本	本月实际	单位成本	累计实际	单位成本	本月实际	单位成本	累计实际	单位成本
一、材料费												
1. 大型材料												
2. 配件												
3. 火工品												
4. 柴油												
5. 附属油												
6. 轮胎												
7. 工器具												
8. 其他材料												
二、电费												
三、水费												
四、其他												
合计												
	本月任务量		累计任务量		本月任务量		累计任务量		本月任务量		累计任务量	

机动车辆费用统计表

编制单位：　　　　　　　　　　　　　　　　　　　　编制时间：××年×月×日

车号	本月运行里程	累计运行里程	本月燃油数量	本月发生（元）					累计燃油数量	累计发生（元）				
			（公斤）	燃油	附属油	修理费	其他	合计	（公斤）	燃油	附属油	修理费	其他	合计
合计														

主要材料、配件消耗统计表

编制单位：　　　　　　　　　　　　　编制时间：××年×月×日

物资名称	规格型号	计量单位	本月消耗			累计消耗			其他
			数量	单价	金额（元）	数量	单价	金额（元）	
合计									

主要材料收、支、存消耗统计表

编制单位：　　　　　　　　编制时间：××年×月×日

序号	项目	单位	本月				累计			
			实际领用	转入（出）	实际耗用	实际入账	实际领用	转入（出）	实际耗用	实际入账
	合计									

各班组转出（入）明细表

编制单位： 编制时间：××年×月×日

使用（调入）单位	本月			累计			备注
	数量	单价	金额	数量	单价	金额	
合计							

七、班组经营报表模板

××班组工器具管理台账

序号	工具名称	规格型号	数量	单位	单价	合计金额	总库领取时间	领取人	存放地点	备注

制表：　　审核：　　班长：

××班组材料消耗统计表

编制时间：

物资编号	物资名称	计量单位	本月消耗			累计消耗		备注
			计划单耗	数量	实际单耗	数量	实际单耗	

本月任务量　　　　累计任务量

制表：　　　　审核：　　　　班长：

八、煤矿班组经济管理流程及矩阵

1. 爆破班组核算管理流程

	本流程控制点描述
企业名称	1-3.严格结合实际情况，审核/审批计划，确保情况符合实际 4-1.根据生产任务使用能源、材料，保管员、领用人在出库单上签字 4-2.认真勘查现场、分析，根据分析情况报送计划
责任单位：煤矿	5.组次生产炸药厂 6.交接手续要清楚，责任要明确，并按要求签字 7-9.技术员做好统计并与炸药厂核对，发现问题及时与炸药厂沟通确认 10.技术员汇总并登记台账
流程编号：一	11.工长、技术员等在每月固定时间（10-15天），根据原始单据认真核对确认各项材料、能源消耗数据 12.按照核算方法认真进行班组月度核算，分析异常原因 13.结合月度绩效考核及队内相应考核办法，考核并进行奖罚 14.班组年度核算并进行年度分析

爆破班组核算管理流程

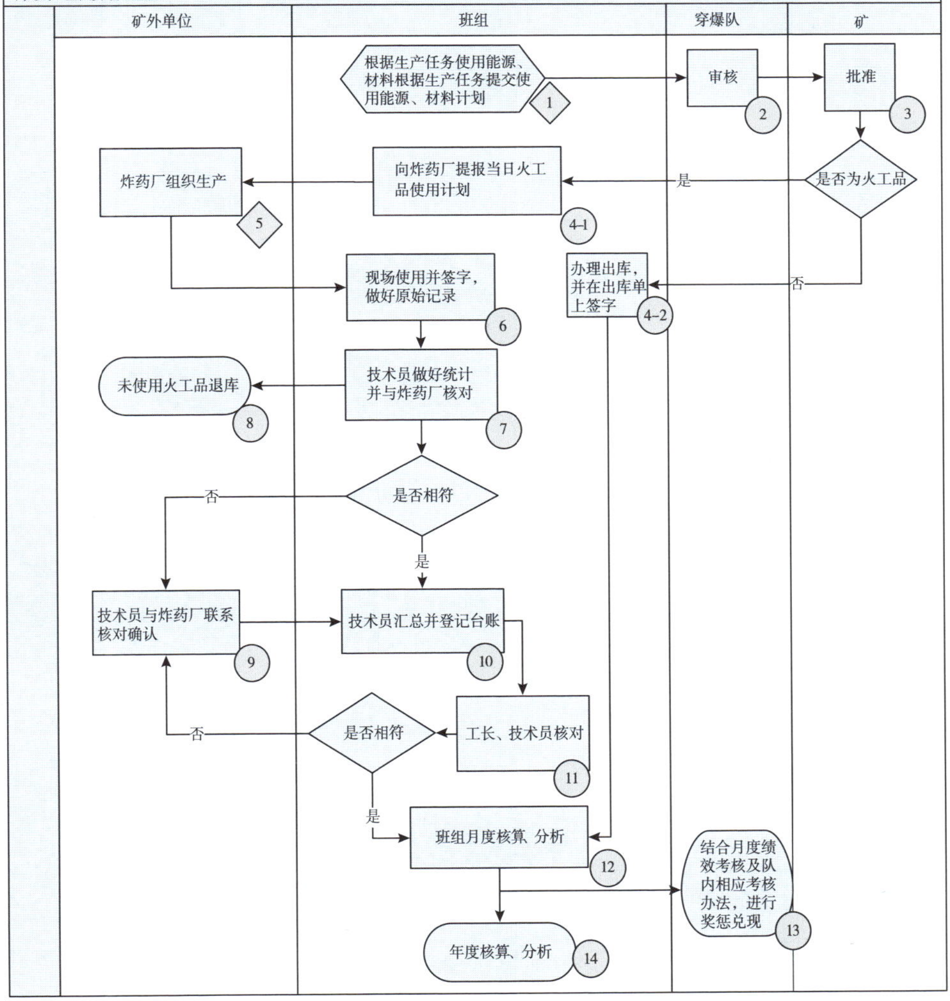

爆破班组核算管理流程控制矩阵

单位名称	煤矿			流程名称	爆破班组核算管理流程	流程编号	—		
控制目标	切实做好班组核算，提高核算水平，为成本管控提供有效的基础数据，为生产经营提供科学依据								
节点编号	节点目标	是否为关键控制点	风险描述	控制措施		控制证据	责任部门	责任岗位	控制制度/文件
1	生产任务顺利完成	否	未按生产任务或计划使用能源、材料，可能导致生产任务无法完成	根据生产任务或年度生产计划，分解能源、材料指标，形成日使用计划		日能源、材料使用计划	穿爆队	爆破技术员	《穿爆队降本体质考核管理办法》
2	确保计划合理	是	未严格审核，造成数量过少未能满足生产需要，影响生产，或数量过多造成浪费	严格结合实际情况，审核计划，确保情况符合实际		日能源、材料使用计划	穿爆队	队长	《穿爆队炸药管理办法》
3	确保计划合理	是	未严格审批，造成数量过少未能满足生产需要，影响生产，或数量过多造成浪费	严格结合实际情况，审批计划，确保情况符合实际		日能源、材料使用计划	穿爆队	工长	《穿爆队炸药管理办法》

续表

节点编号	节点目标	是否为关键控制点	风险描述	控制措施	控制证据	责任部门	责任岗位	控制制度/文件
4－1	确保计划合理	是	报计划时未结合现场实际情况，导致计划数据与实际数据差距过大	认真勘查现场、分析，根据分析情况报送计划	火工品计划单	穿爆队	爆破技术员	《火工品现场使用管理办法》
4－2	出库手续齐全	是	未按要求办理出库手续可能导致财产流失	根据生产情况，领用能源、材料（非火工品），保管员、领用人在领料单或出库单签字确认	出库单	穿爆队	保管员	《穿爆队材料发放管理办法》
5	炸药生产满足计划要求	否	未按计划提供炸药，爆破无法正常作业，导致后续工作无法顺利进行	爆破工长每日将所需炸药提前告知炸药厂	炸药单	穿爆队、炸药厂	爆破技术员、炸药厂库管员	《穿爆队炸药管理办法》
6	确保各项消耗数据原始记录准确、及时、全面	是	原始数据未及时记录，数据记录不准确、不全面，影响核算的时效性与准确性	1. 按矿内部经济核算管理办法及物料领用等相关要求，及时做好原始数据记录并妥善保管 2. 原始记录要统一格式，统一计算口径，指标含义确切，并有严格的传递、报送程序	火工品记录单等	穿爆队	火工品管理员、炮区负责人	《煤矿内部经济核算管理办法》

续表

节点编号	节点目标	是否为关键控制点	风险描述	控制措施	控制证据	责任部门	责任岗位	控制制度/文件
6	确保各项消耗数据原始记录准确、及时、全面	是	原始数据未及时记录，数据记录不准确、不全面，影响核算的时效性与准确性	3. 核算工作交接时，交接手续要清楚，责任要明确，要确保资料的衔接 4. 原始记录如有修改，需注明原因，且需填写人签字 5. 原始记录要按期整理归档	火工品记录单等	穿爆队	火工品管理员、炮区负责人	《煤矿内部经济核算管理办法》
7/8/9	确保数据统计准确	是	统计数据与实际使用情况有出入，造成消耗数据与炸药厂存在差异	每班统计好各项数据，保证无漏项，数据准确若发现数据有出入，及时与炸药厂进行联系核对	火工品记录单等	穿爆队	爆破技术员	《穿爆队火工品发放、清退管理办法》
10	汇总、整合各项消耗，为核算提供依据	是	整合、汇总时数据有遗漏、错误，对核算的准确性造成影响	1. 统计台账要做到有层次，指标不重不漏；统计台账、原始记录、统计报表数据吻合，确保指标的系统性和资料的连续性 2. 台账必须做到登记及时，指标完整，台账保管要由专人负责，做到不转借，不转抄，注意保密	各类物资、能源消耗台账	穿爆队	爆破技术员	《煤矿内部经济核算管理办法》

续表

节点编号	节点目标	是否为关键控制点	风险描述	控制措施	控制证据	责任部门	责任岗位	控制制度/文件
11	确保各班组各项消耗数据准确	是	核对数据时，消耗数据有遗漏、错误，影响各机组数据的准确性	工长、技术员等在每月固定时间（10－15天），根据原始单据认真核对确认各项材料、能源消耗数据	物料领用记录、工单等	穿爆队	工长、技术员	《穿爆队材料发放管理办法》
12/13	各项物资、能源核算准确，分析合理，能准确反映现场实际情况	是	核算方法不准确，计算过程有漏项，造成核算出的单耗、单位成本等数据不准确、不全面，分析时考虑因素不全面，未能真实有效反映现场情况	按照核算方法认真进行班组月度核算，将生产任务、能源、材料、配件等物资消耗准确、真实、及时地反映出来，确保核算资料的真实性、及时性、准确性和完整性，形成各队班组月度核算表；要做好核算报表分析说明，说明本月以及累计产量变动情况；本月以及累计能源、材料消耗情况，分析异常原因	班组核算表	穿爆队	核算员	《煤矿内部经济核算管理办法》

续表

节点编号	节点目标	是否为关键控制点	风险描述	控制措施	控制证据	责任部门	责任岗位	控制制度/文件
14	各项物资、能源核算准确，分析合理，能准确反映全年各项消耗实际情况	是	核算方法不准确，计算过程有漏项，造成核算出的单耗、单位成本等数据不准确、不全面，分析时考虑因素不全面，未能真实有效反映全年实际情况	按照核算方法认真进行班组年度核算，将生产任务、能源、材料、配件等物资消耗准确、真实、及时地反映出来，确保核算资料的真实性、及时性、准确性和完整性，形成单机单车核算表；要做好核算报表分析说明，说明累计产量变动情况；累计能源、材料消耗情况，需分析异常原因	班组核算表	穿爆队	核算员	《煤矿内部经济核算管理办法》

2. 材料领用核算管理流程

企业名称	本流程控制点描述
责任单位：煤矿	1–3.ERP系统对材料进行审批 4–5.根据物资领用工单，财务部门办理结算手续 6.领用人员签字后使用，做好原始记录 7–8.核算员与相关人员每日根据原始单据认真核对确认各项消耗数据，如不一致，及时与矿外单位联系，核对并确认 9.核算员（库管员）汇总并登记台账 10.工长、核算员与相关人员在每月固定时间（10–15天），根据原始单据认真核对确认各项消耗数据 11–12.单机月度核算、分析；结合月度绩效考核及队内相应考核办法，考核并进行奖罚 13.单机年度核算并进行年度分析，按业绩考核并进行奖罚
流程编号：一	

机组核算管理–材料核算

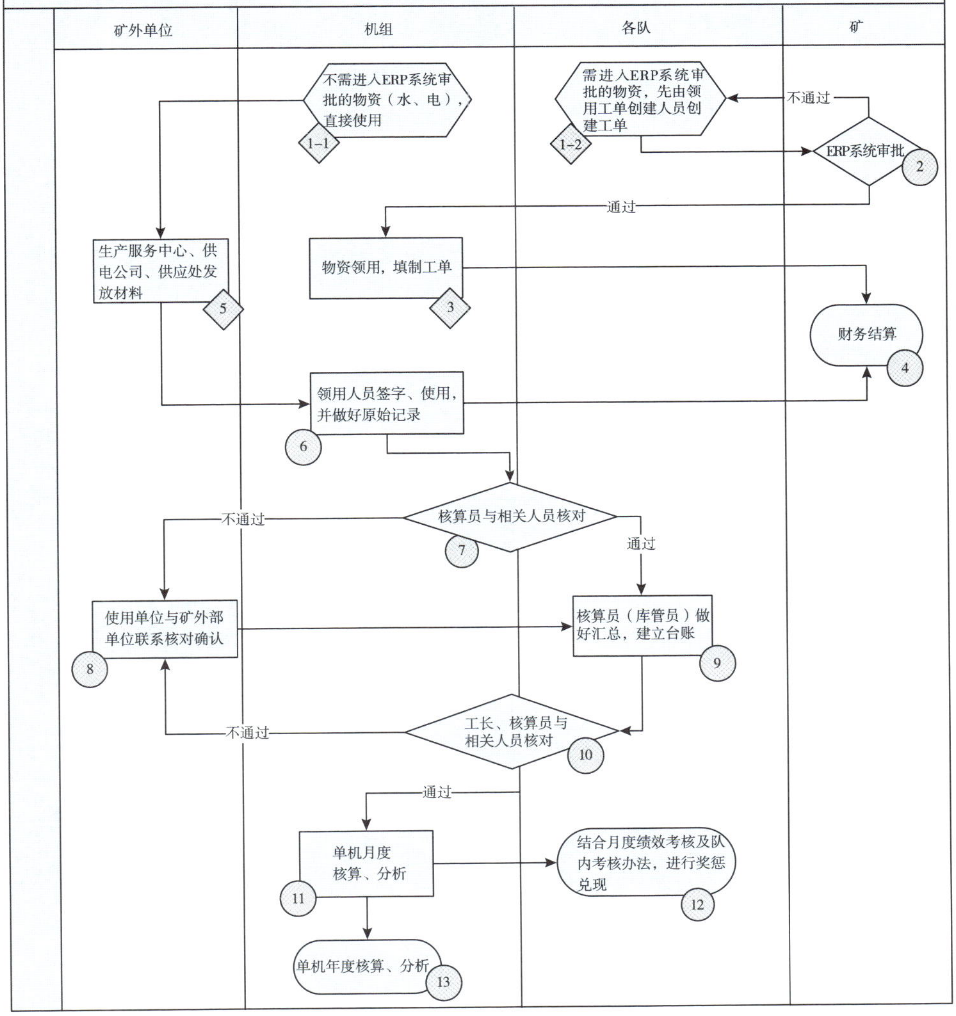

材料领用核算管理流程控制矩阵

单位名称	煤矿			流程名称	机组核算管理－材料核算		流程编号	—
控制目标	切实做好机组核算，提高核算水平，为成本管控提供有效的基础数据，为生产经营提供科学依据							
节点编号	节点目标	是否为关键控制点	风险描述	控制措施	控制证据	责任部门	责任岗位	控制制度/文件
1－1	加强控制，减少水、电等资源浪费	否	洒水车管路漏水或加水过多造成水资源浪费；管控不到位，造成电资源浪费	及时处理洒水车故障与缺陷，加强对加水工及洒水车司机的教育和监督，保证适量加水；合理安排组织生产，加强对电铲司机的教育和监督	工务队设备单机考核记录（包含机电、安全、工程质量）；机电报表；电量消耗数据表	工务队、穿爆队、采掘队	工务队技术员；穿爆队1190E、CDM75、DM45、D245S钻机等设备操作人员；采掘队WK系列电铲、495电铲、395B电铲等设备操作人员	《煤矿洒水车加水标准化作业流程》《煤矿洒水车交接班标准化作业流程》《煤矿穿爆队节能减排管理办法》《煤矿采掘队单机考核管理办法》
1－2	确保工单内容准确合理、切合实际	否	工单填写未按照实际需求填写，造成数量过少未能满足生产需要，影响生产，或数量过多造成浪费	严格结合实际情况，填写工单，确保工单情况符合实际	ERP系统领用工单	各队	核算员	《公司ERP系统实施项目用户操作手册》

续表

节点编号	节点目标	是否为关键控制点	风险描述	控制措施	控制证据	责任部门	责任岗位	控制制度/文件
2	保证能源、材料进入ERP审批系统	是	未认真审核，造成数量过少未能满足生产需要，影响生产，或数量过多造成浪费	严格结合实际情况，审批工单，确保工单情况符合实际	ERP系统领用工单	各队、机电管理部	工务队队长、机电管理部经理、机电副矿长	《公司ERP系统实施项目用户操作手册》
3	确保材料领用数量与工单填写数量一致	否	材料领用数量与工单填写数量不一致，影响财务结算流程进行，增加流程执行时间	严格按领用情况填写工单数量，并认真核对数量，确保工单填写数量与领用数量一致	ERP系统领用工单	各队	核算员（库管员、技术员）、供应处保管员	《公司ERP系统实施项目用户操作手册》《煤矿工务队材料配件管理办法》
4	保证实际出库金额与结算金额数据的一致性	是	财务未仔细按工单与系统进行核对，导致实际出库金额与结算金额不符	财务仔细按工单与系统进行核对，并保证内部往来及时清理	付款凭据	财务部	成本会计	《煤矿生产成本管理和核算办法》

续表

节点编号	节点目标	是否为关键控制点	风险描述	控制措施	控制证据	责任部门	责任岗位	控制制度/文件
5	保证矿外单位（生产服务中心、供电公司、供应处）材料发放数量与工单填写数量一致	否	未按照工单填写数量发放材料，造成数量过少未能满足生产需要，影响生产，或数量过多造成浪费	认真核对矿外单位材料发放数量与工单数量	ERP系统领用工单、ERP系统出库单、提油票（穿爆队、采掘队）	各队、生产服务中心、供电公司、供应处	核算员（库管员）、供应处保管员	《公司ERP系统实施项目用户操作手册》《煤矿穿爆队材料发放管理办法》《煤矿工务队材料配件管理办法》
6	确保各项消耗数据原始记录准确、及时、全面	是	原始数据未及时记录，数据记录不准确、不全面，影响核算的时效性与准确性	1. 按矿内部经济核算管理办法及物料领用等相关要求，及时做好原始数据记录并妥善保管 2. 原始记录要统一格式，统一计算口径，指标含义确切，并有严格的传递、报送程序	物料领用记录、收货单、工单、矿内加水量表（工务队）、材料发放记录（运输队）	各队	核算员（库管员、办事员、技术员）、设备操作人员、加油工	《煤矿内部经济核算管理办法》

续表

节点编号	节点目标	是否为关键控制点	风险描述	控制措施	控制证据	责任部门	责任岗位	控制制度/文件
6	确保各项消耗数据原始记录准确、及时、全面	是	原始数据未及时记录，数据记录不准确、不全面，影响核算的时效性与准确性	3. 核算工作交接时，交接手续要清楚，责任要明确，要确保资料的衔接 4. 原始记录如有修改，需注明原因，且需填写人签字 5. 原始记录要按期整理归档	物料领用记录、收货单、工单、矿内加水量表（工务队）、材料发放记录（运输队）	各队	核算员（库管员、办事员、技术员）、设备操作人员、加油工	《煤矿内部经济核算管理办法》
7	确保各项消耗数据准确	是	核对数据时，消耗数据有遗漏、错误，影响各项数据的准确性	核算员与相关人员每日根据原始单据认真核对确认各项材料消耗数据	物料领用记录、矿内加水量表（工务队）	各队	核算员（库管员、办事员、技术员）、设备操作人员、加油工	《煤矿内部经济核算管理办法》《煤矿穿爆队材料管理办法》《煤矿工务队核算管理办法》《煤矿工务队材料配件管理办法》

续表

节点编号	节点目标	是否为关键控制点	风险描述	控制措施	控制证据	责任部门	责任岗位	控制制度/文件
8	确保各项消耗数据准确	是	核对数据时，消耗数据有遗漏、错误，影响各项数据的准确性	核对不一致的，相关人员及时与矿外单位联系，核对并确认	核对记录、矿内加水量表（工务队）	各队	核算员（库管员、办事员）	《煤矿内部经济核算管理办法》《煤矿穿爆队材料管理办法》《煤矿工务队核算管理办法》《煤矿工务队材料配件管理办法》
9	汇总、整合各项消耗，为核算提供依据	是	整合、汇总时数据有遗漏、错误，对核算的准确性造成影响	1. 统计台账要做到有层次，指标不重不漏；统计台账、原始记录、统计报表数据吻合，确保指标的系统性和资料的连续性 2. 台账必须做到登记及时，指标完整，台账保管要由专人负责，做到不转借，不转抄，注意保密	各类消耗台账	各队	核算员	《煤矿内部经济核算管理办法》

续表

节点编号	节点目标	是否为关键控制点	风险描述	控制措施	控制证据	责任部门	责任岗位	控制制度/文件
10	确保各机组各项消耗数据准确	是	核对数据时，消耗数据有遗漏、错误，影响各机组数据的准确性	工长、核算员与相关人员在每月固定时间段（10—15天），根据原始单据认真核对确认各项材料消耗数据	物料领用记录、收货单、工单、矿内加水量表（工务队）	各队	工长、核算员（库管员、办事员、技术员）、设备操作人员、加油工	《煤矿内部经济核算管理办法》《煤矿穿爆队材料管理办法》《哈尔素露天煤矿工务队核算管理办法》《煤矿工务队柴油、水管理办法》《煤矿工务队材料配件管理办法》
11/12	各项消耗核算准确，分析合理，能准确反映现场实际情况	是	核算方法不准确，计算过程有漏项，造成核算出的单耗、单位成本等数据不准确、不全面。分析时考虑因素不全面，未能真实有效反映生产现场情况	按照核算方法认真进行单机单车月度核算，将生产任务、材料消耗准确、真实、及时地反映出来，确保核算资料的真实性、及时性、准确性和完整性，形成单机月度核算表；要做好核算报表分析说明，说明本月以及累计产量变动情况，本月以及累计材料消耗情况，与计划指标差异以及完成情况，实际与计划差异比较大的，需分析差异原因	单机核算表	各队	核算员	《煤矿内部经济核算管理办法》

续表

节点编号	节点目标	是否为关键控制点	风险描述	控制措施	控制证据	责任部门	责任岗位	控制制度/文件
	各项消耗核算准确,分析合理,能准确反映全年各项消耗实际情况	是	核算方法不准确，计算过程有漏项，造成核算出的单耗、单位成本等数据不准确、不全面。分析时考虑因素不全面，未能真实有效反映全年实际情况	按照核算方法认真进行单机年度核算，将生产任务和材料消耗准确、真实、及时地反映出来，确保核算资料的真实性、及时性、准确性和完整性，形成单机核算表；要做好核算报表分析说明，根据年初责任状及“五型企业”考核办法中的计划指标进行比较，说明累计产量变动情况、累计材料消耗情况与计划指标差异以及完成情况，实际与计划差异比较大的，需分析差异原因	单机核算表	各队	核算员	《煤矿内部经济核算管理办法》

3. 柴油核算流程

	本流程控制点描述
企业名称	1–3.运输队油槽班/工务队工程班工长认真核对实际提油数量与提油单是否相符
	4.设备操作人员给设备加注燃油后，要确认好加油数量并做好原始记录
	5.运输队油槽班/工务队工程班工长、核算员等在每月固定时间（10–15天），根据原始单据认真核对确认柴油消耗数据
责任单位：煤矿	6–7.核算员汇总并登记台账
	8.对柴油消耗情况进行审核
流程编号：一	9.根据物资领用工单，财务部门办理结算手续
	10–12.单机单车月度核算、分析；结合月度绩效考核及队内相应考核办法，考核并进行奖罚
	13.单机单车年度核算并进行年度分析，业绩考核并进行奖罚

机组核算管理–柴油核算

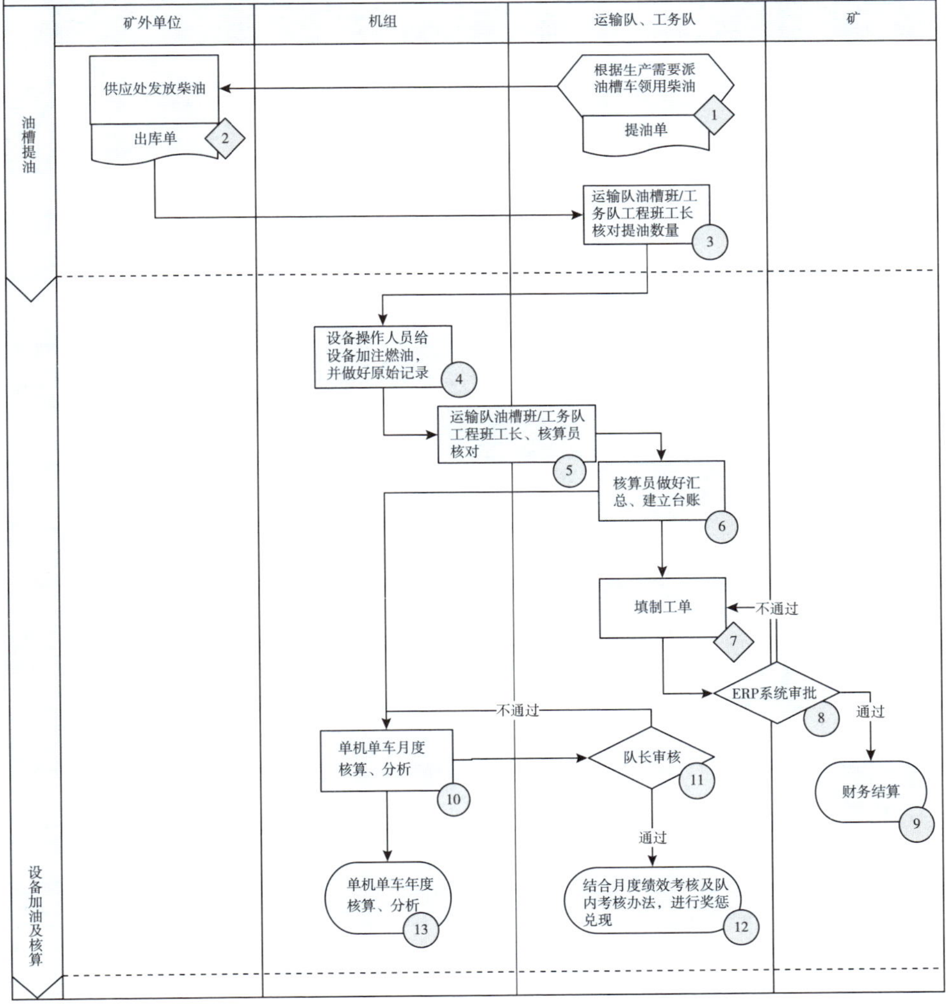

柴油核算流程控制矩阵

单位名称	煤矿		流程名称	机组核算管理－柴油核算	流程编号	—		
控制目标	切实做好机组核算，提高核算水平，为成本管控提供有效的基础数据，为生产经营提供科学依据							
节点编号	节点目标	是否为关键控制点	风险描述	控制措施	控制证据	责任部门	责任岗位	控制制度/文件
1	确保领用数量准确合理、切合实际	否	未按照实际领用，造成数量过少未能满足生产需要，影响生产，或数量过多造成浪费	严格结合实际情况，确保柴油储备情况符合生产实际需要	提油单	运输队、工务队	油槽班工长、工程班工长	《公司 ERP 系统实施项目用户操作手册》
2	供应处发放数量与队领用数量一致	否	发放数量未与油槽车司机核对	严格执行柴油领用制度	出库单	运输队、工务队、供应处	加油车司机、供应处付油员	《煤矿柴油领用管理办法》《煤矿工务队柴油、水管理办法》《煤矿工务队核算管理办法》
3	供应处发放数量与队领用数量一致	是	提油数量与发放数量不一致	严格执行柴油领用制度	提油单、出库单	运输队、工务队	油槽班工长、工程班工长	

续表

节点编号	节点目标	是否为关键控制点	风险描述	控制措施	控制证据	责任部门	责任岗位	控制制度/文件
4	确保各项消耗数据原始记录准确、及时、全面	是	加油车司机未与设备司机核对加油量	严格执行柴油领用制度	柴油领用单	运输队、工务队	加油车司机	
5	确保加油数量记录准确	是	提油量与加油量误差超3‰	严格执行柴油领用制度，查明原因	提油单、柴油领用单	运输队、工务队	核算员、油槽班工长、工程班工长	《煤矿柴油领用管理办法》《煤矿工务队柴油、水管理办法》《煤矿工务队核算管理办法》
6	汇总、整合各项消耗，为核算提供依据	是	台账数据不准确	严格执行柴油领用制度，查明原因	提油单、柴油领用单	运输队、工务队	核算员	
7	确保工单内容准确合理、切合实际	否	工单填写未按照实际需求填写，造成核算基础数据不准确	严格结合实际情况，填写工单，确保工单情况符合实际	提油单、柴油领用单	运输队、工务队	核算员	
8	确保工单内容准确合理、切合实际	是	未认真核实工单数量	严格结合实际情况，核实柴油数量	ERP计划审批	运输队、工务队、机电管理部	运输队队长、工务队队长、机电管理部经理、机电副矿长	《公司ERP系统实施项目用户操作手册》

续表

节点编号	节点目标	是否为关键控制点	风险描述	控制措施	控制证据	责任部门	责任岗位	控制制度/文件
9	保证实际出库金额与结算金额数据的一致性	是	财务未仔细按工单与系统进行核对，导致实际出库金额与结算金额不符	财务仔细按工单与系统进行核对，并保证内部往来及时清理	付款凭据	财务部	成本会计	《煤矿生产成本管理和核算办法》
10/11/12	柴油单耗核算准确，分析合理，能准确反映现场实际情况	是	核算方法不准确，计算过程有漏项，造成核算出的单耗、单位成本等数据不准确、不全面，分析时考虑因素不全面，未能真实有效反映生产现场情况	按照核算方法认真进行机组月度核算，将生产任务和柴油消耗准确、真实、及时地反映出来，确保核算资料的真实性、及时性、准确性和完整性，形成单机月度核算表；要做好核算报表分析说明，说明本月以及累计产量变动情况；本月以及累计柴油消耗情况，与计划指标差异以及完成情况，实际与计划差异比较大的，需分析差异原因	单机核算表、成本控制奖罚记录	运输队、工务队	核算员、队长	《煤矿内部经济核算管理办法》《煤矿运输队柴油管理办法》《煤矿工务队柴油、水管理办法》《煤矿工务队核算管理办法》

续表

节点编号	节点目标	是否为关键控制点	风险描述	控制措施	控制证据	责任部门	责任岗位	控制制度/文件
13	柴油单耗核算准确，分析合理，能准确反映全年各项消耗实际情况	否	核算方法不准确，计算过程有漏项，造成核算出的单耗、单位成本等数据不准确、不全面，分析时考虑因素不全面，未能真实有效反映全年实际情况	按照核算方法认真进行单机年度核算，将生产任务和柴油消耗准确、真实、及时地反映出来，确保核算资料的真实性、及时性、准确性和完整性，形成单机核算表；要做好核算报表分析说明，根据年初责任状及“五型企业”考核办法中的计划指标进行比较，说明累计产量变动情况、累计柴油消耗情况与计划指标差异以及完成情况，实际与计划差异比较大的，需分析差异原因	单机核算表	运输队、工务队	核算员	《煤矿内部经济核算管理办法》《煤矿运输队柴油管理办法》《煤矿工务队柴油、水管理办法》《煤矿工务队核算管理办法》

4. 轮胎核算流程

	本流程控制点描述
企业名称	1–2.轮胎管理员认真审核轮胎需求申请，并做好记录 3–5.ERP系统对轮胎等材料进行审批 6–7.根据物资领用工单，财务部门办理结算手续
责任单位：煤矿	8.轮胎管理员建立领用明细，记录好现场轮胎数量 10.设备操作人员使用并签字，填好轮胎原始记录 11–12.核算员、轮胎管理员、设备司机根据原始记录认真核对轮胎数量，如不一致，与供应处、轮胎车间联系，核对并确认
流程编号：一	13.核算员、轮胎管理员汇总并登记台账 14–16.单机单车月度核算、分析；结合月度绩效考核及队内相应考核办法，考核并进行奖罚 17.单机单车年度核算并进行年度分析，业绩考核并进行奖罚

机组核算管理–轮胎核算

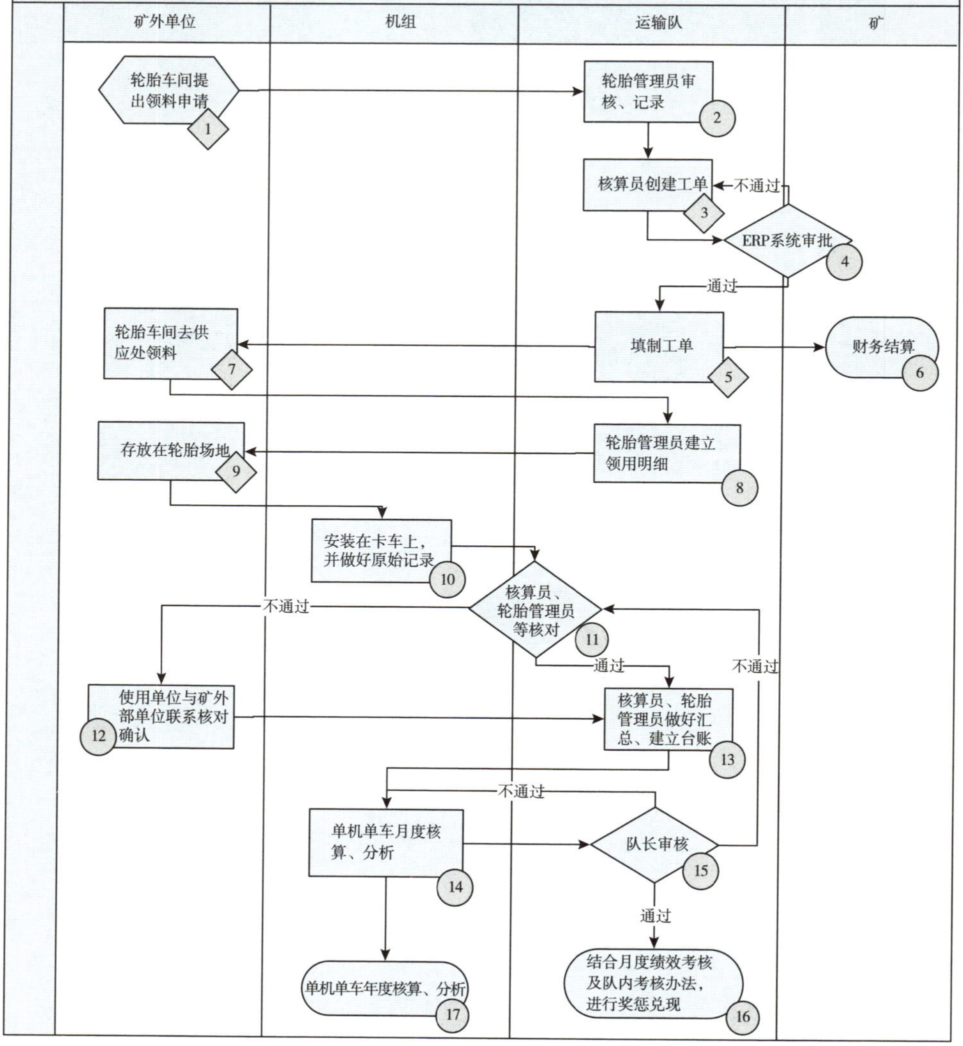

轮胎核算流程控制矩阵

单位名称	煤矿		流程名称	机组核算管理－轮胎核算	流程编号	—		
控制目标	切实做好机组核算，提高核算水平，为成本管控提供有效的基础数据，为生产经营提供科学依据							
节点编号	节点	目标是否为关键控制点	风险描述	控制措施	控制证据	责任部门	责任岗位	控制制度/文件
1	确保领料申请符合生产要求	否	申请未按照实际需求填写，造成数量过少未能满足生产需要，影响生产，或数量过多造成浪费	严格结合实际情况，提出申请，确保现场轮胎储备情况符合生产需要	申请证明	轮胎车间	技术员	《公司ERP系统实施项目用户操作手册》
2	确保领料申请符合生产要求	是	未认真核实生产需求情况，造成数量过少未能满足生产需要，影响生产，或数量过多造成浪费	严格结合实际情况，核实好申请数量，确保现场轮胎储备情况符合生产需要	申请证明	运输队	技术员	《公司ERP系统实施项目用户操作手册》
3	确保工单内容准确合理、切合实际	否	计划填报未按照实际需求填写，造成数量过少未能满足生产需要，影响生产，或数量过多造成浪费	严格结合实际情况，填写工单，确保工单情况符合实际	ERP计划	运输队	核算员	《公司ERP系统实施项目用户操作手册》

续表

节点编号	节点	目标是否为关键控制点	风险描述	控制措施	控制证据	责任部门	责任岗位	控制制度/文件
4	保证轮胎等材料、能源进入ERP审批系统	是	未严格审核，造成数量过少未能满足生产需要，影响生产，或数量过多造成浪费	严格结合实际情况，审批工单，确保工单情况符合实际	ERP计划审批	运输队、机电管理部	运输队队长、机电管理部经理、机电副矿长	《公司ERP系统实施项目用户操作手册》
5	确保轮胎等材料、能源领用数量与工单填写数量一致	否	数量与计划数量不一致，或产品型号不一致	严格执行计划，并认真核对数量	ERP工单	运输队	核算员、技术员	《公司ERP系统实施项目用户操作手册》
6	保证实际出库金额与结算金额数据的一致性	是	财务未仔细按工单与系统进行核对，导致实际出库金额与结算金额不符	财务仔细按工单与系统进行核对，并保证内部往来及时清理	付款凭据	财务部	成本会计	《煤矿生产成本管理和核算办法》
7	确保轮胎车间到供应处领用材料准确	否	数量与计划数量不一致，或产品型号不一致	严格执行计划，并认真核对数量	ERP工单	供应处，轮胎车间	技术员	《煤矿轮胎领用管理办法》

续表

节点编号	节点目标	是否为关键控制点	风险描述	控制措施	控制证据	责任部门	责任岗位	控制制度/文件
8	确保领用明细准确	是	轮胎数量不正确	认真核对轮胎数量	轮胎领用明细	运输队	技术员	《煤矿轮胎领用管理办法》
9	保证轮胎存放整齐、数量准确	否	存放混乱，查点困难	合理安排存放位置，便于查点数量	轮胎领用明细	轮胎车间	技术员	《煤矿轮胎领用管理办法》
10	确保各项消耗数据原始记录准确、及时、全面	是	未记录轮胎编号	严格执行轮胎记录管理办法	轮胎记录	运输队	技术员	《煤矿轮胎领用管理办法》
11	确保轮胎数量记录准确	是	未及时核对出入库数量导致材料丢失	做好领用记录和发放记录	轮胎领用明细	运输队	技术员	《煤矿内部经济核算管理办法》
12	确保各项消耗数据准确	是	核对数据时，消耗数据有遗漏、错误，影响各项数据的准确性	核对不一致的，使用人及时与轮胎车间、供应处联系，核对并确认	核对记录	轮胎车间、运输队	轮胎管理员、技术员	《煤矿轮胎领用管理办法》

续表

节点编号	节点目标	是否为关键控制点	风险描述	控制措施	控制证据	责任部门	责任岗位	控制制度/文件
13	汇总、整合各项消耗，为核算提供依据	是	账目不清，导致数据不准确	建立好材料消耗台账，账目清晰	轮胎台账	运输队	技术员	《煤矿轮胎领用管理办法》
14/15/16	各项物资、能源核算准确，分析合理，能准确反映现场实际情况	是	核算方法不准确，计算过程有漏项，造成核算出的单耗、单位成本等数据不准确、不全面，分析时考虑因素不全面，未能真实有效反映生产现场情况	按照核算方法认真进行单机单车月度核算，将生产任务、能源等物资消耗准确、真实、及时地反映出来，确保核算资料的真实性、及时性、准确性和完整性，形成各队单机单车月度核算表；要做好核算报表分析说明，说明本月以及累计产量变动情况，本月以及累计能源、材料消耗情况，与计划指标差异以及完成情况，实际与计划差异比较大的，需分析差异原因	单机单车核算表、成本控制奖罚记录	运输队	核算员、队长	《煤矿内部经济核算管理办法》《煤矿轮胎管理办法》

续表

节点编号	节点目标	是否为关键控制点	风险描述	控制措施	控制证据	责任部门	责任岗位	控制制度/文件
17	各项物资、能源核算准确，分析合理，能准确反映全年各项消耗实际情况	是	核算方法不准确，计算过程有漏项，造成核算出的单耗、单位成本等数据不准确、不全面，分析时考虑因素不全面，未能真实有效反映全年实际情况	按照核算方法认真进行单机单车年度核算，将生产任务、能源等物资消耗准确、真实、及时地反映出来，确保核算资料的真实性、及时性、准确性和完整性，形成单机单车核算表；要做好核算报表分析说明，根据年初责任状及“五型企业”考核办法中的计划指标进行比较，说明累计产量变动情况，累计能源、材料消耗情况，与计划指标差异以及完成情况，实际与计划差异比较大的，需分析差异原因	单机单车核算表	运输队	核算员	《煤矿内部经济核算管理办法》

5. 洒水核算流程

企业名称	本流程控制点描述
	1–5.机组或班组上报洒水量 6.核算员核对洒水量是否准确 7.和生产服务中心对比水量
责任单位：煤矿	
流程编号：—	
洒水核算流程	

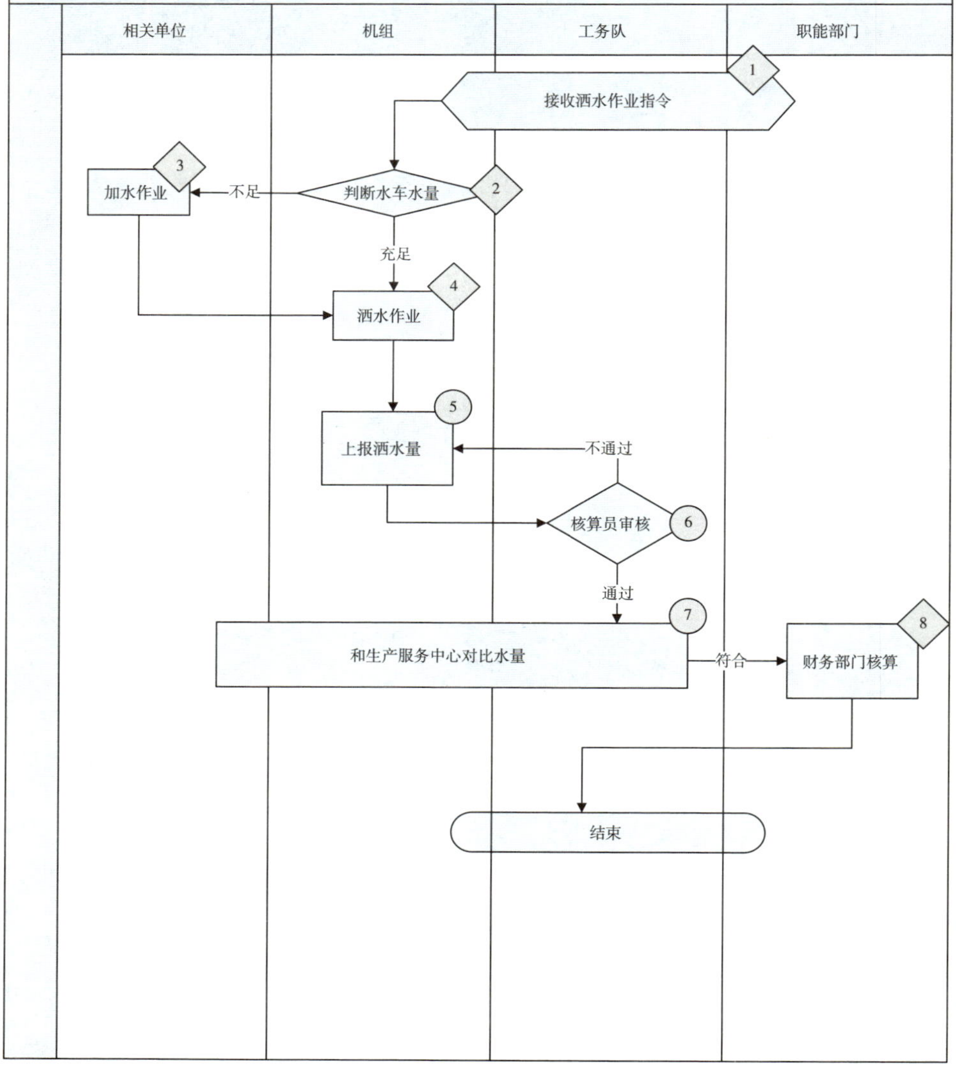

洒水核算流程控制矩阵

单位名称	煤矿		流程名称	洒水核算流程	流程编号	—		
控制目标	根据实际情况进行洒水作业，严格按规程规定作业，班组准确上报洒水量。核算员和相关单位核实后，上报财务部门进行核算，保证核算的精确性							
节点编号	节点目标	是否为关键控制点	风险描述	控制措施	控制证据	责任部门	责任岗位	控制制度/文件
1	接收洒水作业指令	否	接收指令不准确或理解错误，造成未能及时洒水作业	准确接收指令，核实好所接收的指令	抽查存档资料	工务队	队长工长司机	《煤矿机组（班组）、队级核算管理办法》
2	判断水车水量	否	判断不准确，造成浪费	准确判断	观察	工务队	司机	
3	加水作业	否	因加水不当，造成水量损耗	对准水鹤，及时联系关闭阀门	观察	工务队	司机	
4	洒水作业	否	洒水过多或过少，影响其他设备作业	按照规定进行洒水作业	观察	工务队	工长司机	
5	上报洒水量	是	数据计算不认真导致上报水量错误	提高工长和司机责任心，做好相关记录	水量报表	工务队	工长司机	
6	核算员审核	是	水量报表单审核不认真，导致数据错误	提高核算员责任心，认真、及时地审核水量报表	水量报表	工务队	核算员	

续表

节点编号	节点目标	是否为关键控制点	风险描述	控制措施	控制证据	责任部门	责任岗位	控制制度/文件
7	和生产服务公司对比水量	是	因各种因素导致对比出错误，未及时更正	认真、准确地核对，出现错误及时更正	水量报表	工务队	核算员	《煤矿机组（班组）、队级核算管理办法》
8	职能部门核算	否	因各种因素造成核算不及时、不准确	提高责任心	抽查存档资料	职能部门	内部核算	

6. 供电检修班组核算管理流程

	本流程控制点描述
企业名称	1–3.ERP系统对柴油等能源、材料进行审批
	4–6.根据现场实际，向工务队提报当日柴油使用计划
	7.根据物资领用工单，财务部门办理结算手续
	8–9.办事员领用并签字，做好原始记录
责任单位：煤矿	10–1/10–2.核算员、设备司机等每日根据原始单据认真核对确认各项材料、能源消耗数据，如不一致，使用人与办事员联系，核对并确认
	11–1/11–2/12.司机、加油工、库管等核对并做好统计，核算员汇总并登记台账
流程编号：一	13–14–2.工长、核算员在每月固定时间（10–15天），根据原始单据认真核对确认各项材料、能源消耗数据，若核对有误，则工长、司机、加油工、库管等根据原始单据进行核对
	15–16.班组月度核算、分析；结合月度绩效考核及队内相应考核办法，考核并进行奖罚
	17.班组年度核算并进行年度分析，业绩考核并进行奖罚

供电检修班组核算管理流程

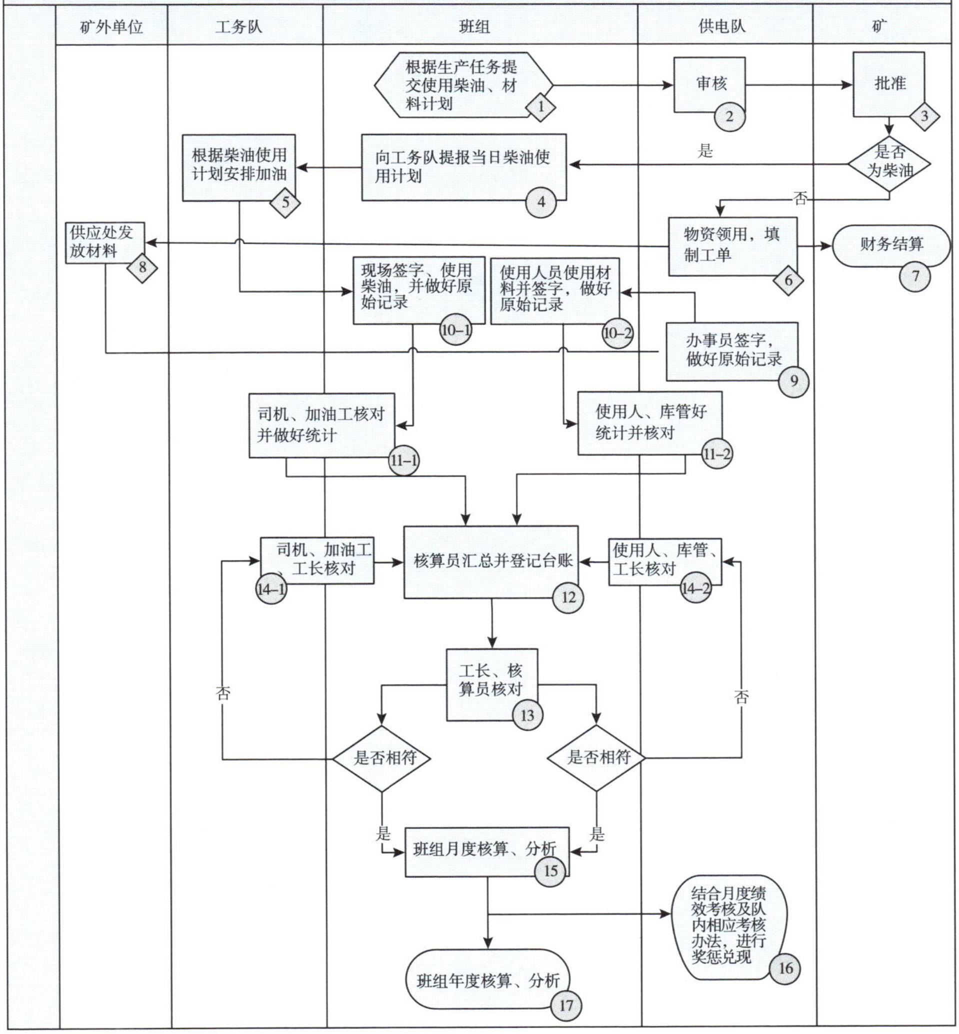

供电检修班组核算管理流程控制矩阵

单位名称	煤矿		流程名称	供电检修班组核算管理流程	流程编号	—		
控制目标	切实做好班组核算，提高核算水平，为成本管控提供有效的基础数据，为生产经营提供科学依据							
节点编号	节点目标	是否为关键控制点	风险描述	控制措施	控制证据	责任单位	责任岗位	控制制度/文件
1	确保生产任务顺利完成	否	未按生产任务或计划使用能源、材料，可能导致生产任务无法完成	根据生产任务或年度生产计划，分解能源、材料指标，形成日使用计划	日能源、材料使用计划	供电队检修一、二、三、四、五班	工长	《煤矿供电队内部经济核算管理办法》
2	确保工单内容准确合理、切合实际	是	审批时未发现工单不按照实际需求填写，造成数量过少未能满足生产需要，影响生产，或数量过多造成浪费	工长与队领导及时沟通	ERP审批流程	供电队	队长	《公司ERP系统实施项目用户操作手册》
3	确保工单内容准确合理、切合实际	否	审批时未发现工单不按照实际需求填写，造成数量过少未能满足生产需要，影响生产，或数量过多造成浪费	队领导与矿分管领导及时沟通	ERP审批流程	供电队、机电管理部	供电队队长、机电管理部经理、机电副矿长	《公司ERP系统实施项目用户操作手册》

续表

节点编号	节点目标	是否为关键控制点	风险描述	控制措施	控制证据	责任单位	责任岗位	控制制度/文件
4	确保计划合理	是	能源报计划时未结合现场实际情况，导致计划数据与实际数据差距过大	认真计划生产需求，实时分析，根据分析情况报送计划	柴油计划	供电队检修一、二、三班	工长	《煤矿供电队内部经济核算管理办法》
5	确保柴油生产满足计划要求	否	柴油消耗计划不合理，导致油车柴油数量不足，影响生产安排	计划合理准确保证油车司机柴油数量	柴油计划	供电队检修一、二、三班	工长	《煤矿生产成本管理和核算办法》
6	确保工单内容准确合理、切合实际	否	未按班组计划填制工单，影响生产任务	根据班组材料能源计划填制工单	工单	供电队	核算员	《煤矿生产成本管理和核算办法》
7	保证实际出库金额与结算金额数据的一致性	是	财务未仔细按工单与系统进行核对，导致实际出库金额与结算金额不符	财务仔细按工单与系统进行核对，并保证内部往来及时清理	付款凭据	财务部	成本会计	《煤矿生产成本管理和核算办法》

续表

节点编号	节点目标	是否为关键控制点	风险描述	控制措施	控制证据	责任单位	责任岗位	控制制度/文件
8	保证矿外单位柴油等能源、材料发放数量与工单填写数量一致	否	未按照工单填写数量发放柴油等能源、材料，造成数量过少未能满足生产需要，影响生产，或数量过多造成浪费	做好原始记录	工单、出库单	供电队、供应处	办事员、供应处保管员	《公司ERP系统实施项目用户操作手册》
9	出库手续齐全	是	领用过程中数量出现不符	根据生产情况，领用材料（非柴油），保管员、领用人在领料单或出库单签字确认	工单、收货单	供电队	办事员	《煤矿供电队内部经济核算管理办法》
10	班组材料领用	是	材料使用领用过程中，领用记录与计划不符	班组根据生产情况，领用材料（非柴油），保管员、领用人在领料单或出库单签字确认，形成使用记录	材料领用单	供电队检修一、二、三、四、五班	工长、使用人	《煤矿供电队内部经济核算管理办法》

续表

节点编号	节点目标	是否为关键控制点	风险描述	控制措施	控制证据	责任单位	责任岗位	控制制度/文件
11	确保数据统计准确	是	统计数据与实际使用情况有出入，造成消耗数据与实际消耗存在差异	每班统计好各项数据，保证无漏项，数据准确若发现数据有差异，及时进行联系核对	出库单、加油记录单	供电队检修一、二、三、四、五班	使用人与库管员、设备司机与加油工	《煤矿内部经济核算管理办法》
12	汇总、整合各项消耗，为核算提供依据	是	整合、汇总时数据有遗漏、错误，对核算的准确性造成影响	1. 统计台账要做到有层次，指标不重不漏；统计台账、原始记录、统计报表数据吻合，确保指标的系统性和资料的连续性 2. 台账必须做到登记及时，指标完整，台账保管要由专人负责，做到不转借，不转抄，注意保密	各类物资、能源消耗台账	供电队	核算员	《煤矿内部经济核算管理办法》

续表

节点编号	节点目标	是否为关键控制点	风险描述	控制措施	控制证据	责任单位	责任岗位	控制制度/文件
13/14	确保各班组各项消耗数据准确	是	核对数据时，消耗数据有遗漏、错误，影响各机组数据的准确性	工长、核算员等在每月固定时间（10—15天），根据原始单据认真核对确认各项材料、能源消耗数据	物料领用记录等	供电队检修一、二、三、四、五班	工长	《煤矿供电队内部经济核算管理办法》
15/16	各项物资、能源核算准确，分析合理，能准确反映现场实际情况	是	核算方法不准确，计算过程有漏项，造成核算出的单耗、单位成本等数据不准确、不全面，分析时考虑因素不全面，未能真实有效反映现场情况	按照核算方法认真进行班组月度核算，将生产任务、能源、材料、配件等物资消耗准确、真实、及时地反映出来，确保核算资料的真实性、及时性、准确性和完整性，形成各队班组月度核算表；要做好核算报表分析说明，说明本月以及累计产量变动情况，本月以及累计能源、材料消耗情况，分析异常原因	核算表	供电队检修一、二、三、四、五班	工长、核算员	《煤矿内部经济核算管理办法》

7. 班组修旧利废管理流程

企业名称	本流程控制点描述
	1.班组修旧利废项目清单信息全面准确
责任单位：煤矿	2.班组修旧利废项目必须从班组生产实际出发，杜绝提报无须修旧利废项目
	3-5.修旧利废项目要达到节约成本的目的
流程编号：一	6-7.根据配件的损坏程度进行合理的修旧利废
班组修旧利废管理流程	

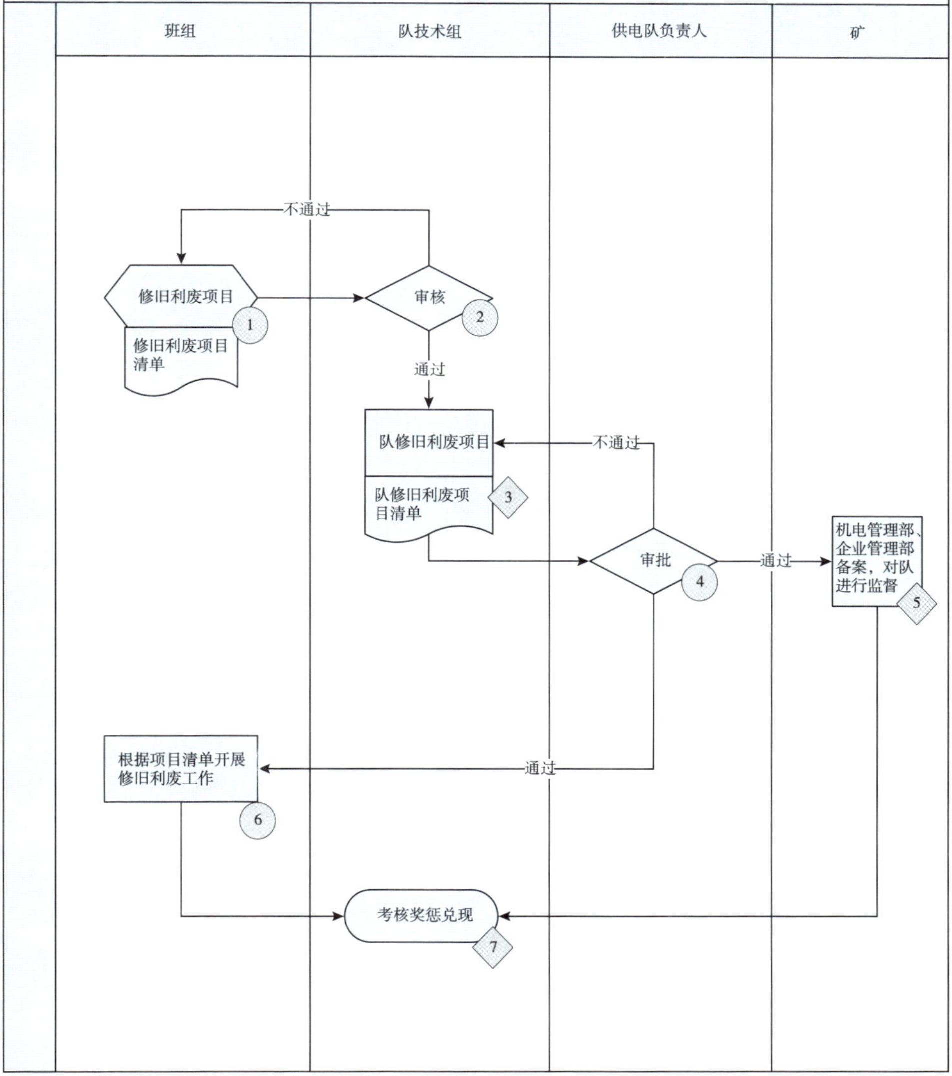

班组修旧利废管理流程控制矩阵

单位名称	煤矿		流程名称	班组修旧利废管理流程	流程编号	—		
控制目标	切实做好班组核算，提高核算水平，为成本管控提供有效的基础数据，为生产经营提供科学依据							
节点编号	节点目标	是否为关键控制点	风险描述	控制措施	控制证据	责任单位	责任岗位	控制制度/文件
1	确保生产任务顺利完成	否	未按生产任务或计划使用能源、材料，可能导致生产任务无法完成	根据生产任务或年度生产计划，分解能源、材料指标，形成日使用计划	日能源、材料使用计划	供电队检修一、二、三、四、五班	工长	《煤矿供电队内部经济核算管理办法》
2	确保工单内容准确合理、切合实际	是	审批时未发现工单不按照实际需求填写，造成数量过少未能满足生产需要，影响生产，或数量过多造成浪费	工长与队领导及时沟通	ERP审批流程	供电队	队长	《公司ERP系统实施项目用户操作手册》
3	确保工单内容准确合理、切合实际	否	审批时未发现工单不按照实际需求填写，造成数量过少未能满足生产需要，影响生产，或数量过多造成浪费	队领导与矿分管领导及时沟通	ERP审批流程	供电队、机电管理部	供电队队长、机电管理部经理、机电副矿长	《公司ERP系统实施项目用户操作手册》

续表

节点编号	节点目标	是否为关键控制点	风险描述	控制措施	控制证据	责任单位	责任岗位	控制制度/文件
4	确保计划合理	是	能源报计划时未结合现场实际情况，导致计划数据与实际数据差距过大	认真计划生产需求，实时分析，根据分析情况报送计划	柴油计划	供电队检修一、二、三班	工长	《煤矿供电队内部经济核算管理办法》
5	确保柴油生产满足计划要求	否	柴油消耗计划不合理，导致油车柴油数量不足，影响生产安排	计划合理准确保证油车司机柴油数量	柴油计划	供电队检修一、二、三班	工长	《煤矿生产成本管理和核算办法》
6	确保工单内容准确合理、切合实际	否	未按班组计划填制工单，影响生产任务	根据班组材料能源计划填制工单	工单	供电队	核算员	《煤矿生产成本管理和核算办法》
7	保证实际出库金额与结算金额数据的一致性	是	财务未仔细按工单与系统进行核对，导致实际出库金额与结算金额不符	财务仔细按工单与系统进行核对，并保证内部往来及时清理	付款凭据	财务部	成本会计	《煤矿生产成本管理和核算办法》

续表

节点编号	节点目标	是否为关键控制点	风险描述	控制措施	控制证据	责任单位	责任岗位	控制制度/文件
8	保证矿外单位（供应处、黑实）柴油等能源、材料发放数量与工单填写数量一致	否	未按照工单填写数量发放柴油等能源、材料，造成数量过少未能满足生产需要，影响生产，或数量过多造成浪费	做好原始记录	工单、出库单	供电队、供应处	办事员、供应处保管员	《公司 ERP 系统实施项目用户操作手册》
9	出库手续齐全	是	领用过程中数量出现不符	根据生产情况，领用材料（非柴油），保管员、领用人在领料单或出库单签字确认	工单、收货单	供电队	办事员	《煤矿供电队内部经济核算管理办法》
10	班组材料领用	是	材料使用领用过程中，领用记录与计划不符	班组根据生产情况，领用材料（非柴油），保管员、领用人在领料单或出库单签字确认，形成使用记录	材料领用单	供电队检修一、二、三、四、五班	工长、使用人	《煤矿供电队内部经济核算管理办法》

续表

节点编号	节点目标	是否为关键控制点	风险描述	控制措施	控制证据	责任单位	责任岗位	控制制度/文件
11	确保数据统计准确	是	统计数据与实际使用情况有出入，造成消耗数据与实际消耗存在差异	每班统计好各项数据，保证无漏项，数据准确若发现数据有差异，及时进行联系核对	出库单、加油记录单	供电队检修一、二、三、四、五班	使用人与库管员、设备司机与加油工	《煤矿内部经济核算管理办法》
12	汇总、整合各项消耗，为核算提供依据	是	整合、汇总时数据有遗漏、错误，对核算的准确性造成影响	1. 统计台账要做到有层次，指标不重不漏；统计台账、原始记录、统计报表数据吻合，确保指标的系统性和资料的连续性 2. 台账必须做到登记及时，指标完整，台账保管要由专人负责，做到不转借，不转抄，注意保密	各类物资、能源消耗台账	供电队	核算员	《煤矿内部经济核算管理办法》

续表

节点编号	节点目标	是否为关键控制点	风险描述	控制措施	控制证据	责任单位	责任岗位	控制制度/文件
13/14	确保各班组各项消耗数据准确	是	核对数据时，消耗数据有遗漏、错误，影响各机组数据的准确性	工长、核算员等在每月固定时间（10－15天），根据原始单据认真核对确认各项材料、能源消耗数据	物料领用记录等	供电队检修一、二、三、四、五班	工长	《煤矿供电队内部经济核算管理办法》
15/16	各项物资、能源核算准确，分析合理，能准确反映现场实际情况	是	核算方法不准确，计算过程有漏项，造成核算出的单耗、单位成本等数据不准确、不全面，分析时考虑因素不全面，未能真实有效反映现场情况	按照核算方法认真进行班组月度核算，将生产任务、能源、材料、配件等物资消耗准确、真实、及时地反映出来，确保核算资料的真实性、及时性、准确性和完整性，形成各队班组月度核算表；要做好核算报表分析说明，说明本月以及累计产量变动情况，本月以及累计能源、材料消耗情况，分析异常原因	核算表	供电队检修一、二、三、四、五班	工长、核算员	《煤矿内部经济核算管理办法》

续表

节点编号	节点目标	是否为关键控制点	风险描述	控制措施	控制证据	责任单位	责任岗位	控制制度/文件
17	各项物资、能源核算准确，分析合理，能准确反映全年各项消耗实际情况	是	核算方法不准确，计算过程有漏项，造成核算出的单耗、单位成本等数据不准确、不全面，分析时考虑因素不全面，未能真实有效反映全年实际情况	按照核算方法认真进行班组年度核算，将生产任务、能源、材料、配件等物资消耗准确、真实、及时地反映出来，确保核算资料的真实性、及时性、准确性和完整性，形成单机单车核算表；要做好核算报表分析说明，说明累计产量变动情况；累计能源、材料消耗情况，需分析异常原因	核算表	供电队	核算员	《煤矿内部经济核算管理办法》

8. 维修班组经济核算管理流程

	本流程控制点描述
企业名称	1–2.班组预算必须从班组生产实际出发，杜绝提报无须预算 3–4.班组预算严格控制在车间预算及中心预算可控范围内 5.班组要按计划开展检修工作，严格将成本控制预算指标范围内
责任单位：维修中心	6.核算的基础数据要准确无误，分析过程要严谨，原因要明确 7–1.班组检修预算对个人进行月度考核
流程编号：一	7–2.车间对班组进行阅读考核 7–3.对班组进行不定期考核，对车间进行月度考核 8–9.召开月度分析会，考核兑现

维修班组经济核算管理流程

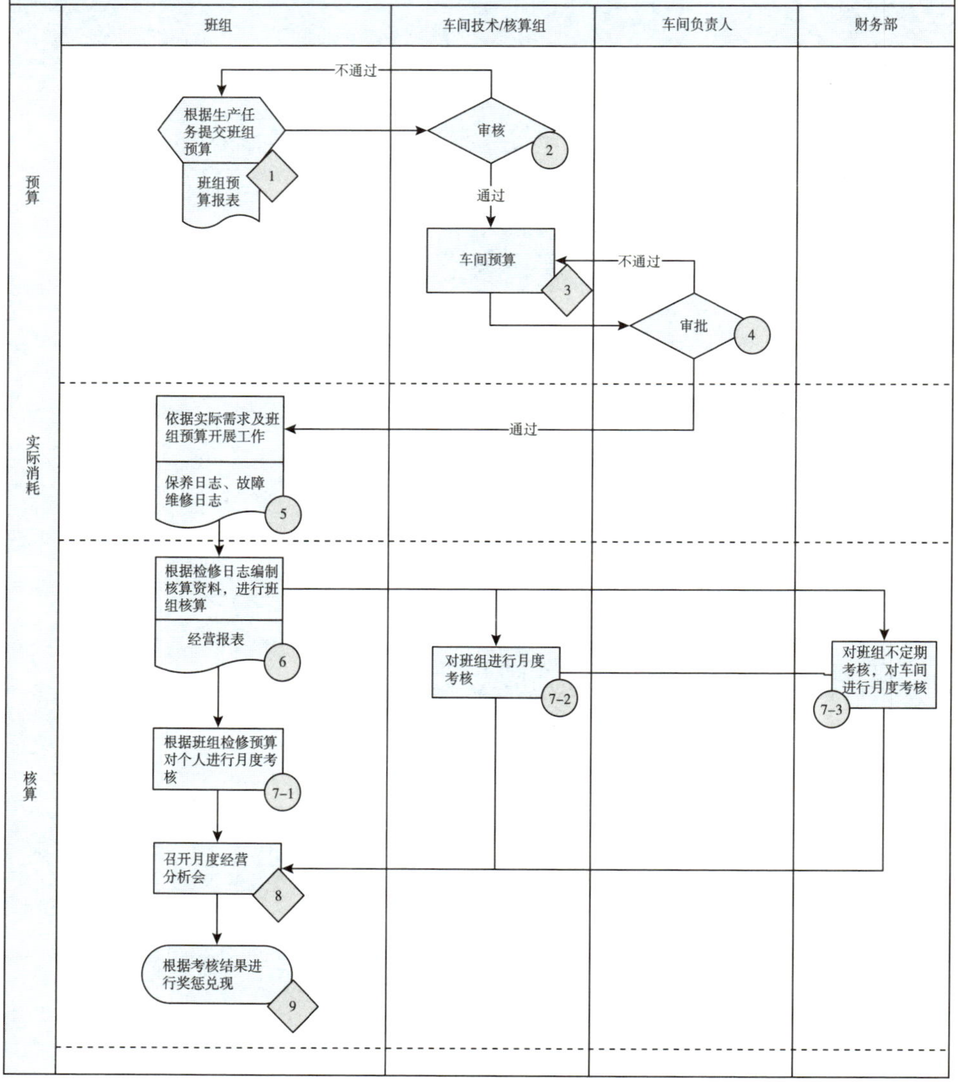

维修班组经济核算管理流程控制矩阵

单位名称	维修中心		流程名称	维修班组经济核算管理流程	流程编号	—		
控制目标	切实做好班组核算，提高核算水平，为成本管控提供有效的基础数据，为生产经营提供科学依据							
节点编号	节点目标	是否为关键控制点	风险描述	控制措施	控制证据	责任单位	责任岗位	控制制度/文件
1	圆满完成班组生产任务	否	未根据班组维修任务做预算，可能导致生产任务无法完成或生产成本不够用	充分考虑班组维修中可能产生的成本费用发生情况	班组预算报表	班组	班组长	《公司维修中心成本费用核算管理考核办法》
2	预算要切合实际，杜绝无须预算	是	预算不切合实际，可能导致成本费用不准	全面考虑班组生产任务、设备状况及车间预算	班组预算报表（签字审核）	车间	技术员/核算员	
3	圆满完成车间生产任务	否	未根据车间生产任务做预算，可能导致生产任务无法完成或生产成本不够用	充分考虑车间生产中可能产生的成本费用发生情况	车间预算报表	车间	技术员/核算员	
4	预算要切合实际，杜绝无须预算	是	预算不切合实际，可能导致成本费用不准	全面考虑车间生产任务、设备状况及中心预算	车间预算报表（签字审批）	车间	车间负责人	

续表

节点编号	节点目标	是否为关键控制点	风险描述	控制措施	控制证据	责任单位	责任岗位	控制制度/文件
5	使班组日常保养、维修规范化，班组实际消耗准确无误	是	未做保养、故障维修日志或其信息不全、不准，导致班组实际消耗失去真实性	1. 做好班组保养、故障维修日志 2. 班组保养、故障维修日志相关信息、数据统计全面、准确、真实	保养日志/故障维修日	班组	班组长	
6	发现班组实际生产中存在的问题，节约成本	是	未做班组核算及分析或不彻底，可能导致存在问题无法及时发现，从而浪费成本	1. 做好班组核算及分析 2. 及时发现班组实际生产中存在的问题，采取相应的防范措施，确保不浪费成本费用	班组核算报表及分析	班组	班组长	《公司维修中心成本费用核算管理考核办法》
7－1	班组检修预算对个人进行月度考核	是	未对班组及个人的月度核算及分析情况进行考核或未提出合理建议，可能导致此项工作流于形式，从而浪费成本	对班组核算及分析进行考核，及时提出合理化建议节约成本	考核结果	班组	班组长	

续表

节点编号	节点目标	是否为关键控制点	风险描述	控制措施	控制证据	责任单位	责任岗位	控制制度/文件
7－2	车间对班组进行阅读考核	是	未对班组核算及分析情况进行考核或未提出合理建议，可能导致车间的此项工作流于形式，从而浪费成本	对班组核算及分析进行考核，及时提出合理化建议节约成本	考核结果	车间	技术员/核算员	《公司维修中心成本费用核算管理考核办法》
7－3	对班组进行不定期考核，对车间进行月度考核	是	未对班组核算及车间月度进行考核或未提出合理建议，可能导致此项工作流于形式，从而无法控制成本	对班组核算及车间月度分析进行考核，及时提出合理化建议节约成本	考核结果	财务部	会计	
8	指导班组做好班组核算分析	否	未做班组核算及分析或不彻底，可能导致存在问题无法及时发现，从而浪费成本	1. 做好班组核算及分析 2. 及时发现班组实际生产中存在的问题，采取相应的防范措施，确保不浪费成本费用	考核结果	班组	班组长	
9	预算与实际发生一致	否	未做班组考核及或考核不兑现，可能导致存在问题无法及时解决，从而浪费成本	对班组核算及分析进行个人考核兑现，及时提出合理化建议节约成本	考核结果	班组	班组长	

9. 维修班组单机核算管理流程

企业名称	本流程控制点描述
	1–2.班组预算必须从班组生产实际出发，杜绝提报无须预算 3–4.班组预算严格控制在车间预算及中心预算可控范围内 5.单机预算备案要及时准确，审核、审批记录齐全
责任单位:维修中心	6.单机实际消耗要准确无误 7–1.班组形成单机核算报表
流程编号：一	7–2.车间技术/核算组形成车间整体单机核算 7–3.财务部进行年度效能分析

维修班组单机核算管理流程

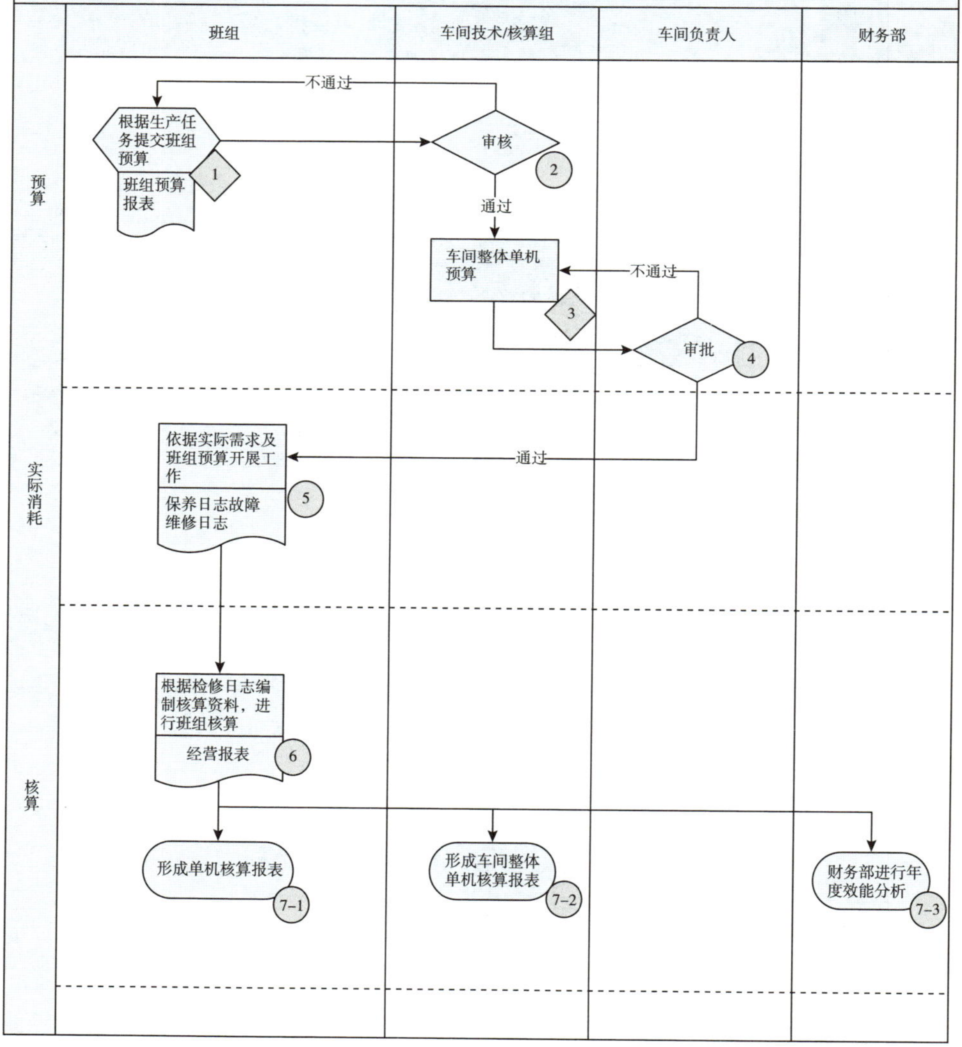

维修班组单机核算管理流程控制矩阵

单位名称	维修中心		流程名称	维修班组单机核算管理流程	流程编号	—		
控制目标	切实做好班组核算，提高核算水平，为成本管控提供有效的基础数据，为生产经营提供科学依据							
节点编号	节点目标	是否为关键控制点	风险描述	控制措施	控制证据	责任单位	责任岗位	控制制度/文件
1	根据班组生产任务做核算	否	未根据班组生产任务做预算，可能导致生产任务无法完成或生产成本不够用	充分考虑班组生产中可能产生的成本费用发生情况	班组预算报表	班组	班组长	《公司设备维修中心成本费用核算管理考核办法》
2	预算要切合实际，杜绝无须预算	是	预算不切合实际，可能导致成本费用不准	全面考虑班组生产任务、设备状况及车间预算	班组预算报表（签字审核）	车间	技术员/核算员	
3	根据生产任务，车间整体核算	否	未根据车间生产任务做预算，可能导致生产任务无法完成或生产成本不够用	充分考虑车间生产中可能产生的成本费用发生情况	车间预算报表	车间	技术员/核算员	
4	预算要切合实际，杜绝无须预算	是	预算不切合实际，可能导致成本费用不准	全面考虑车间生产任务、设备状况及中心预算	车间预算报表（签字审批）	车间	车间负责人	

续表

节点编号	节点目标	是否为关键控制点	风险描述	控制措施	控制证据	责任单位	责任岗位	控制制度/文件
5	依据实际需求及班组预算开展工作	是	未做保养、故障维修日志或其信息不全、不准，导致班组实际消耗失去真实性	1. 做好班组保养、故障维修日志 2. 班组保养、故障维修日志相关信息、数据统计全面、准确、真实	保养日志/故障维修日	班组	班组长	《公司设备维修中心成本费用核算管理考核办法》
6	根据检修日志核算资料，进行班组核算	是	未做班组核算及分析或不彻底，可能导致存在问题无法及时发现，从而浪费成本	1. 做好班组核算及分析 2. 及时发现班组实际生产中存在的问题，采取相应的防范措施，确保不浪费成本费用	班组核算报表及分析	班组	班组长	
7-1	形成单机核算报表	是	未做班组核算及分析或不彻底，可能导致存在问题无法及时发现，从而浪费成本	1. 做好班组核算及分析 2. 及时发现班组实际生产中存在的问题，采取相应的防范措施，确保不浪费成本费用	单机核算报表	班组	班组长	
7-2	形成车间整体单机核算	是	未对班组核算及分析情况进行考核，可能导致此项工作流于形式，从而浪费成本	对班组核算及分析进行考核，及时提出合理化建议节约成本	单机核算报表	车间	技术员/核算员	

续表

节点编号	节点目标	是否为关键控制点	风险描述	控制措施	控制证据	责任单位	责任岗位	控制制度/文件
7-3	财务部进行年度效能分析	是	未对车间及班组核算及分析情况进行考核，可能导致此项工作流于形式，从而浪费成本	对班组核算及分析进行考核，及时提出合理化建议节约成本	年度效能分析结果	财务部	会计	《公司设备维修中心成本费用核算管理考核办法》

10. 维修班组材料配件领用管理流程

企业名称	本流程控制点描述
	1-2.严格根据交旧领新目录交旧件并做好台账
	3.班组材料配件领用申请信息全面准确
责任单位：维修中心	4-5.班组材料配件领用申请必须从班组生产实际出发，杜绝提报无须领料申请
流程编号：一	6.材料配件领用严格控制在车间及中心领料可控范围内
维修班组材料配件领用管理流程	

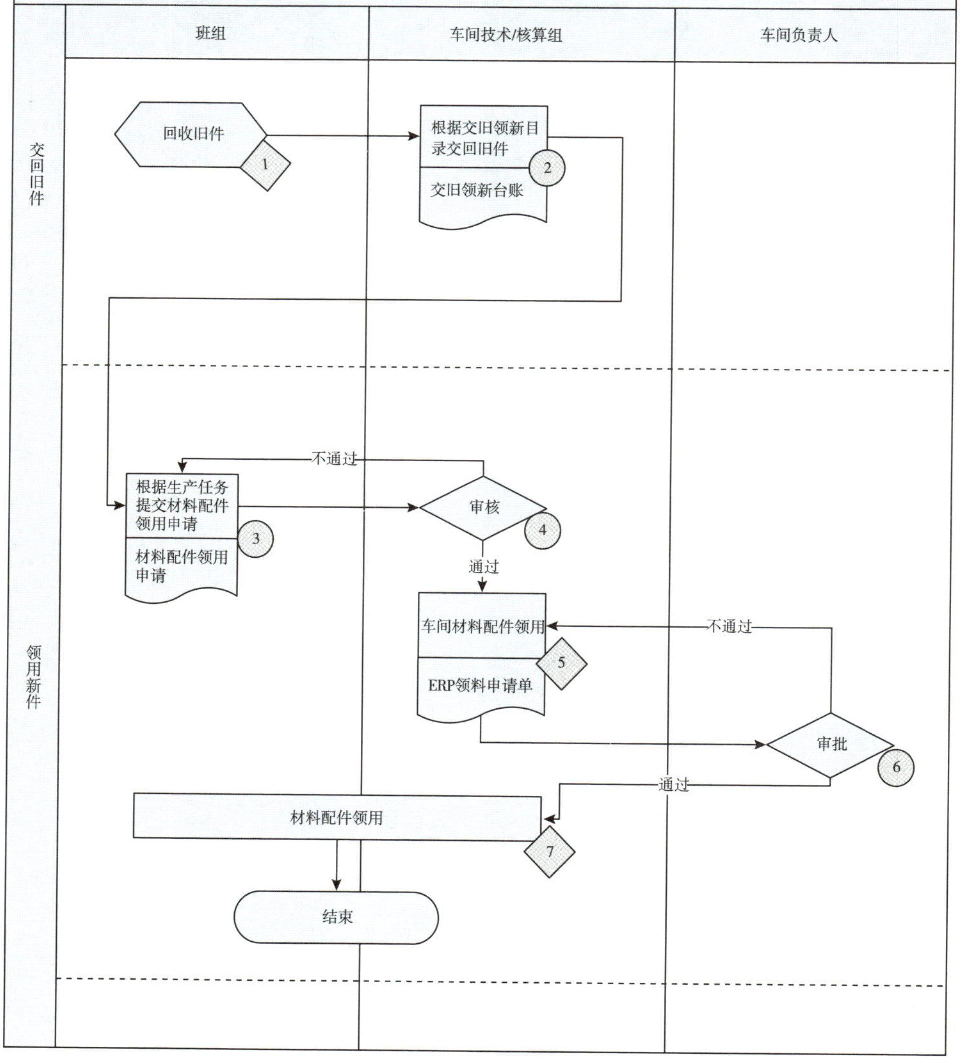

维修班组材料配件领用管理流程控制矩阵

单位名称	维修中心		流程名称	维修班组材料配件领用管理流程	流程编号	—		
控制目标	严格根据交旧领新目录，从班组实际出发，交旧件领新件并做好台账，杜绝多领浪费							
节点编号	节点目标	是否为关键控制点	风险描述	控制措施	控制证据	责任单位	责任岗位	控制制度/文件
1	回收旧件	否	未根据班组生产实际分析旧件的可用性，可能导致生产任务无法完成或生产成本浪费	充分考虑班组生产中可能产生可使用旧件的成本费用，增加成本支出	旧件	班组	班组长	《公司设备维修中心配件管理办法》
2	根据交旧领新目录教会旧件	是	未及时交回旧件，没有建立台账	全面考虑班组生产任务、设备状况及车间预算	交旧领新台账	车间	技术员/领料员	
3	根据生产任务提交材料配件领用申请	是	未根据车间生产任务做申请，可能导致生产任务无法完成或生产成本不够用	充分考虑车间生产中可能产生的成本费用发生情况	材料配件领用申请	班组	班组长	
4	申请要切合实际，杜绝无须材料申请	是	申请不切合实际，可能导致成本费用超支	全面考虑车间生产任务、设备状况及中心预算	材料配件领用申请	车间	车间负责人	

续表

节点编号	节点目标	是否为关键控制点	风险描述	控制措施	控制证据	责任单位	责任岗位	控制制度/文件
5	使班组材料配件申领规范化	否	导致班组实际消耗失去真实性	信息和数据统计全面、准确、真实	ERP 领料申请单	班组	车间负责人	
6	根据库房的物资储存提出相关措施	是	未做班组核算及分析或不彻底，可能导致存在问题无法及时发现，从而浪费成本	1. 做好班组核算及分析 2. 及时发现班组实际生产中存在的问题，采取相应的防范措施，确保不浪费成本费用	ERP 领料申请单	班组	班组长	《公司设备维修中心配件管理办法》
7	按照计划领用配件、材料等	否	未对班组核算及分析情况进行考核，可能导致此项工作流于形式，从而浪费成本	对班组核算及分析进行考核，及时提出合理化建议节约成本	材料配件	班组	技术员	

11. 维修班组修旧利废管理流程

企业名称	本流程控制点描述
	1.班组修旧利废项目清单信息全面准确
	2.班组修旧利废项目必须从班组生产实际出发，杜绝提报无须修旧利废项目
责任单位：维修中心	3–4.修旧利废项目要达到节约成本的目的
流程编号：一	5–6.根据配件的损坏程度进行合理的修旧利废
	7.考核总观

维修班组修旧利废管理流程

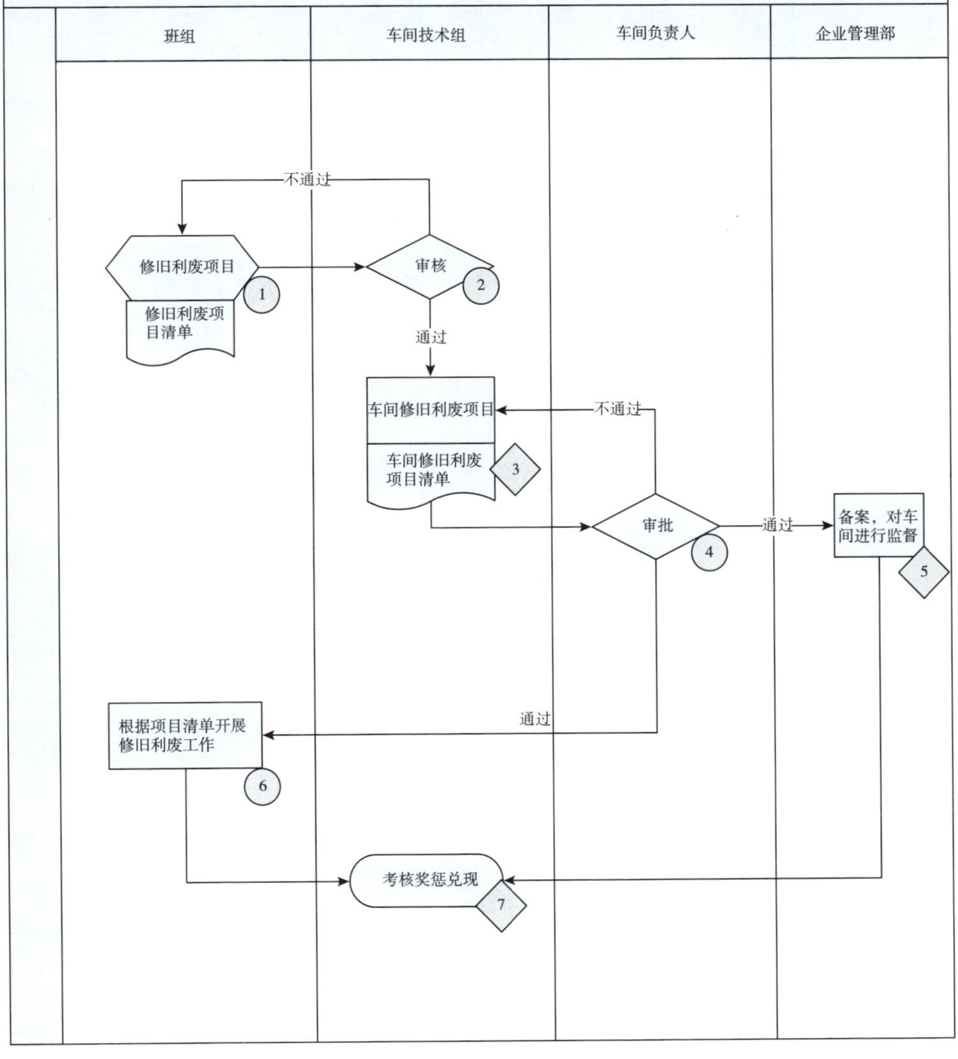

维修班组修旧利废管理流程控制矩阵

单位名称	维修中心		流程名称	维修班组修旧利废管理流程	流程编号	—		
控制目标	班组维修创新、修旧利废项目从实际出发，杜绝提报无须修旧利废项目，实现利益最大化							
节点编号	节点目标	是否为关键控制点	风险描述	控制措施	控制证据	责任单位	责任岗位	控制制度/文件
1	班组建立修旧利废项目	是	未根据班组生产实际申报修旧利废项目，可能导致浪费可修配件或生产成本不够用	充分考虑班组生产中可修旧利废物件的情况	修旧利废项目清单	班组	班组长	
2	申请要切合实际，杜绝虚假项目	是	申请不切合实际，可能导致成本费用超支	全面考虑班组生产任务、设备状况及车间预算	修旧利废项目清单	车间	技术员/核算员	《公司维修中心维修创新、修旧利废管理办法》
3	详细验收修旧利废项目	否	未根据车间生产任务做申请，可能导致生产任务无法完成或生产成本不够用	充分考虑车间生产中可能产生的成本费用发生情况	修旧利废项目清单	车间	技术员/核算员	
4	申请要切合实际，杜绝虚假项目	是	申请不切合实际，可能导致配件浪费或成本费用超支	全面考虑车间生产任务、设备状况及中心预算	修旧利废项目清单	车间	车间负责人	

续表

节点编号	节点目标	是否为关键控制点	风险描述	控制措施	控制证据	责任单位	责任岗位	控制制度/文件
5	使班组修旧利废项目规范化	否	导致班组修旧利废失去真实性	信息、数据统计全面、准确、真实	修旧利废项目清单	班组	班组长	
6	班组根据项目清单开展修旧利废，节约成本	是	未开展修旧利废项目，可能导致存在问题无法及时发现，从而浪费成本	1. 做好班组修旧利废项目及分析 2. 及时发现班组实际修旧利废过程中存在的问题，采取相应的防范措施，确保不浪费成本费用	修旧利废项目清单	班组	班组长	《公司维修中心维修创新、修旧利废管理办法》
7	班组做好班组修旧利废，加强问题防范，节约成本	否	未对修旧利废项目及分析情况进行考核，可能导致此项工作流于形式，从而浪费成本	对班组修旧利废项目及分析进行考核，及时提出合理化建议节约成本，合理地给出奖励措施	考核结果	车间	技术员	

第二节　电力公司班组经济管理

为进一步规范电力公司班组经济管理，提高核算水平，为成本管控提供基础数据，为生产经营提供科学的依据，使数据真实地反映生产经营的全过程和基本情况，真正使经济核算管理落实到各班组。

一、电力公司班组经济管理的组织

电力公司成立班组经济管理领导小组，组长由总会计师担任，副组长由经营部经理担任，组员由经营部及各部门从事与核算、生产经营分析工作相关的人员组成。领导小组下设办公室，办公室设在经营部，主要负责内部核算管理的各环节的组织、协调、监督、考核等日常管理工作。各部门负责对班组年、月、日核算及分析工作。

经营部负责对各部门材料、配件等物资消耗进行月度和年度的汇总核算及分析工作；负责对已领未结材料、配件等物资消耗进行汇总核算工作；负责以成本中心为单位的自营成本核算和分析工作。

二、班组经济核算的要求

班组必须认真做好班组经济核算的基础数据统计工作，要做到数据真实、全面、准确、及时，不得虚报、漏报。

班组经济核算要做到核算方法恰当、合理，核算数据准确、全面，不得人为调节考核指标。

三、班组经济核算的原始记录

（1）原始记录包括生产记录、各种材料、配件消耗记录；各种物资领用、库存记录；各种设备规格型号、变动、使用记录；各种消耗材料出库单、结算单据等。

（2）各部门的原始记录要统一格式，统一计算口径，指标含义确切，并有严格的传递、报送程序。

（3）核算工作交接时，交接手续要清楚，责任要明确，要确保资料的衔接。

（4）原始记录如有修改，需注明原因，且需填写人签字。

（5）原始记录要按期整理归档。

四、班组经济核算统计台账

（1）各部门要根据统计工作的需要，建立各类综合、专业统计台账。

（2）统计台账要做到有层次，指标不重不漏；统计台账、原始记录、统计报表数据吻合，确保指标的系统性和资料的连续性。

（3）台账必须做到登记及时，指标完整，台账保管要专人负责，不转借，不转抄，注意保密。

五、班组经济核算报表

（1）各部门按照核算方法认真进行班组或机组核算，将生产任务、材料、配件等物资消耗准确、真实、及时地反映出来，确保核算资料的真实性、及时性、准确性和完整性，形成各部门基本核算表。

（2）公司根据实际情况对报表进行了统一设计、优化，各部门也可根据实际情况，适当调整物资消耗项目的次序及核算科目。对消耗量比较大的、对成本影响较大的非常重要的项目列在前面；次重要的也要列出消耗品的具体名称。

（3）各部门要做好核算报表分析说明，根据年初责任状及“五型企业”考核办法中的计划指标进行比较；本月以及累计材料消耗情况，与计划指标差异以及完成情况，实际与计划差异比较大的，需分析差异原因。

（4）经营部对各部门上报的核算报表，进行汇总、核算，形成公司核算报表，并进行翔实的分析说明，报送有关领导。

六、经济核算的考核

公司把班组经济核算工作纳入全面质量标准化体系中，按季度进行考核。

（一）考核基本内容

1. 基础管理工作

（1）原始记录。固定表式，统一编号，考核记录是否及时，数字是否真实、全面，是否按期装订成册，妥善保管。

（2）统计台账。考核是否建立月度、季度、年度统计台账，内容是否全面，数据是否准确、完整。

2. 核算报表要求

（1）及时，即考核报表是否按照规定时限上报。

（2）准确，即考核数据是否计算准确、统一，是否自行调整。

（3）全面，即考核数据是否全面、系统。

（4）规范，即考核报表形式是否符合公司规范要求。

七、电力公司经济管理流程和矩阵

1. 厂用电调整控制管理流程

企业名称	本流程控制点描述
	1–3.电量表计量用电量，给运行调整提供数字依据
	4.发电运行部根据生产用电情况，组织分析节电方案
责任单位：电力公司	5.分管部长审批节电方案是否合理，能否通过
流程编号：一	6–7.发电运行部根据生产情况实施节电方案

厂用电调整控制管理流程

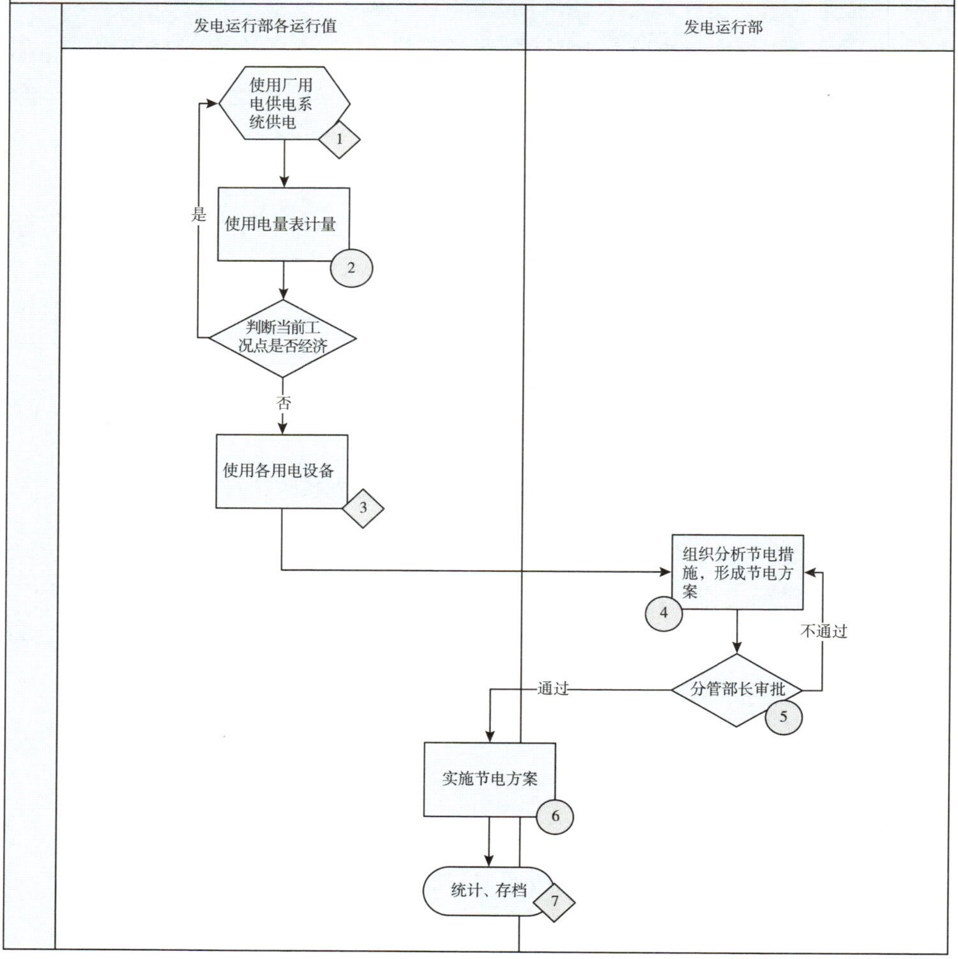

厂用电调整控制管理流程控制矩阵

单位名称	电力公司		流程名称	厂用电调整控制管理流程	流程编号	—		
控制目标	降低厂用电，提高公司的经济效益							
节点编号	节点目标	是否为关键控制点	风险描述	控制措施	控制证据	责任部门	责任岗位	控制制度/文件
1	供电系统连续供电	否	供电系统无法连续供电或供电中断，给公司造成经济损失	供电系统及方案合理可靠	供电系统及方案	发电运行部 设备检修部	专业部长	《内部用电管理标准》
2	电量表计量准确	是	厂用电电能计量表故障或计量不准，无法给运行人员提供准确的数字信息，运行人员无法调整生产用电，给公司造成经济损失	1. 电能计量表故障及时登记缺陷联系检修处理 2. 按规定时间对电能计量表进行校验	缺陷登记记录、校验合格证	发电运行部 设备检修部	值长电气主检	《内部用电管理标准》
3	备用电设备用电可靠	否	用电设备用电不可靠或用电中断，给公司造成经济损失	用电系统及方案合理可靠	用电系统及方案	发电运行部 设备检修部	专业部长	《内部用电管理标准》

续表

节点编号	节点目标	是否为关键控制点	风险描述	控制措施	控制证据	责任部门	责任岗位	控制制度/文件
4	分析制订节电方案	是	机组数据、参数有误或分析方法不正确，未能准确分析出节电方案，给公司造成经济损失	1. 严格执行机组节电方案分析方法 2. 提供准确的机组参数和数据	机组节电方案分析材料	发电运行部	部长 值长 主值	《内部用电管理标准》
5	审批节电方案	是	分管部长审批节电方案是否合理，能否通过实施，审批过程控制不合理，给公司造成经济损失	节电方案审批程序合理可行	节电方案审批程序	发电运行部	分管部长	《内部用电管理标准》
6	节电方案及时准确实施	是	节电调整方案实施不及时、不准确，未能将厂用电率降下来，给公司造成经济损失	严格实施节电运行调整方案	节电调整实施方案	发电运行部	值长 主值	《内部用电管理标准》
7	统计存档	否	未进行统计存档，下次查阅时没有数据或依据，给公司造成经济损失	统计正确，存档及时	统计存档资料	发电运行部	统计员 事务员	《内部用电管理标准》

2. 燃煤运行调整管理流程

企业名称	本流程控制点描述
	1–2.给煤机入炉煤秤计量每台给煤机的没量，给运行调整提供数字依据 3.值班员根据机组的运行工况对入炉煤量进行调整
责任单位：电力公司	4.发电运行部根据机组运行参数的变化，组织各运行值际分析机组运行工况的经济性
流程编号：一	5.分管部长审批节煤优化运行调整方案是否合理，能否通过 6–7.发电运行部根据机组工况分析组织各运行值际制定优化运行调整措施
燃煤运行调整管理流程	

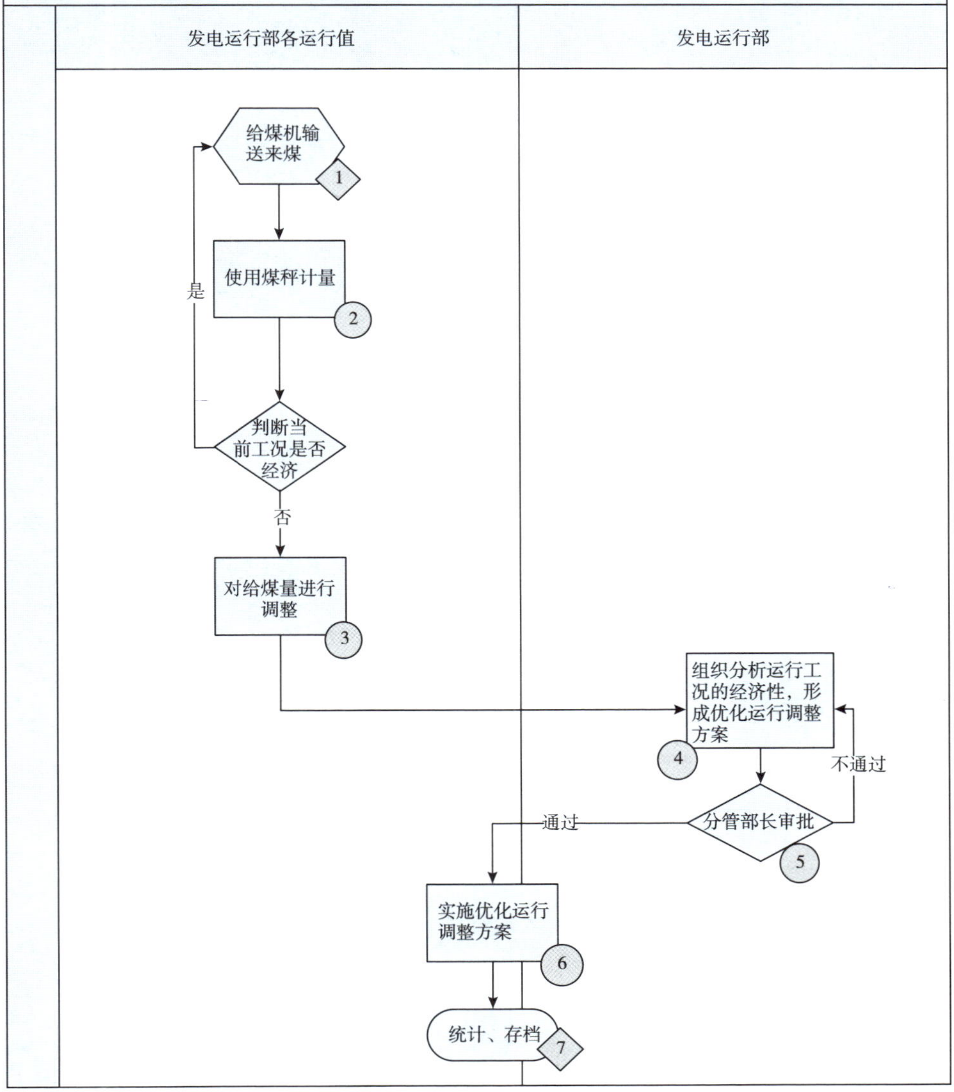

燃煤运行调整管理流程控制矩阵

单位名称	电力公司		流程名称	燃煤运行调整管理流程	流程编号	—		
控制目标	降低机组的供电煤耗，提高公司的经济效益							
节点编号	节点目标	是否为关键控制点	风险描述	控制措施	控制证据	责任部门	责任岗位	控制制度/文件
1	给煤机连续输送煤	否	给煤系统无法连续输送煤或输送煤中断，给公司造成经济损失	输送煤系统及方案合理可靠	输送煤系统及方案	发电运行部 设备检修部	专业部长	《燃煤管理标准》
2	入炉煤计量准确	是	入炉煤秤设备故障或计量不准，无法给运行人员提供准确的数字信息，运行人员无法调整机组的经济运行工况，给公司造成经济损失	1. 煤量秤故障及时登记缺陷联系检修处理 2. 按规定时间对煤量秤进行校验	缺陷登记记录、校验合格证	发电运行部 设备检修部	主值 热工主检	《燃煤管理标准》
3	入炉煤量调整合理	是	运行值班员根据实时工况对入炉煤量进行调整不合理，造成机组偏离经济运行工况点运行，给公司造成经济损失	1. 依据运行优化调整指导卡 2. 找出经济工况点运行参数	运行调整历史记录	发电运行部	主值	《燃煤管理标准》

续表

节点编号	节点目标	是否为关键控制点	风险描述	控制措施	控制证据	责任部门	责任岗位	控制制度/文件
4	分析机组的经济运行工况点	是	机组数据、参数有误或分析方法不正确，未能准确分析出机组的经济运行工况点，给公司造成经济损失	1. 严格执行机组经济运行工况点分析方法 2. 提供准确的机组参数和数据	机组经济工况点分析材料	发电运行部	值长主值	《燃煤管理标准》
5	审批节煤优化运行方案	是	分管部长审批节煤优化运行方案是否合理，能否通过实施，审批过程控制不合理，给公司造成经济损失	节煤优化运行方案审批程序合理可行	节煤优化运行方案审批程序	发电运行部	分管部长	《燃煤管理标准》
6	运行调整措施及时准确实施	是	优化运行调整方案实施不及时、不准确，机组运行经济工况点查找不准确，未能将供电煤耗降下来，给公司造成经济损失	严格实施优化运行调整方案	运行优化调整实施方案	发电运行部	值长主值	《燃煤管理标准》
7	统计存档	否	未进行统计存档，下次查阅时没有数据或依据，给公司造成经济损失	统计正确，存档及时	统计存档资料	发电运行部	统计员事务员	《燃煤管理标准》

3. 脱硫、脱硝消耗性材料控制管理流程

企业名称	本流程控制点描述
	1–3.给料计量表记，给运行调整提供数字依据
	4–5.发电运行部根据运行情况，组织分析，制订节约方案
责任单位：电力公司	6.分管部长审批脱硫、脱硝消耗性材料节约方案是否合理，能否通过
流程编号：一	7–8.发电运行部根据生产情况实施节约方案

脱硫、脱硝消耗性材料控制管理流程

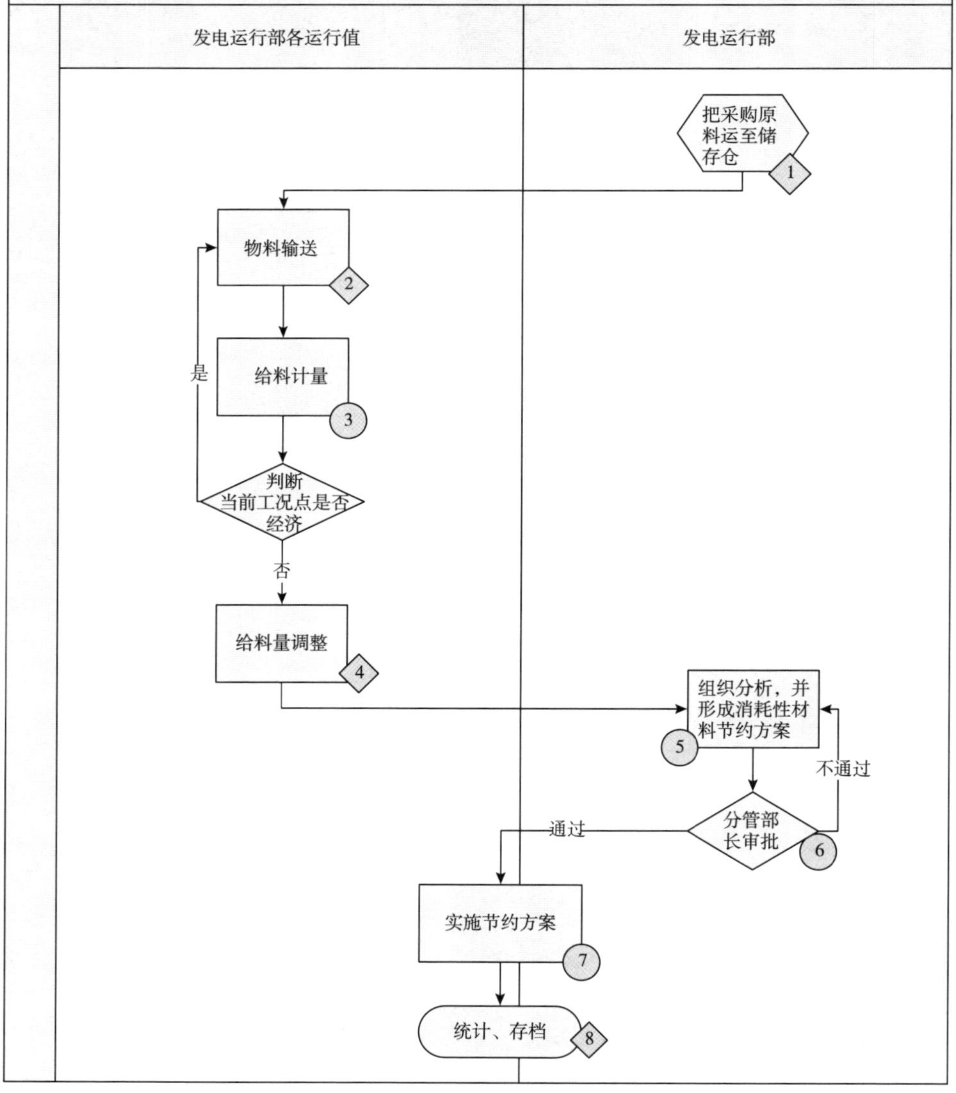

脱硫、脱硝消耗性材料控制管理流程控制矩阵

单位名称	电力公司		流程名称	脱硫、脱硝消耗性材料控制管理流程	流程编号	—		
控制目标	降低机组的脱硫、脱硝消耗性材料，提高公司的经济效益							
节点编号	节点目标	是否为关键控制点	风险描述	控制措施	控制证据	责任部门	责任岗位	控制制度/文件
1	储存仓储存原料正常	否	储存仓储存原料不正常，造成机组排放指标不正常给公司造成经济损失	储存仓料位计校验正常	校验合格证	发电运行部 设备检修部	脱硫班长 热工主检	《节能减排管理标准》
2	物料输送系统连续供水	否	物料输送系统无法连续供给或供给中断，给公司造成经济损失	物料输送系统及方案合理可靠	物料输送系统及方案	发电运行部 设备检修部	专业部长	《节能减排管理标准》
3	给料计量是否准确	是	给料计量表故障或计量不准，运行人员无法调整环保排放指标，给公司造成经济损失	1. 给料计量表故障及时登记缺陷联系检修处理 2. 按规定时间对给料计量表进行校验	缺陷登记记录、校验合格证	发电运行部 设备检修部	脱硫班长 热工主检	《节能减排管理标准》
4	给料量调整合理	否	运行值班员根据实时工况对给料量进行调整不合理，造成机组偏离经济运行工况点运行，给公司造成经济损失	依据环保排放标准调整	运行调整历史记录	发电运行部	主值	《节能减排管理标准》

续表

节点编号	节点目标	是否为关键控制点	风险描述	控制措施	控制证据	责任部门	责任岗位	控制制度/文件
5	分析制订节约方案	是	未能及时分析、制订出切实可行的节约方案，给公司造成经济损失	1. 严格执行机组节约方案分析方法 2. 提供准确的机组参数和数据	机组节约方案分析材料	发电运行部	部长 值长 班长	《节能减排管理标准》
6	审批节约调整方案	是	分管部长审批节约调整方案是否合理，能否通过实施，审批过程控制不合理，给公司造成经济损失	节约调整方案审批程序合理可行	节约调整方案审批程序	发电运行部	分管部长	《节能减排管理标准》
7	节约方案及时准确实施	是	节约调整方案实施不及时，未能降低脱硫、脱硝消耗性材料，给公司造成经济损失	严格实施节约调整方案	节约调整方案实施	发电运行部	值长 班长	《节能减排管理标准》
8	统计存档	否	为进行统计存档，下次查阅时没有数据或依据，给公司造成经济损失	统计正确，存档及时	统计存档资料	发电运行部	统计员 事务员	《节能减排管理标准》

4. 物资领用管理流程

企业名称	本流程控制点描述
	1–2.各专业负责人依据《物资领用管理标准》对领料申请单上物资的数量、规格型号和使用方向进行审核
	3–5.部门负责人依据《物资领用管理标准》、当月资金计划和各专业库存对领料申请单上物资的数量、规格型号和使用方向进行审核
责任单位：电力公司	6–7.各专业负责人依据《物资领用管理标准》对材料出库单上物资的数量、规格型号和使用方向进行审批
流程编号：一	8–9.各专业统计人员依据《班组经济核算管理标准》全面统计，准确分析
	10.部门统计人员依据《班组经济核算管理标准》全面、准确统计

物资领用管理流程

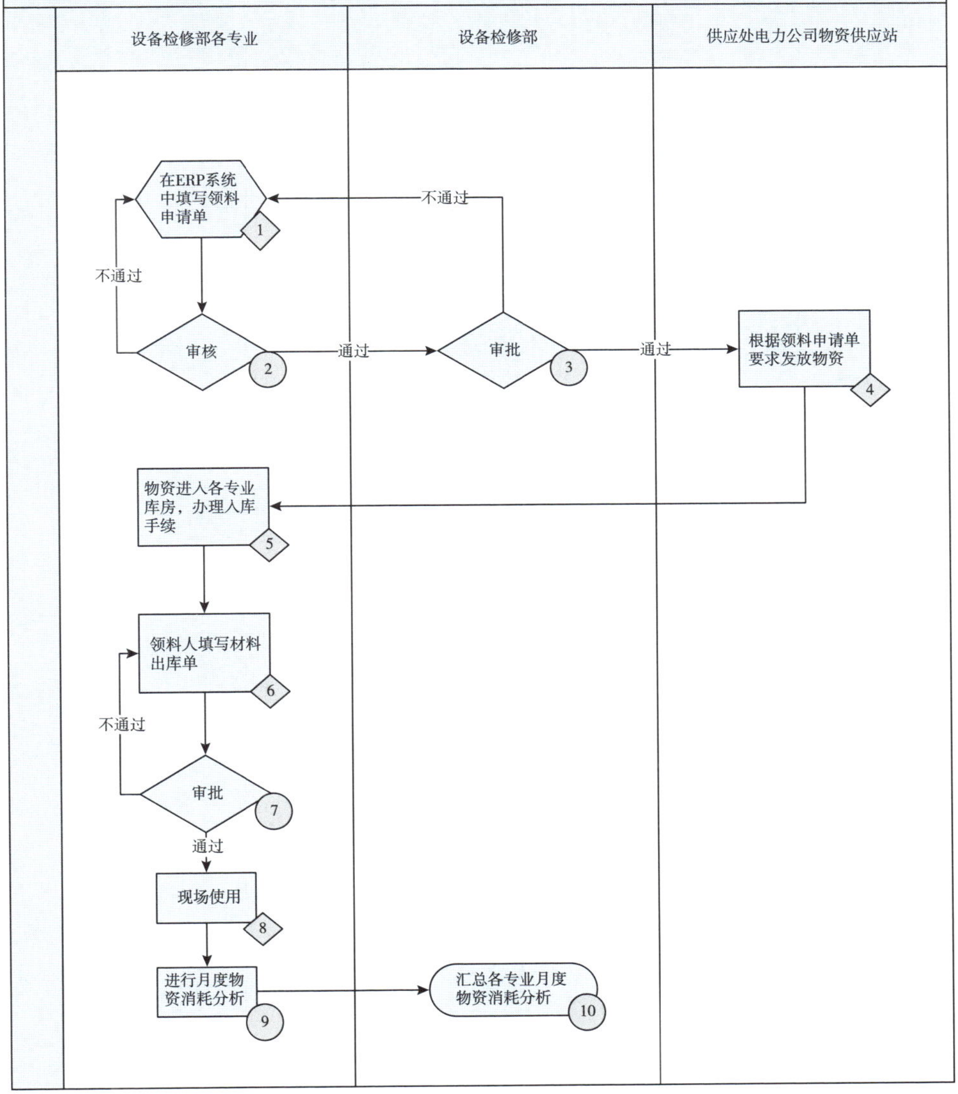

物资领用管理流程控制矩阵

单位名称	电力公司			流程名称	物资领用管理流程	流程编号	—	
控制目标	保证物资规格型号准确、数量适量和使用方向正确，节省费用							
节点编号	节点目标	是否为关键控制点	风险描述	控制措施	控制证据	责任部门	责任岗位	控制制度/文件
1	填写准确	否	领料申请单上物资的数量、规格型号和使用方向填写不正确，造成物资不可用和费用浪费	正确填写领料申请单上物资的数量、规格型号和使用方向	领料申请单	电力公司设备检修部	领料申请人	《物资领用管理标准》
2	物资使用合理	是	领料申请单上物资的数量过量、规格型号不准确和使用方向不正确，造成物资不可用和费用浪费，影响正常检修和机组安全经济运行	各专业负责人依据《物资领用管理标准》对领料申请单上物资的数量、规格型号和使用方向进行审核	ERP 系统中批准	电力公司设备检修部	各专业负责人	《物资领用管理标准》

续表

节点编号	节点目标	是否为关键控制点	风险描述	控制措施	控制证据	责任部门	责任岗位	控制制度/文件
3	控制月度材料费和防止库存过剩	是	1. 领料申请单上物资的数量过量、规格型号不准确和使用方向不正确，造成物资不可用、费用浪费和超出资金计划，影响当月绩效考核成绩 2. 需要的物资在其他专业有，造成重复领取，库存过剩	1. 部门负责人依据《物资领用管理标准》和当月资金计划，对领料申请单上物资的数量、规格型号和使用方向进行审批 2. 部门负责人根据各专业库存，对领料申请单上物资的数量、规格型号和使用方向进行审批	ERP 系统中批准	电力公司设备检修部	部门负责人	《物资领用管理标准》
4	发放物品正确，数量准确	否	发放数量不准确或种类不正确，造成账目混乱和物资不可用	对照领料申请单核对物资实际数量进行发放	领料申请单	供应处电力公司供应站	库房管理员	《物资领用管理标准》
5	保证入库物资数量准确	否	登记数量与实际入库物资数量不符，造成账目混乱	对照领料申请单核对物资实际数量进行登记入库	材料入库单上签字	电力公司设备检修部	库房管理员	《物资领用管理标准》

续表

节点编号	节点目标	是否为关键控制点	风险描述	控制措施	控制证据	责任部门	责任岗位	控制制度/文件
6	填写正确	否	领料申请单上物资的数量、规格型号和使用方向填写不正确，造成物资不可用和费用浪费	正确填写领料申请单上物资的数量、规格型号和使用方向	领料申请单签字	电力公司设备检修部	领料申请人	《物资领用管理标准》
7	物资使用准确，防止浪费	是	材料出库单上物资的数量过量、规格型号不准确和使用方向不正确，造成物资不可用和费用浪费，影响正常检修和当月经济核算结果	各专业负责人依据《物资领用管理标准》和工作量对材料出库单上物资的数量、规格型号和使用方向进行审批	材料出库单上签字	电力公司设备检修部	各专业负责人	《物资领用管理标准》
8	合理使用，不浪费	否	使用时操作不当造成损坏或过量使用，造成浪费	使用正确的检修工艺，防止物资损坏；适量使用，不浪费	检修记录	电力公司设备检修部	工作负责人	《设备检修管理标准》
9	准确分析	是	统计不全面或分析不正确，对各专业下月提报物资计划产生影响	各专业统计人员依据《班组经济核算管理标准》全面统计，准确分析	月度经济分析记录	电力公司设备检修部	各专业统计人员	《班组经济核算管理标准》
10	汇总准确	是	汇总不正确，对部门下月提报物资计划产生影响	部门统计人员依据《班组经济核算管理标准》全面、准确统计	月度经济分析记录	电力公司设备检修部	部门统计人员	《班组经济核算管理标准》

5. 生产用水调整管理流程

企业名称	本流程控制点描述
	1–3.用水流量计计量用水量，给运行调整提供数字依据
	4.发电运行部根据生产用水情况，组织分析节水方案
责任单位：电力公司	5.分管部长审批节水方案是否合理，能否通过
流程编号：一	6–7.发电运行部根据生产情况实施节水方案

生产用水调整管理流程

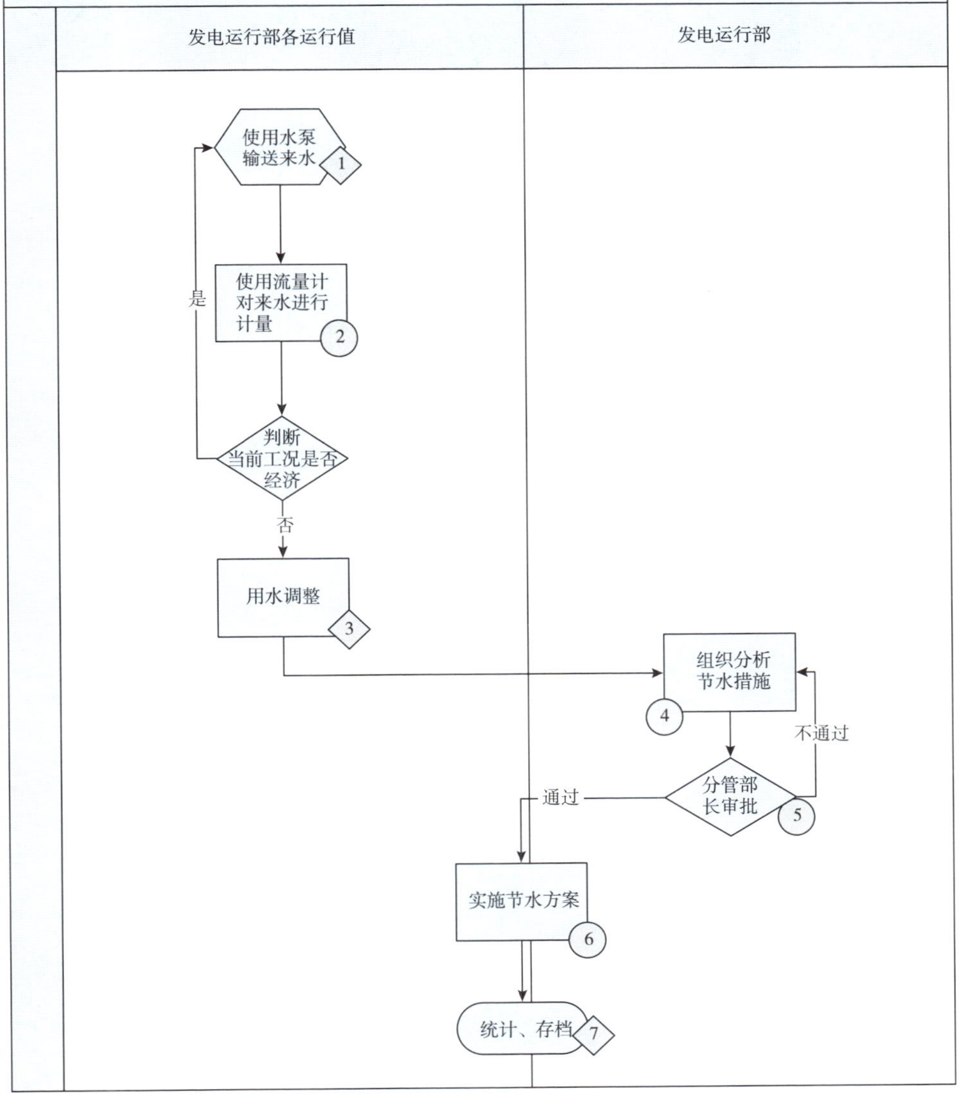

生产用水调整管理流程控制矩阵

单位名称	电力公司		流程名称	生产用水调整管理流程	流程编号	—		
控制目标	维持机组在最经济的状态下运行，降低机组的发电水耗，提高公司的经济效益							
节点编号	节点目标	是否为关键控制点	风险描述	控制措施	控制证据	责任部门	责任岗位	控制制度/文件
1	供水系统连续供水	否	供水系统无法连续供水或供水中断，给公司造成经济损失	供水系统及方案合理可靠	供水系统及方案	发电运行部 设备检修部	专业部长	
2	流量计计量准确	是	生产用水流量计故障或计量不准，无法给运行人员提供准确的数字信息，运行人员无法调整生产用水，给公司造成经济损失	1. 流量计故障及时登记缺陷联系检修处理 2. 按规定时间对流量计进行校验	缺陷登记记录、校验合格证	发电运行部 设备检修部	值长 热工主检	《用水管理标准》
3	各用水设备用水可靠	否	用水设备用水不可靠或用水中断，给公司造成经济损失	用水系统及方案合理可靠	用水系统及方案	发电运行部 设备检修部	专业部长	

续表

节点编号	节点目标	是否为关键控制点	风险描述	控制措施	控制证据	责任部门	责任岗位	控制制度/文件
4	分析制订节水方案	是	机组数据、参数有误或分析方法不正确，未能准确分析出节水方案，给公司造成经济损失	1. 严格执行机组节水方案分析方法 2. 提供准确的机组参数和数据	机组节水方案分析材料	发电运行部	部长值长主值	《用水管理标准》
5	审批节水运行方案	是	分管部长审批节水运行方案是否合理，能否通过实施，审批过程控制不合理，给公司造成经济损失	节水运行方案审批程序合理可行	节水运行方案审批程序	发电运行部	分管部长	
6	节水方案及时准确实施	是	节水调整方案实施不及时、不准确，未能将发电水耗降下来，给公司造成经济损失	严格实施节水运行调整方案	节水调整实施方案	发电运行部	值长 主值	
7	统计存档	否	未进行统计存档，下次查阅时没有数据或依据，给公司造成经济损失	统计正确，存档及时	统计存档资料	发电运行部	统计员 事务员	

6. 值际指标竞赛考核管理标准流程

企业名称	本流程控制点描述
	1.由下一个班统计录入上一个班的值际竞赛指标
	2–4.部门统计员统计月度每个值际各竞赛指标的完成情况和得分情况，并且统计每个值际的月度总得分进行排名
责任单位：电力公司	5.班组根据本月的值际竞赛指标完成情况对控制调整较差的指标制定相应的调整控制措施
流程编号：一	6–7.班组根据制定相应的调整控制措施组织值班员进行实施，并且根据下个月指标完成情况检查调整控制的效果
	8–9.部长审核值际指标竞赛奖金分配方案是否正确，能否通过

值际指标竞赛考核管理标准流程

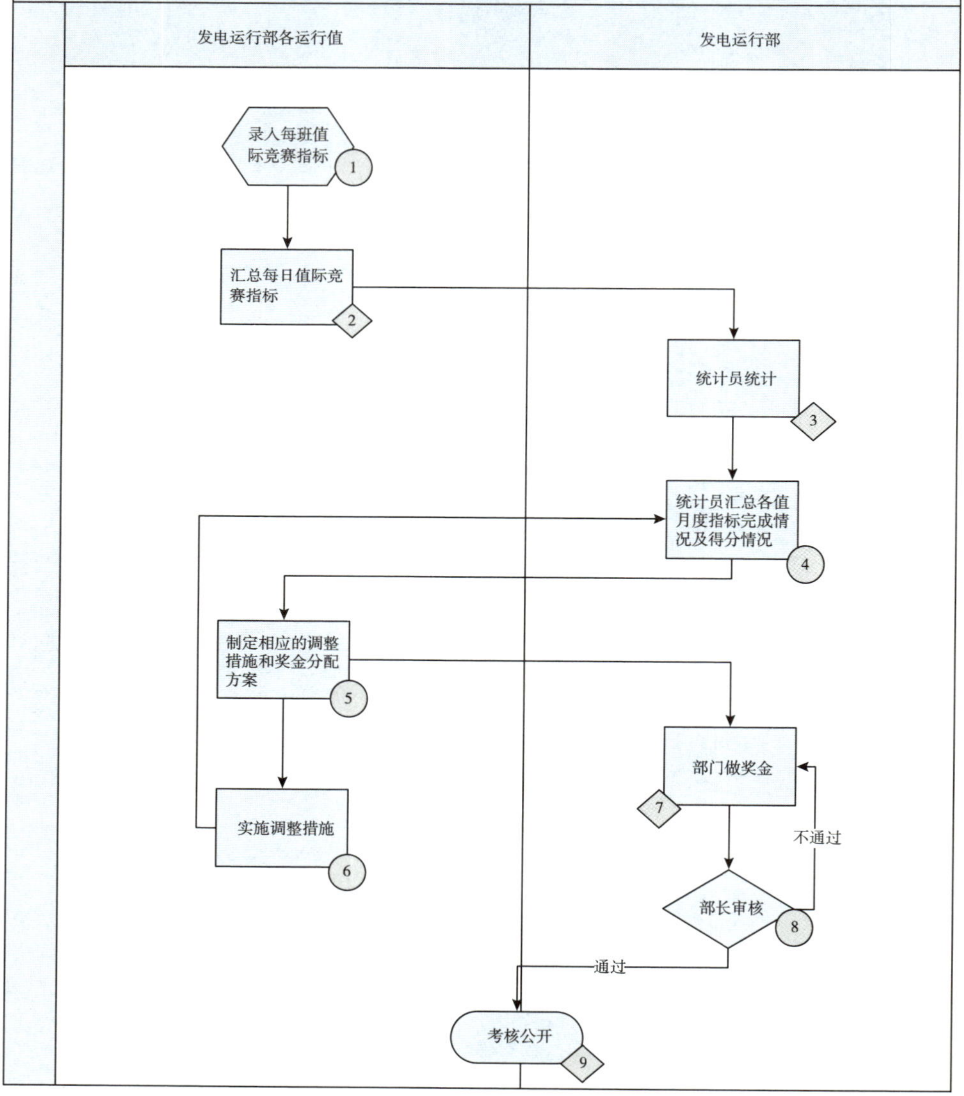

值际指标竞赛考核管理标准流程控制矩阵

单位名称	电力公司		流程名称	值际指标竞赛考核管理标准流程	流程编号	—		
控制目标	开展值际指标竞赛，提高公司的经济效益							
节点编号	节点目标	是否为关键控制点	风险描述	控制措施	控制证据	责任部门	责任岗位	控制制度/文件
1	指标录入准确、及时	是	指标录入不准确、不及时，造成值际竞赛不公平、不合理，给公司造成经济损失	1. 严格执行小指标考核管理制度 2. 值长负责监督管理	小指标统计报表	发电运行部	值长	《值际指标竞赛考核管理标准》
2	汇总日指标准确、及时	否	汇总指标不准确、不及时，造成值际竞赛不公平、不合理，给公司造成经济损失	1. 严格执行小指标考核管理制度 2. 值长负责监督管理	小指标统计报表	发电运行部	值长	《值际指标竞赛考核管理标准》
3	月度统计正确、及时	否	月度指标汇总统计不准确、不及时，造成值际竞赛不公平、不合理，给公司造成经济损失	1. 严格执行小指标考核管理制度 2. 发电部部长负责监督管理	小指标竞赛月度报表	发电运行部	统计员	《值际指标竞赛考核管理标准》
4	汇总统计正确、及时	是	指标汇总统计不准确、不及时，造成值际竞赛不公平、不合理，给公司造成经济损失	1. 严格执行小指标考核管理制度 2. 发电部部长负责监督管理	小指标竞赛月度报表	发电运行部	统计员	《值际指标竞赛考核管理标准》

续表

节点编号	节点目标	是否为关键控制点	风险描述	控制措施	控制证据	责任部门	责任岗位	控制制度/文件
5	调整措施合理，奖金分配方案准确	是	调整措施制定不合理，奖金分配方案不准确，存在弄虚作假，给公司造成经济损失	1. 严格执行小指标考核管理制度 2. 发电部部长、副部长、值长负责监督管理	运行调整措施方案、奖金分配方案	发电运行部	值长	《值际指标竞赛考核管理标准》
6	正确实施措施,改进调整方式	是	未能正确实施调整措施，没有起到小指标竞赛激励作用，给公司造成经济损失	1. 严格执行小指标考核管理制度 2. 发电部部长、副部长、值长负责监督管理	运行调整实施方案	发电运行部	值长	《值际指标竞赛考核管理标准》
7	分配奖金正确	否	部门分配奖金不正确、不公平，给公司造成经济损失	严格执行值际指标竞赛奖金分配方案	奖金分配表	发电运行部	分管部长	《值际指标竞赛考核管理标准》
8	审核奖金分配方案合理	是	部长审核奖金分配方案是否合理，能否通过实施，审核过程控制不合理，给公司造成经济损失	奖金分配方案审批程序合理可行	奖金分配方案审批程序	发电运行部	分管部长	《值际指标竞赛考核管理标准》
9	考核奖励公开	否	考核奖励不公开，给公司造成经济损失	对值际指标竞赛结果进行班务公开	班务公开档案	发电运行部	分管部长 值长	《值际指标竞赛考核管理标准》

7. 班组废旧物资管理流程

企业名称	本流程控制点描述
	1–2.分类部准确，造成存放混乱，物资报废申请单填报错误
	3.对物资是否有修复利用价值判定不准确，造成资金浪费
责任单位：电力公司	4.未对判定结果进行核实，导致错误结果
流程编号：一	5–6.申报内容不正确，造成资金损失
班组废旧物资管理流程	

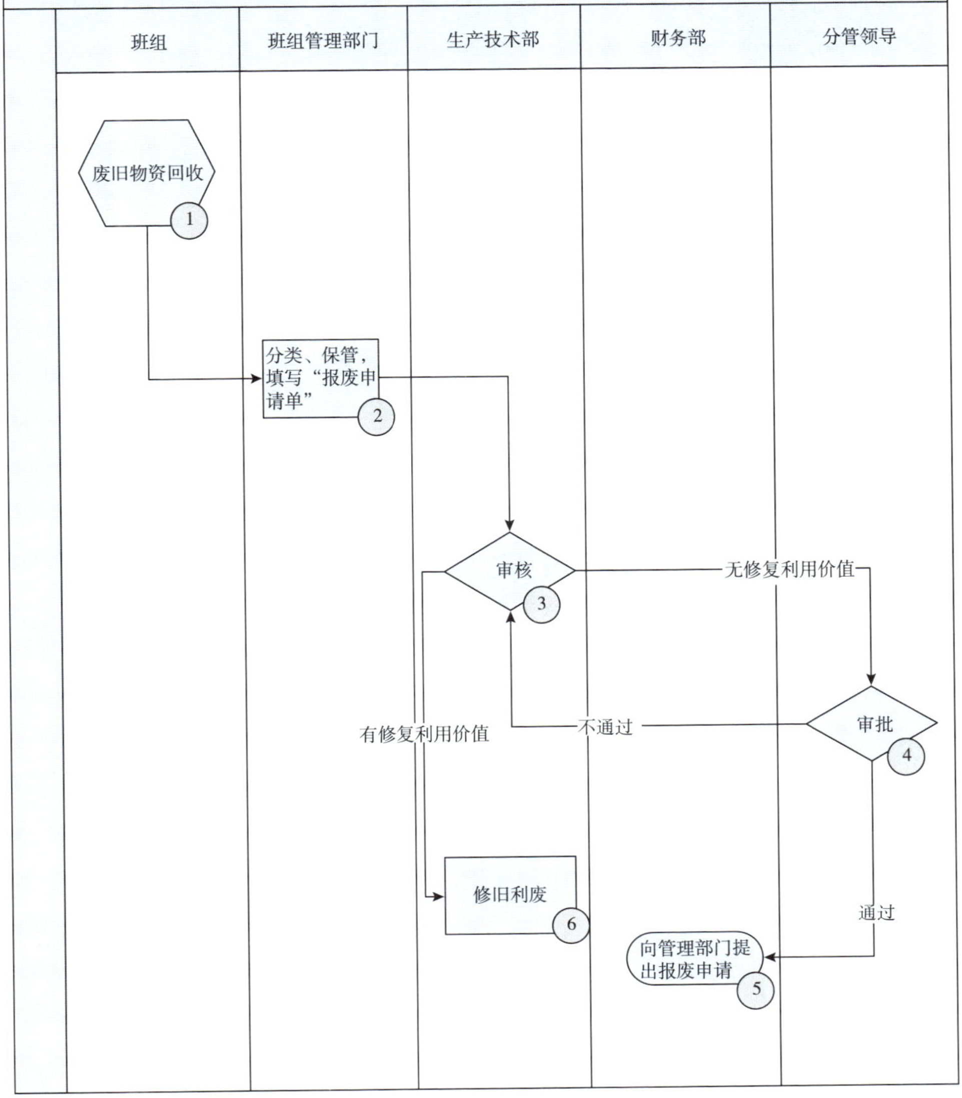

班组废旧物资管理流程控制矩阵

单位名称	电力公司		流程名称	班组废旧物资管理流程	流程编号	—		
控制目标	及时回收废旧物资，做好废旧物资修复再利用及处置							
节点编号	节点目标	是否为关键控制点	风险描述	控制措施	控制证据	责任部门	责任岗位	控制制度/文件
1	及时回收	否	回收不及时，造成丢失和环境污染	及时回收废旧物资	废旧物资回收台账	班组	班组长	《电力公司废旧物资管理标准》
2	分类准确	是	分类部准确，造成存放混乱，物资报废申请单填报错误	准确分类，正确填报物资报废申请单	物资报废申请单	班组管理部门	部门负责人	《电力公司废旧物资管理标准》
3	判定准确	是	对物资是否有修复利用价值判定不准确，造成资金浪费	组织相关专业技术人员，对物资是否有修复利用价值进行准确判定	物资报废申请单	生产技术部	部门负责人	《电力公司废旧物资管理标准》
4	保证判定结果正确	是	未对判定结果进行核实，导致错误结果	对判定结果进行核实	物资报废申请单	分管领导	副经理	《电力公司废旧物资管理标准》
5	正确申报	是	申报内容不正确，造成资金损失	正确申报	报废申请	财务	会计	《电力公司废旧物资管理标准》
6	做好修旧利废	否	对有修复价值的物资不能做好修旧利废，不能充分利用资源，造成浪费	按照修旧利废流程规定对相关物资进行修复	修旧利废流程	设备检修部	副经理	《电力公司修旧利废管理标准》

8. 班组修旧利废管理流程

企业名称	本流程控制点描述
	1.修旧利废项目申报表信息全面准确
	2.修旧利废项目必须从生产实际出发，杜绝提报无须修旧利废项目
责任单位：电力公司	3–5.修旧利废项目要达到节约成本的目的
流程编号：一	6–9.根据配件的损坏程度进行合理的修旧利废

班组修旧利废管理流程

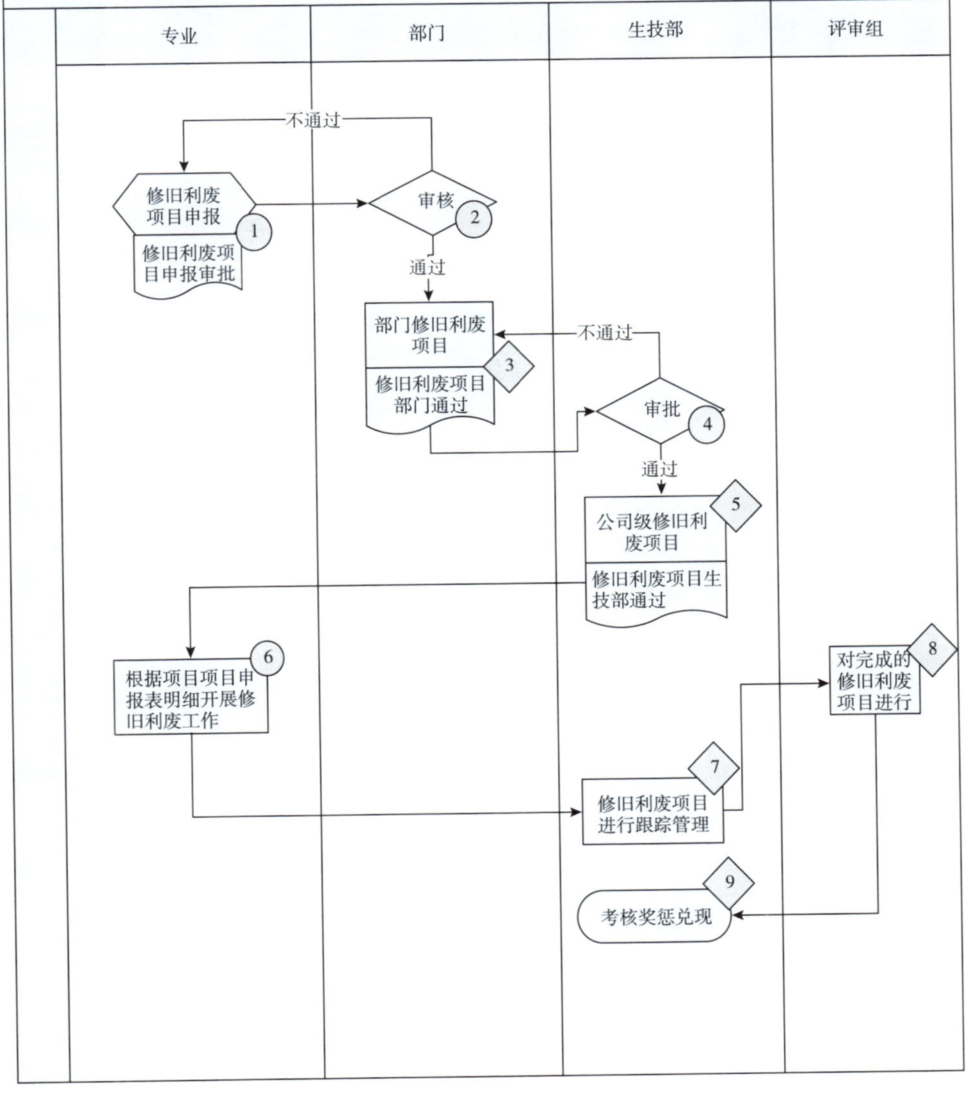

班组修旧利废管理流程控制矩阵

单位名称	电力公司		流程名称		班组修旧利废管理	流程编号		—
控制目标	修旧利废项目从实际出发，杜绝提报无须修旧利废项目，实现效益最大化							
节点编号	节点目标	是否为关键控制点	风险描述	控制措施	控制证据	责任单位	责任岗位	控制制度/文件
1	申报修旧利废项目	是	未根据生产实际申报修旧利废项目，可能导致浪费可修配件或生产成本不够用	充分考虑专业生产中可修旧利废物件的情况	修旧利废审报表	专业	主管	《电力公司合理化建议、技术改造及修旧利废管理标准》
2	审核项目是否切合实际，杜绝虚假项目	是	申请不切合实际，可能导致资源浪费和生产费用超支	全面考虑专业生产任务、设备状况及预算	修旧利废审报表	部门	负责人	《电力公司合理化建议、技术改造及修旧利废管理标准》
3	审核项目是否切合实际，杜绝虚假项目	否	申请不切合实际，可能导致资源浪费和生产费用超支	全面考虑专业生产任务、设备状况及预算	修旧利废审报表	部门	负责人	《电力公司合理化建议、技术改造及修旧利废管理标准》

续表

节点编号	节点目标	是否为关键控制点	风险描述	控制措施	控制证据	责任单位	责任岗位	控制制度/文件
4	详细审批修旧利废项目	是	未根据生产任务做申请，可能导致生产任务无法完成或生产成本不够用	充分考虑生产中可能产生的成本费用发生情况	修旧利废审报表	生技部	负责人	《电力公司合理化建议、技术改造及修旧利废管理标准》
5	详细审批修旧利废项目	否	未根据生产任务做申请，可能导致生产任务无法完成或生产成本不够用	充分考虑生产中可能产生的成本费用发生情况	修旧利废审报表	生技部	负责人	《电力公司合理化建议、技术改造及修旧利废管理标准》
6	专业根据项目审批单开展修旧利废，节约成本	是	未开展修旧利废项目，可能导致存在问题无法及时发现，从而浪费成本	1. 做好专业修旧利废项目及分析 2. 及时发现专业实际修旧利废过程中存在的问题，采取相应的防范措施，确保不浪费成本费用	修旧利废审报表	专业	主管	《电力公司合理化建议、技术改造及修旧利废管理标准》
7	使专业修旧利废项目规范化	否	导致专业修旧利废失去真实性	信息和数据统计全面、准确、真实	修旧利废审报表	生技部	负责人	《电力公司合理化建议、技术改造及修旧利废管理标准》

续表

节点编号	节点目标	是否为关键控制点	风险描述	控制措施	控制证据	责任单位	责任岗位	控制制度/文件
8	对完成的修旧利废项目认真评定	否	未对修旧利废项目做出正确的考核和奖励评定	认真负责地对每项修旧利废项目进行正确的评定	修旧利废审报表	评审组	评审组	《电力公司合理化建议、技术改造及修旧利废管理标准》
9	专业做好班组修旧利废，加强问题防范，节约成本	否	未对修旧利废项目及分析情况进行考核和奖励，可能导致此项工作流于形式，从而浪费成本	对专业修旧利废项目及分析进行考核，及时提出合理化建议节约成本，合理地给出奖励措施	考核、奖励结果	生技部	负责人	《电力公司合理化建议、技术改造及修旧利废管理标准》

第三节　铁路公司班组经济管理

为进一步强化铁路公司班组建设，规范班组经济管理，结合各基层班组生产工艺以及生产环节实际情况，对班组日常成本核算进行管控，全面提升企业经营管理水平，从源头降低生产成本，提高企业经济效益，以达到降本增效的目的。

一、班组经济管理的组织

（一）公司的职责

铁路公司成立班组经济管理领导小组，组长由总会计师担任，副组长由经营部经理担任，组员由经营部、各站区共同组成。

铁路公司经营部负责制定班组经济核算管理办法，并对班组经济核算工作进行监督、指导；负责对班组的修旧利废、废旧物资回收工作进行检查、指导；负责班组经济核算奖励分配的指导、审核工作。

各站区负责制定适合本单位班组实物消耗定额、储备料限额、材料配件等班组经济核算管理制度，并对本单位班组经济核算工作进行监督、检查、分析、考核和兑现。

（二）班组的职责

（1）按照所在各站区下达的生产经营（工作）计划，制定措施，保证各项生产指标的完成。

（2）建立健全以成本核算为中心的班组管理制度，做到人人头上有指标、考核有标准、控制有手段，使班组经济核算管理科学化。

（3）班组经济核算要设立兼职核算员，负责班组日常核算资料（包括材料计划、账外储备料、修旧利废、废旧物资、互换配件、工器具、消耗定额）的填报、台账记录等管理工作。

（4）积极完成上级交办的其他工作，协同合作。

二、班组经济核算的要求

各站区要充分认识加强班组经济核算的重要性，不断强化班组建设，积极开展班组经济核算，在班组中逐步建立起精细化、常态化的管理模式。

（一）材料管理

（1）为加强材料的动态管理，提高计划的可控性及准确性，要求各班组在编报材料计划时根据生产需要、账外储备材料日常实际消耗及库存上下限等情况，按月度、季度、年度编报材料计划，班组材料计划需层层把关，落实到具体责任人。

（2）为加强班组材料管理，提高材料使用效率，要求各班组对材料进行定置管理，建立材料台账及卡片，定期盘点（每月至少盘点两次），保证账、卡、物一致。保证各班组材料账要与供应处办理出库的领料单及材料自采购货清单相匹配，修旧利废、废旧物资范畴内可重复鉴定使用、调剂使用的材料要单独管理。

（3）班组每日要根据生产实际记录材料消耗情况，月末要对材料数量期初结余、本期领用、本期消耗、月末结余、材料型号、单价、金额进行详细统计，并按相关管理要求及时上报材料报表及分析。

（二）废旧物资管理

（1）班组对废旧物资的处理应坚持先内部调剂后交旧领新的原则，统一废旧物资的存放地点、统一登记造册。

（2）各班组每季度进行一次废旧物资大检查，清点数量、型号、核对台账、检查保管状态，检查要有记录、有审核、有确认。建立报废物资台账，填写并上报废旧物资回收明细表，备案留存。

（3）废旧物资应严格按照公司《公司废旧物资管理办法》进行处置，各班组严禁未经批准变卖废旧物资。班组实施交旧领新或调剂的，接收废旧物资的班组要做好相关台账及后续管理。

（三）修旧利废管理

（1）各班组要结合生产实际情况，对本班组所有材料配件、零部件进行清理、统计，科学分析，确定重点，提出修旧利废项目的建议及初步实施方案，并及时上报，获准后组织实施具体修旧利废工作。

（2）各班组按照《铁路公司修旧利废管理办法》要求，认真做好修旧利废台账、报表及有关材料配件等的统计、分析工作。

（四）消耗定额管理

（1）各班组按日、月统计完成工作量、机车各修程等相应的物资消耗情况，填写主要物资申领、实际消耗单、检修记录等原始资料。

（2）各班组要及时分析当月影响成本比较突出的问题，重点问题分析要有数据资料，并制定整改措施及下月目标成本控制方案；年末形成年度消耗定额分析，逐步为编制定额提供科学、动态的基础数据保障。

（五）工器具管理

（1）班组生产用工器具包括班组公用工具、个人工具和借用车间（车站、区段、工区、列检所等）的公用工具三部分。原则上要求工器具按需采购，不留库存，不允许私自出租或出借。

（2）各班组按照工器具名称、规格型号、数量、领用时间、使用状态（即在库、在用、闲置和报废四种状态）、保管人、采用时间的顺序统一建立台账，按年度装订成册归档保存，并定期进行盘点（每年最少盘点一次），保证账实相符。

（3）各班组个人工器具与班组公用工器具应分开保管，登记台账，及时更新记录。对使用到期或毁损、报废的班组公用工器具，可根据各站区自行制定的管理办法处置，但需报企业管理部核实并备案；对个人使用工器具，鼓励在保证安全生产的基础上，以旧换新。

（六）互换配件管理

（1）各班组按《铁路公司互换配件管理办法》及站区有关规定做好互换配件的定量管理、维修保养、清查盘点、台账记录、报表报送以及清理报废等各项工作。

（2）各班组互换配件按规定地点妥善存放，做好台账管理和现场数量管理。

（3）各班组负责互换配件台账的记录工作，并定期核对盘点，按要求配合相关部门统计上报，做好清理报废工作。

三、考核管理

各站区根据本单位实际建立具体的班组经济核算奖罚标准，并组织考核、兑现。

班组经济核算作为班组建设整体工作，纳入公司“五型企业”及全面质量标准化考核体系进行考核。

四、铁路公司班组经济管理和矩阵

1. 车务段材料领用、发放流程

企业名称	本流程控制点描述
	1.站、室领导及材料员审核班组申请的材料是否需要
	2.段材料员审核站、室申请的材料是否需要
责任单位：铁路公司	3.段领导审批材料需求计划
	4.铁路公司分管领导审批材料需求计划
流程编号：一	5.各站、室材料员及时领取材料并发放到所需班组
	6–15.经营科及时进行月经营分析及考核工作
车务段材料领用、发放流程	

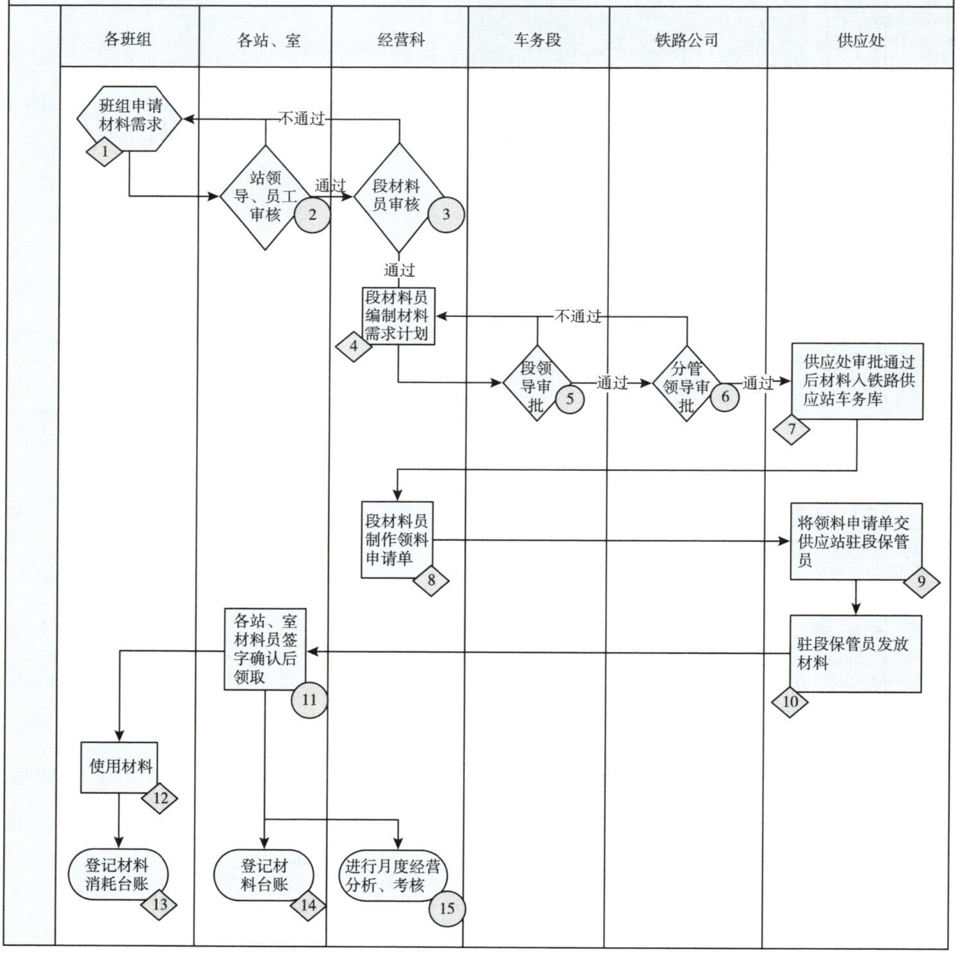

车务段材料领用、发放流程控制矩阵

单位名称	铁路公司		流程名称	车务段材料领用、发放流程	流程编号	—		
控制目标	依据各站、室材料实际需求，上报材料需求计划，并及时领用发放，避免储备资金超额占用							
节点编号	节点目标	是否为关键控制点	风险描述	控制措施	控制证据	责任部门	责任岗位	制度/文件
1	根据实际生产需要申请材料需求	否	不按实际生产需要申请材料需求，易发生虚报、多报等情况，造成成本浪费	各站室班组要严格根据实际生产情况，对确需补充的材料进行申请，杜绝多报浪费等情况发生	库存台账	各站室	各班组长	《车务段管理细则》
2	站室负责人、材料员审核是否真实需要	是	站室负责人及材料员不认真审核班组上报的材料需求，易发生虚报、多报等情况	站室负责人及材料员对班组上报的材料需求，要实地核实是否真实需要，坚决遏制虚报、多报现象的发生	库存台账	各站室	各站室负责人、材料	《铁路公司车务段加固材料管理制度》
3	段材料员审核是否真实需要	是	段材料员不认真审核各站室上报的材料需求，易造成材料外流、浪费等情况	段材料员要根据各站室实际情况，严格审核材料需求计划，杜绝一切虚报、多报现象的发生	最近一次领料记录	经营科	材料员	《铁路公司车务段加固材料管理制度》

续表

节点编号	节点目标	是否为关键控制点	风险描述	控制措施	控制证据	责任部门	责任岗位	制度/文件
4	段材料员要按实际需求编制需求计划	否	段材料员未按实际需求编制需求计划，易造成成本费用超支，超、占储备资金情况	段材料员要严格按照站室申请的材料实际需求来编制需求计划，严控成本费用及储备资金超额超限	当次需求计划	车务段	材料员	《车务段管理细则》
5	段领导严把审批关	是	段领导对提报的需求计划审核不到位，易造成成本费用超支和浪费	段领导要严把审核关，杜绝不合理需求计划提报，以及成本费用超支	经营科提供的申领记录	车务段	分管经营的领导	《铁路公司车务段加固材料管理制度》
6	铁路公司分管领导严把审批关	是	分管领导对段一级提报的需求计划审核不到位，易造成成本费用超支和浪费	分管领导要严把审核关，杜绝不合理需求计划提报，以及成本费用超支	ERP需求计划	铁路公司	分管领导	《铁路公司固定资产管理办法》
7	供应处审批通过后材料及时入铁路供应站车务库	否	材料需求计划审批通过后，材料未能及时入铁路供应站车务库，易造成耽误生产等情况的发生	材料需求计划审批完成后，材料到货及时入库，避免影响生产	入库单	供应处	相关负责人	《铁路公司固定资产管理办法》

续表

节点编号	节点目标	是否为关键控制点	风险描述	控制措施	控制证据	责任部门	责任岗位	制度/文件
8	段材料员及时制作领料申请单	否	段材料员未及时制作领料申请单，易造成储备资金超额、影响基层班组材料使用等情况	段材料员接到到货通知后及时编制领料申请单，及时发放材料，确保不影响运输生产	领料申请单	车务段	材料员	《铁路公司车务段加固材料管理制度》
9	及时将领料申请单交驻段保管员	否	段材料员未及时将制作的领料申请单交给驻段保管员，易造成储备资金超额、影响基层班组材料使用等情况	段材料员应将制作好的领料申请单及时交给驻段保管员，核对好品项、数量后及时领用发放，确保不影响运输生产	领料申请单	车务段	材料员	《车务段管理细则》
10	驻段保管员及时发放材料	否	驻段保管员未及时按领料申请单内容发放材料，易导致耽误运输生产等情况发生	驻段保管员应根据领料申请单内容及时发放材料，避免耽误运输生产等情况发生	领料单	铁路供应站	驻段保管员	《车务段管理细则》
11	各站室材料员签字确认后及时领用	是	材料员不及时领用材料，易造成班组材料短缺，影响运输生产	材料员接到领用通知及时领用发放，避免班组材料短缺，影响生产情况的发生	领料单	各站室	材料员	《铁路公司车务段加固材料管理制度》

续表

节点编号	节点目标	是否为关键控制点	风险描述	控制措施	控制证据	责任部门	责任岗位	控制制度/文件
12	领用的材料及时配置到所需岗位	否	班组未及时将领用的材料配置到所需岗位，易造成影响安全和运输生产等情况的发生	班组应及时将领用的材料配置到所需岗位，避免影响安全和运输生产等情况发生	库存台账	各站室、各班组	各站室材料员、班组长	《铁路公司车务段加固材料管理制度》
13	及时填记材料消耗台账	否	班组长未及时登记材料消耗台账，易造成材料浪费、流失、数量不准确等情况发生	班组长应及时登记材料消耗台账，避免造成材料浪费、流失、数量不准确等情况	材料消耗台账	各站室、各班组	各站室材料员、班组长	《铁路公司车务段加固材料管理制度》
14	及时填记材料账	否	材料员未及时登记材料台账，易造成材料浪费、流失、数量不准确等情况发生	材料员应及时登记材料台账，避免造成材料浪费、流失、数量不准确等情况	材料台账	各站室	各站室材料员	《铁路公司车务段加固材料管理制度》
15	经营科要及时进行月经营分析、考核	是	经营科未及时对当月各类成本费用产生情况进行考核分析，易造成个别成本指标超计划和未完成计划情况发生	经营科及时对当月各项成本费用发生情况进行考核、分析，对异动指标项进行详细分析，杜绝各站、室等班组的一切超成本计划的支出和不合理支出	车务段月经营分析报告	经营科	会计、材料员	《车务段管理细则》

2. 机务段机车检修单台核算流程

企业名称	本流程控制点描述
责任单位：某铁路公司	1-5.提交物料领用计划 6.提供出库单并发放材料 7-8.领用材料，建立台账 9.月度核算 10.进行月度核算 11.考核总观
流程编号：一	

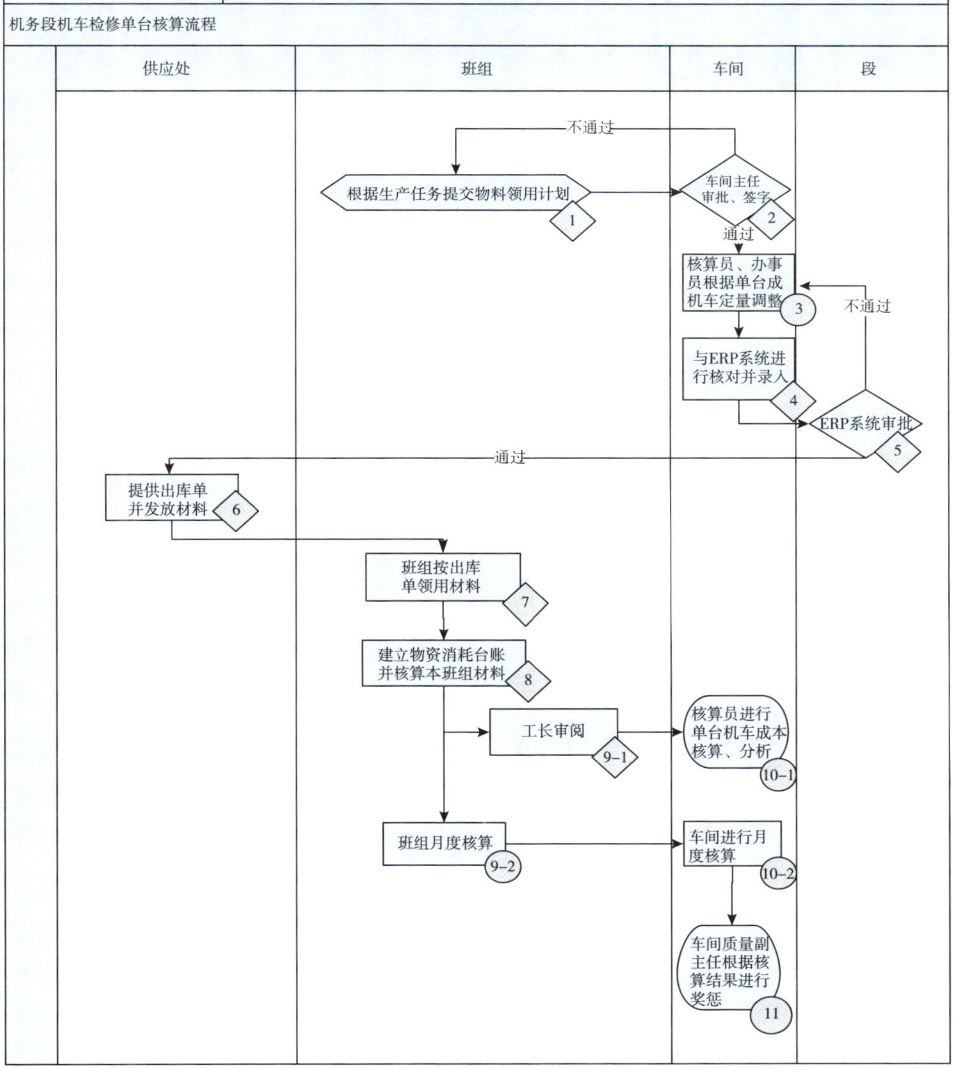

机务段机车检修单台成本核算流程控制矩阵

单位名称	铁路公司		流程名称	机务段机车检修单台成本核算流程	流程编号	—		
控制目标	切实做好班组成本核算，提高成本核算水平，为成本管控提供有效的基础数据，为生产经营提供科学依据							
节点编号	节点目标	是否为关键控制点	风险描述	控制措施	控制证据	责任部门	责任岗位	制度/文件
1	根据生产任务提交物料领用计划	否	未按生产任务或计划使用材料，可能导致生产任务无法完成	根据生产任务计划，核定单台机车材料指标，形成单台机车使用计划	预报计划单	各班组	领料员	《检修车间单机成本核算管理办法》
2	车间主任审批、签字	否	未确认计划用料为必需用料	根据机车修程用料明细严格管控	检修车间单台机车定量表	检修车间	检修主任	《检修车间单台机车定量表》
3	确保计划合理	是	报计划时未结合实际情况，导致计划数据与实际数据差距过大	根据单台机车定量调整	检修车间单台机车定量表	检修车间	车间核算员、办事员	检修车间单台定量表
4	和ERP系统进行对比	否	对比时因疏忽大意造成领料量不足或者超量	进行二次对比	ERP系统和预报计划单	检修车间	车间核算员	ERP系统和预报计划单

续表

节点编号	节点目标	是否为关键控制点	风险描述	控制措施	控制证据	责任部门	责任岗位	制度/文件
5	会同各部门进行审批	否	各部门审核进度慢、不严谨	经营科设专人进行监控	段 ERP 终端审批电子单据	段经营科	段经营科核算员	段 ERP 终端审批电子单据
6	出库手续齐全，认真核对实际出库材料数量	否	领用人未在领料单、出库单上签字，导致责任风险	领用材料，领用人在领料单或出库单签字确认	出库单或领用单	各班组	领料员	材料出库单、领用单据
7	领用数量准确	否	领用数量与出库单据数量不符	认真核对材料数量，确认无误后领取	出库单或领用单	各班组	领料员	材料出库单、领用单据
8	确保各项数据原始记录准确	是	原始数据未及时记录，数据记录不准确、不全面，影响核算的时效性与准确性	1. 按机务段内部经济核算管理办法及物料领用等相关要求，及时做好原始数据记录并妥善保管 2. 原始记录要统一格式，项目准确 3. 原始记录如有修改，需注明原因，且需填写人签字 4. 原始记录要按期整理归档	班组单台机车核算表/物资消耗台账	各班组	各班组工长、领料员	《铁路公司机务段单车检修成本核算办法》

续表

节点编号	节点目标	是否为关键控制点	风险描述	控制措施	控制证据	责任部门	责任岗位	制度/文件
9-1	确保数据统计准确	否	月末进行数据统计时不按照实际用量记录，直接复制粘贴	对照班组材料领用台账进行统计	班组材料领用台账	各班组	各班组工长、领料员	班组材料领用台账
9-2	汇总物资消耗，为班组单台机车成本核算提供依据	是	汇总时数据有遗漏、错误，影响成本核算准确性造成影响	1. 统计台账、原始记录数据吻合 2. 台账必须做到登记及时，台账保管要由专人负责	物资消耗台账及班组材料领用台账	各班组	各班组工长、领料员	物资消耗台账、班组材料领用台账
10-1	确保各班组单台机车各项消耗数据准确	是	核对数据时，消耗数据有遗漏、错误，影响数据准确性	工长、领料员等在每月固定时间（25 日至 28 日），根据原始单据认真核对，确认各项材料消耗数据	物资消耗台账及班组材料领用台账	各班组	各班组工长、领料员	物资消耗台账、班组材料领用台账
10-2	汇总物资消耗，进行月度核算、分析	是	核算方法不准确，计算过程有漏项，造成核算出的单耗数据不准确、不全面	按照核算方法认真进行班组月度核算，确保核算资料的真实性、准确性	物资消耗台账及班组材料领用台账	办公室	车间核算员	物资消耗台账、班组材料领用台账单机考核明细账
11	根据核算结果奖惩到位	是	奖惩不到位，未能实现降本增效目的	按照核算方法认真进行单台核算，将材料、配件等物资消耗准确、真实、及时地反映出来，通过奖惩制度激发班组节支降耗活力	物资消耗台账及检修车间单台定量表	检修车间	检修质量副主任	《铁路公司机务段单车检修经济核算考核细则》

3. 工务段材料领用、发放流程

企业名称	本流程主要控制点描述
	1.工区根据实际编制及时、科学、合理、详细的物资领用计划 2.区段核算认真核对各工区物资领用计划后统计汇总，区段主任签字确认 3.生产技术科科目负责人对各工区上报的物资需求计划的合理性、准确性和真实性进行认真审核
责任单位：铁路公司	5.主管副段长和段长对上报ERP系统物资需求计划进行认真审核 6.对伤损钢轨进行认真、详细的检测，疑似伤损钢轨反复检测，确保数据准确 7–8.经营管理科材料员将物资供应处采购回来验收合格入库的物资按照各工区领用数量发放给各工区
流程编号：一	10.各工区如实、详细、准确地填写各班组班组核算相关台账内容 11.区段核算员对工区上报的班组核算数据进行认真核对整理后记入班组核算相关台账 12–13.区段材料员将各工区按照班组核算台账统计汇总的消耗表进行认真核对后上报经营管理科 14.考核总观

工务段材料领用、发放流程

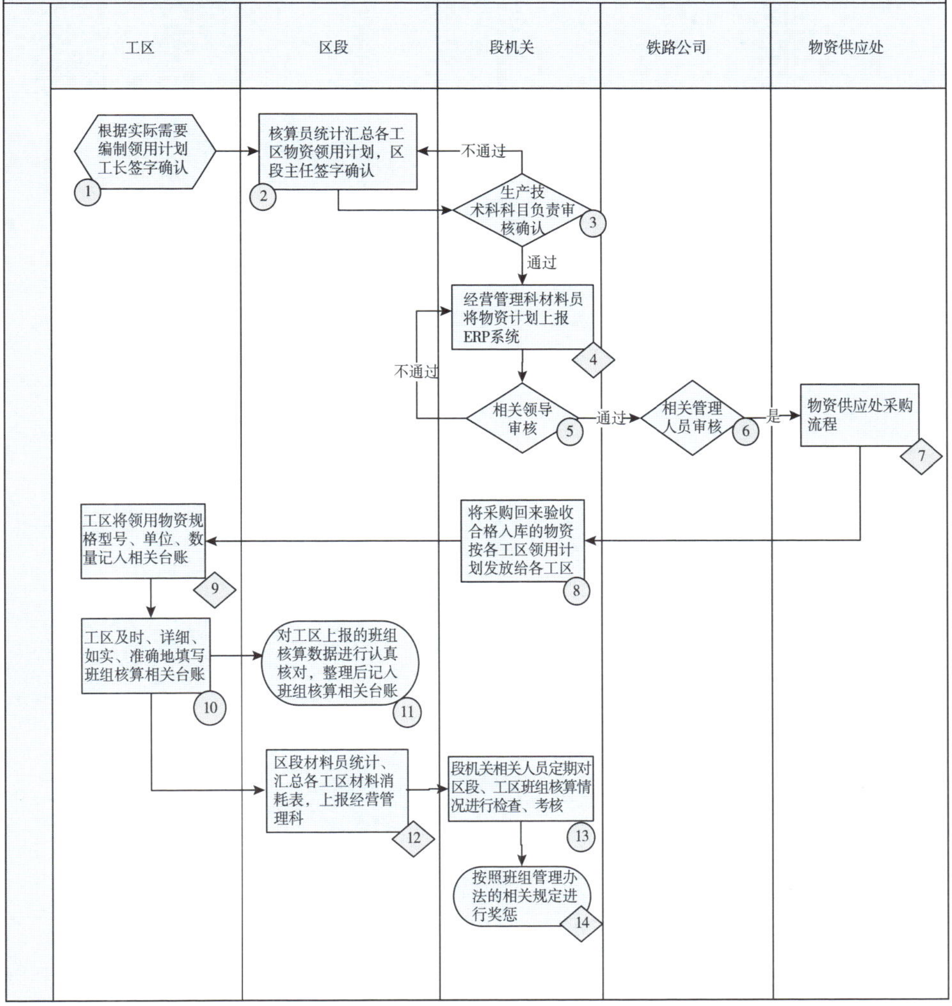

工务段材料领用、发放流程控制矩阵

单位名称	铁路公司		流程名称	工务段材料领用、发放流程	流程编号	—		
控制目标	通过规范物资需求计划、领用管理，保证物资齐全，进一步加强成本管控，杜绝不必要的浪费							
节点编号	节点目标	是否为关键控制点	风险描述	控制措施	控制证据	责任部门	责任岗位	制度/文件
1	编制计划	是	编制计划时物料数量、规格型号与实际所需不相符或计划中出现不必要的物料需求，影响成本预算	科学、合理、详细、及时地编制物资领用计划，并按通用、专用及养路机械配件分别填写其数量、单位、规格型号等，核对物资计划与所需实际是否相符	相关负责人签字确认	工区	工长	《材料管理办法》
2	统计汇总	是	未能及时、详细汇总各工区领用计划，会导致上报计划有误；汇总时未提前掌握各工区材料使用和库存情况，会导致影响安全生产或造成积压	区段和核算员要随时掌握各工区材料使用及库存情况，避免统计汇总各工区领用计划时出现重报、多报、虚报和瞒报等情况，确保材料计划的准确性和真实性	相关负责人确认签字	区段	主任、核算员	《材料管理办法》

续表

节点编号	节点目标	是否为关键控制点	风险描述	控制措施	控制证据	责任部门	责任岗位	制度/文件
3	编制计划审批	是	对区段上报的材料领用计划的合理性、真实性和准确性未认真考察核对，设计或施工工艺变更时生产技术科相关人员未及时通知更改计划，都会影响安全生产或造成积压	生产技术科相关负责人对区段上报的材料领用计划进行详细考察核对，对计划的合理性、真实性和准确性进行认真负责的审核，并在设计或施工工艺变更时及时通知工区更改计划，确保领用计划与实际相符	科目负责人确认签字	生产技术科	主任、技术员	《材料管理办法》
4	提报计划	否	未及时、准确地将生产技术科审核通过的各工区计划上报到ERP需求计划而影响安全生产	在核对材料领用数量规格型号的基础上，及时、准确地按分类在ERP系统里上报年度计划、季度计划、月度计划或通用计划、专用计划，并对计划进行跟踪，及时提醒相关审批人员	ERP上报的需求计划	经营管理科	材料主管、材料员	《材料管理办法》

续表

节点编号	节点目标	是否为关键控制点	风险描述	控制措施	控制证据	责任部门	责任岗位	制度/文件
5	需求计划审批	是	未及时对ERP上报的需求计划进行审批或审批时未认真审核计划的合理性和准确性，导致计划与实际需求不相符	经营管理科材料主管或材料员适当提醒相关领导对ERP上报的需求计划及时审核修改，确保材料需求计划真实可靠，同时对计划与实际需求是否相符进行认真审核	审核	段机关	段长、主管副段长	《铁路公司固定资产管理办法》
6	需求计划审批	否	未及时对ERP上报的需求计划进行审批，导致材料采购工作滞后，影响安全生产	经营管理科材料主管或材料员应及时提醒铁路公司计划审批相关人员，未能及时审批而导致的不良后果若对因相关人员负责	审核	铁路公司公司	相关审批人员	《铁路公司固定资产管理办法》
7	物质采购	否	物资采购不及时或采购时间过长，导致材料未及时到货而影响安全生产	经营管理科材料主管或材料员应与物资供应处相关采购员保持沟通，确保物资采购及时。若采购不及时导致影响安全生产，由物资供应处相关人员负责	采购	物资供应处	相关采购人员	《铁路公司固定资产管理办法》

续表

节点编号	节点目标	是否为关键控制点	风险描述	控制措施	控制证据	责任部门	责任岗位	制度/文件
8	发送物资	是	物资采购回来后经营管理材料员未及时发放，或未按领用计划足额发放，或发放后区段材料员未及时发放到各工区，导致材料丢失或损坏	物资采购回来后经营管理材料员及时按各工区领用数量足额发放给各工区，严格把关，确保发放数量和规格型号准确无误。区段材料员发放物资时材料丢失、损坏或未及时发放到各工区影响安全生产，区段材料员负全部责任	领用计划	经营管理科、区段	材料员、区段材料员	《材料管理办法》
9	领用台账	否	工区对发送的物资未及时记入相关台账，或不记入相关台账，导致账、卡、物不符或造成丢失、损坏	要求工区对发送的物资及时记入相关台账，且将物资分类摆放在仓库货架上，并每月工区自行盘点统计，确保物资账、卡、物相符，避免丢失、损坏等情况出现	材料领用台账	工区	工长	《材料管理办法》
10	工区班组核算台账	是	未将每天消耗物资按规格型号记入相关班组台账或记入数据有误，导致班核数据不准确，影响班组生产预算和班组实际核算结果	按照班组核算管理办法要求班组长严格执行职责，加强班组管理，按工区每天发生的消耗物资及时、准确地填写班组核算相关台账，确保班组核算数据真实有效	工区班组核算相关台账记录	工区	工长	《班组核算管理办法》

续表

节点编号	节点目标	是否为关键控制点	风险描述	控制措施	控制证据	责任部门	责任岗位	制度/文件
11	区段班组核算台账	是	区段核算员未及时、准确统计汇总各工区上报的班组核算相关数据，导致班组核算工作滞后或班组核算工作失效或失去作用	区段核算员严格执行班组职责，及时、准确统计汇总各工区上报的班组核算相关台账，每季度对各工区的班组核算计划与实际发生额相对比，并对其进行认真、详细分析	区段班组核算相关台账记录	区段	主任、核算员	《班组核算管理办法》
12	工区班组核算消耗台账	否	对工区瞒报、虚报、漏报班组核算消耗数据，未发现、未进行认真核对就上报，导致班组核算工作滞后，影响班组核算效率	区段材料员对各工区上报的班组核算消耗表进行认真核对，将填写错误的工区及时修正，对瞒报、虚报、漏报的班组核算数据及时补充和修改后上报经营管理科。若未及时核对就上报，区段材料员对其后果负一定责任	相关负责人签字确认	区段	材料员	《班组核算管理办法》

续表

节点编号	节点目标	是否为关键控制点	风险描述	控制措施	控制证据	责任部门	责任岗位	制度/文件
13	验收考核	是	班组核算相关人员未严格执行各自的职责或各区段、工区未认真填写班组核算相关台账导致班组核算工作滞后或影响班组核算效率	经营管理科和生产技术科相关人员定期对各区段、工区班组核算情况以及相关班组核算台账填写是否准确、真实和班组核算相关人员是否严格执行各自的岗位职责进行全面、详细的检查考核	验收、汇总结果	经营管理科生产技术科	相关验收人员	《班组核算管理办法》
14	奖惩	否	班组核算相关人员未严格执行各自的职责或各区段、工区未认真填写班组核算相关台账导致班组核算工作滞后或影响班组核算效率	经营管理科和生产技术科相关人员对各区段、工区班组核算工作考核情况认真汇总、总结后对其相关人员和班组严格按照班组核算考核标准进行评分奖惩	验收、汇总结果	经营管理科生产技术科	相关验收人员	《班组核算管理办法》

4. 供电段材料领用流程

企业名称	本流程控制点描述
	1-2.系统根据提交的工单信息进行自动审核
责任单位：铁路公司	3-6.接收人根据工单信息仔细核对材料名称和数量
流程编号：一	7.根据各班组提报的材料消耗台账进行分析并做出相应的考核
供电段材料领用流程	

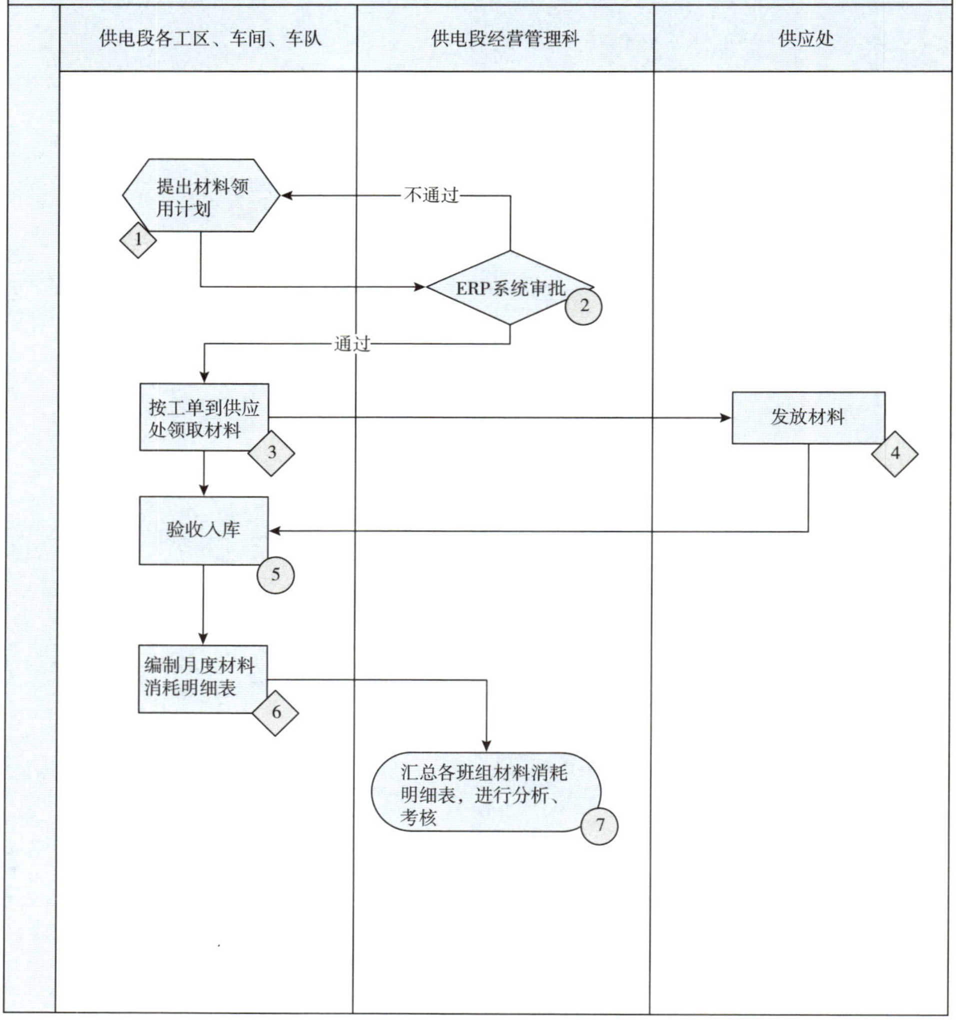

供电段材料领用流程控制矩阵

单位名称	铁路公司		流程名称	供电段材料领用流程	流程编号	—		
控制目标	通过有步骤有计划的详细规定和流程，将材料领用制度化、流程化、规范化							
节点编号	节点目标	是否为关键控制点	风险描述	控制措施	控制证据	责任部门	责任岗位	控制制度/文件
1	材料领用计划是否合理	否	材料领用计划是否合理关系到后续的进程能否顺利实施	1. 班组进行材料领用创建 2. 区段把控	材料领用工单	供电段各班组	班组负责人员	《供电段细则》
2	系统进行工单审批	是	能否正常审批通过，关系到材料领用工单能否正确生效	系统进行自动审批	审批结果	供电段经营管理科	材料员	《供电段细则》
3	领取材料	否	能否正确领用材料，关系到后续的进程能否顺利实施	1. 供应处对照工单 2. 按照工单核对材料	材料领用工单	供电段各班组	班组负责人员	《供电段细则》
4	发放材料	否	供应处审核工单能否正常通过，能否正常发放材料关系到后续进程能否正常实施	1. 供应处对工单进行审核 2. 供应处发放材料 3. 领取人核对材料 4. 领取材料后签字	工单审核表	供应处	供应处相关人员	《供电段细则》

续表

节点编号	节点目标	是否为关键控制点	风险描述	控制措施	控制证据	责任部门	责任岗位	控制制度/文件
5	材料核对入库	是	材料能否核对入库关系到整个领用流程能否顺利完结	1. 验收人按照工单对材料进行逐一核对 2. 材料入库	材料入库登记表	供电段各班组	班组负责人员	《供电段细则》
6	编制材料消耗台账	否	能否准确编制材料消耗台账关系到材料的数目是否准确	1. 严格按照台账进行填写 2. 仔细核对材料数目	材料消耗台账	供电段各班组	班组负责人员	《供电段细则》
7	通过台账分析进行考核	是	准确地分析才能确保考核的准确性	1. 对上报的材料消耗台账进行认真核对并汇总 2. 认真分析	材料消耗台账	经营管理科	材料员	《供电段细则》

5. 供电段用电管理流程

企业名称	本流程控制点描述
	1–3.年度用电计划
	4.认真、严谨地与供电局用电指数进行核对
责任单位：铁路公司	5.真实、准确地核对电表指数
流程编号：一	8–11.段核算人员务必准确无误地对审批单及票据进行审核并报送

供电段用电管理流程

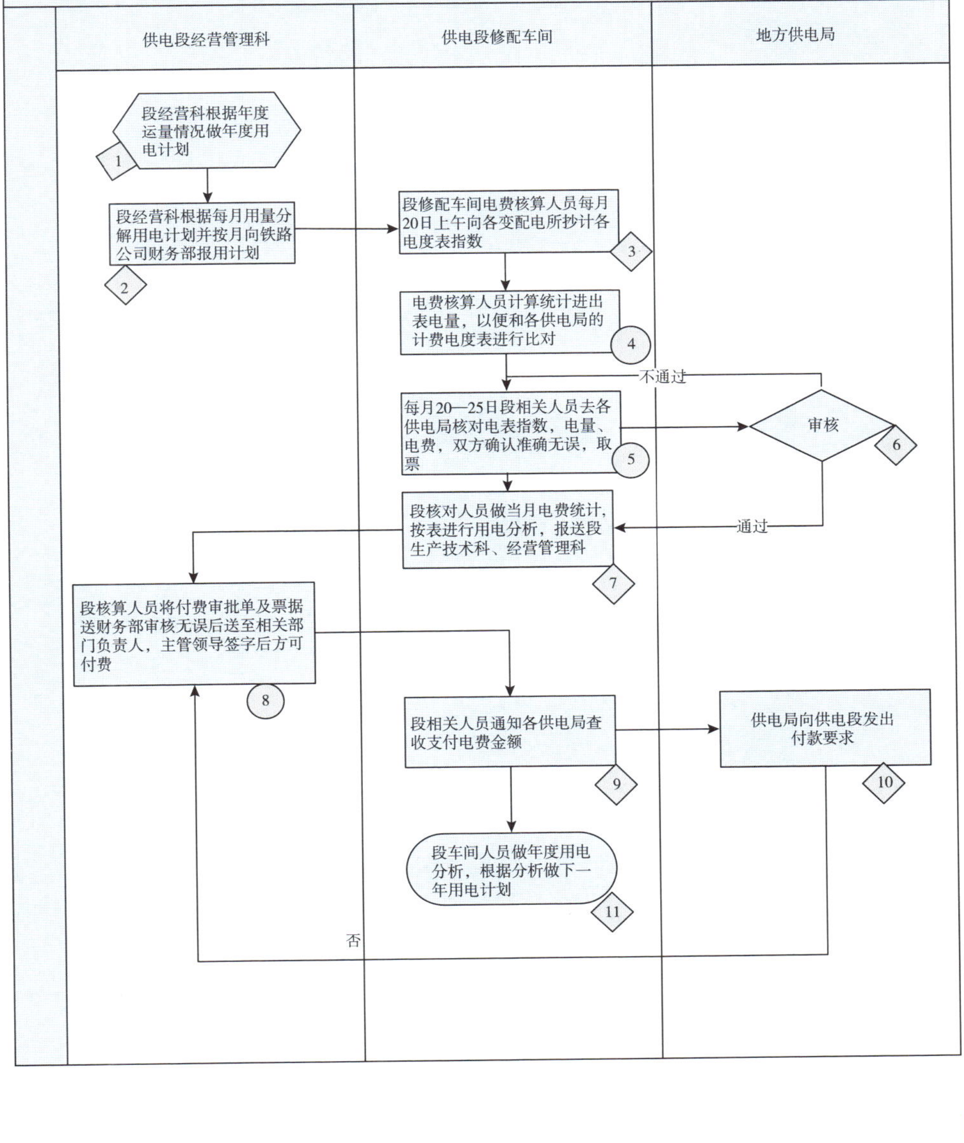

供电段用电管理流程控制矩阵

单位名称	铁路公司		流程名称	供电段用电理管理流程	流程编号	—		
控制目标	通过有步骤有计划的详细规定和流程，将用电管理制度化、流程化、规范化							
节点编号	节点目标	是否为关键控制点	风险描述	控制措施	控制证据	责任部门	责任岗位	控制制度/文件
1	按照运量编制计划	否	运量的准确与否，关系到用电的准确性	1. 核对年度运量 2. 根据年度运量计算用电数据	年度用电计划	供电段经营管理科	会计	《供电段用电管理》
2	按月向铁路上报用电计划	否	能否按照时限规定向铁路申报计划，关系到铁路对用电的把控和财务管理	1. 经营科对用电计划进行按月分解 2. 按月向铁路公司报送	每月用电计划	供电段经营管理科	会计	《供电段用电管理》
3	抄计电表读数	否	能否按时、准确地抄写电表读数关系到后续计量的准确性	1. 各变配点所上报的电度表读数 2. 修配车间统计的汇总读数	变配电所月报表	供电段修配车间	抄表员	《供电段用电管理》
4	电费统计与供电局读数核对	是	供电段电费数额与供电局的读数能否核对正确关系到电费的收支	1. 供电段人员对用电量进行反复核算 2. 供电段和供电局人员两头核对用电量	计量电费表	供电段修配车间	核算员	《供电段用电管理》

续表

节点编号	节点目标	是否为关键控制点	风险描述	控制措施	控制证据	责任部门	责任岗位	控制制度/文件
5	电费、电量、指数核对	是	每月底用电指数、电量、电费与双方能否正确核对关系到电费的收支和匹配	1. 段相关人员与供电局人员核对各用电指数 2. 确认后取票	电费票	供电段修配车间	核算员	《供电段用电管理》
6	供电局人员审核	否	供电人员能否对电量、指数、电费进行审核通过关系到下一步流程的顺利进行与否	1. 供电局人员审阅所有用电数据 2. 供电局人员核查是否通过	电费电度盖章	供电局相关管理人员	供电局审核人员	《供电段用电管理》
7	用电分析、报送技术科经营科	否	段核对人员是否准确地分析，及时报送技术科、经营科关系到段能否发出付款审批票	1. 核对人员进行用电分析 2. 报送段生产技术科、经营管理科	用电分析表	供电段修配车间	核算员	《供电段用电管理》
8	付费审批表、票据报送财务部	是	付费审批表和相关票据能否顺利审核并报送关系到能否顺利付费	1. 段核算人员对付费审批表进行审核 2. 将相关票据报送铁路财务部相关部门	付费审批表	供电段经营管理科	会计	《供电段用电管理》

续表

节点编号	节点目标	是否为关键控制点	风险描述	控制措施	控制证据	责任部门	责任岗位	控制制度/文件
9	查收付费金额	否	供电局能否及时查收支付电费金额关系到电费的收支	1. 段相关人员及时通知各供电局 2. 各供电局人员及时进行查收	转账票据	供电段修配车间	核算员	《供电段用电管理》
10	供电局发出付款要求	否	供电局能否及时向供电段发出付款要求关系到电费能否进行汇兑转账	1. 供电局及时向供电段发出通知	付款函	供电局	供电局相关人员	《供电段用电管理》
11	用电分析后做下一年用电计划	否	能否正确进行用电分析，关系到下一年用电计划的各项指数	1. 进行用电分析 2. 做下一年用电计划	年度用电计划	供电段修配车间	修配车间相关人员	《供电段用电管理》

6. 车辆段材料领用、发放流程

企业名称	本流程控制点描述
	1.作业人员从备品库领料，并与库管员确认签字 2.工长对日写实台账进行复查
责任单位：铁路公司	3.综合事务员通过备品管理系统核对班组上报的数据
流程编号：一	4.车间主任审核考核表并确认签字 5-9.经营管理科根据车间上报的数据进行统计、分析并考核
车辆段材料领用、发放流程	

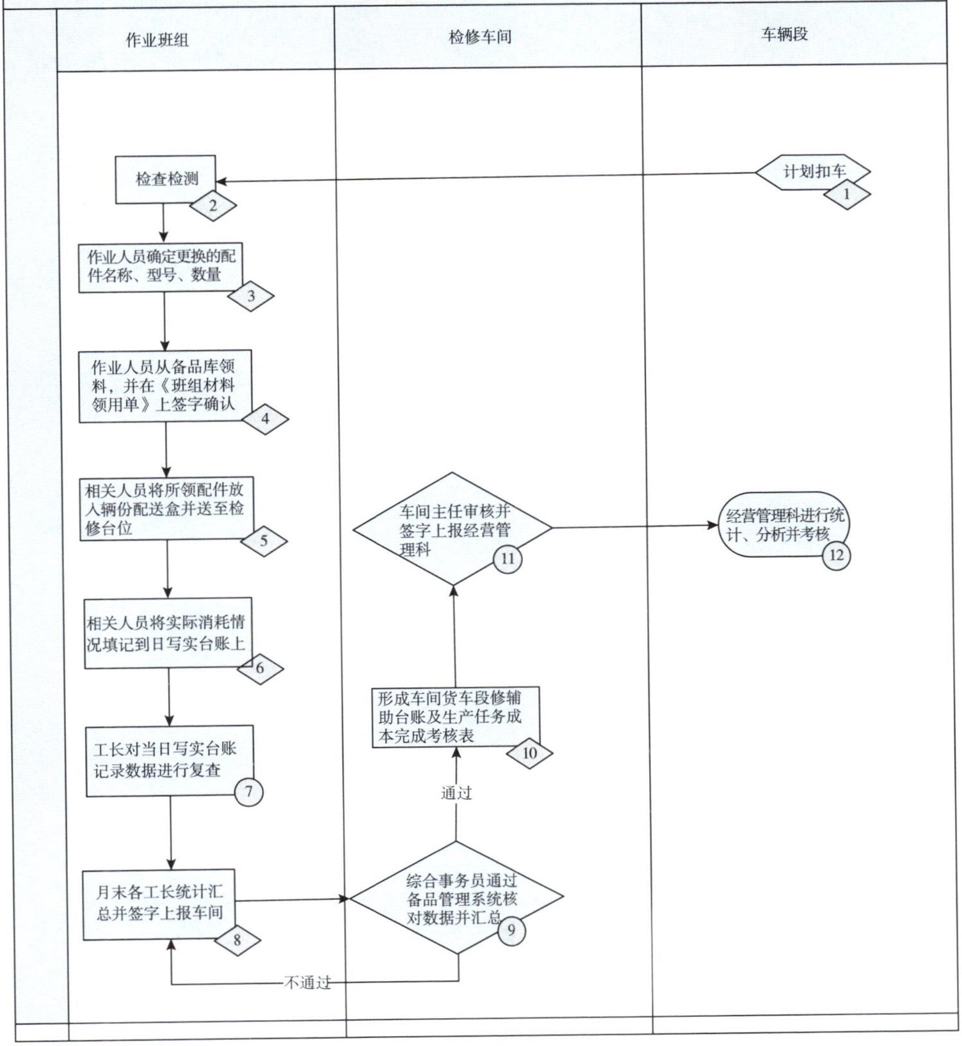

车辆段材料领用、发放流程控制矩阵

单位名称	铁路公司		流程名称	车辆段材料领用、发放流程	流程编号	—		
控制目标	强化降低成本意识，落实班组材料管理流程，提高段修车的检修质量，为公司创造经济效益							
节点编号	节点目标	是否为关键控制点	风险描述	控制措施	控制证据	责任部门	责任岗位	控制制度/文件
1	保证行车安全	否	车辆段未按计划及时扣车，造成货车过期运行，发生行车事故	按照编制上报的计划及时、准确扣车，保证行车安全	车辆检修通知单	调度室	调度员	《检修车间经营核算管理办法》
2	对车况进行整体检查	否	作业人员未对车辆进行检查，未确认配件更换数量，造成配件更换不准确	作业人员认真对车辆进行检查，确认配件更换数量的准确性	车辆检查记录	检修车间	预检员、质检员车间、班组相关人员	《检修车间经营核算管理办法》
3	保证更换配件的准确性	否	未对配件进行确认造成所更换的配件规格、型号不准确	作业人员认真核对所领材料的配件、型号、数量，确保领料准确	班组材料领料单	检修车间	班组相关人员	《检修车间经营核算管理办法》

续表

节点编号	节点目标	是否为关键控制点	风险描述	控制措施	控制证据	责任部门	责任岗位	控制制度/文件
4	保证领料准确	否	作业人员领料后，未在班组材料领用单上签字确认，造成损失	1. 作业人员领料后要及时在班组材料领用单上签字确认，确保出库材料的准确无误 2. 库管员认真核对领料单，杜绝错领现象	班组材料领用单	检修车间	班组相关人员	《检修车间经营核算管理办法》
5	保证配件准确地送达	否	辆份配送人员未对配件数量确认，未及时准确送到，造成修车延误	辆份配送人员认真核对配件，确保配件数量的准确送达	班组材料领用单	检修车间	班组相关人员	《检修车间经营核算管理办法》
6	如实填记材料消耗	否	作业人员未对实际消耗材料如实填记到日写实台账，造成材料成本经营核算不准确	相关人员需对车辆实际消耗如实填记，班组核算员做好核对	日写实台账	检修车间	班组相关人员	《检修车间经营核算管理办法》
7	保证日写实记录准确	是	工长没有认真进行复查，出现数据不一致现象，造成浪费	班组工长要及时认真复查日写实台账记录	日写实台账	检修车间	工长	《检修车间经营核算管理办法》
8	保证数据准确	否	工长未对材料统计表进行签字确认，出现班组材料消耗数据不准确，造成材料成本浪费	各工长及时复查日写实台账 车间核算员对各组上报的日写实台账进行核算	日写实台账	检修车间	工长	《检修车间经营核算管理办法》

续表

节点编号	节点目标	是否为关键控制点	风险描述	控制措施	控制证据	责任部门	责任岗位	控制制度/文件
9	保证与备品管理系统数据相符	是	综合事务员通过备品管理系统进行核对时，不仔细核对数据，造成统计错误	综合事务员通过备品管理系统进行核对时，要逐项核对，认真计算，确保数据准确	备品管理系统	检修车间	综合事务员	《检修车间经营核算管理办法》
10	完成货车段修生产任务考核表	否	未形成货车段修生产任务考核表，造成生产成本与实际材料消耗不相符	车间加强对货车段修辅助台账及生产任务考核表的检查	段修生产任务考核表	检修车间	工长 综合事务员	《检修车间经营核算管理办法》
11	保证上报经营管理科数据准确无误	是	车间主任核对考核表时，没有逐项分析，造成数据不准确，出现账面浪费或节约	车间主任在核对时，要逐项分析，确保上报经营管理科的数据准确无误	货车段修辅助台账生产任务完成考核表	检修车间	车间主任	《检修车间经营核算管理办法》
12	对材料消耗进行监督，卡控材料成本	是	经营科对上报材料不进行分析、考核时，造成车间材料消耗无章可循，成本卡控无法实现	经营科对上报成本报表及相关台账认真分析、核查，保证材料成本的有效卡控	车辆段成本考核表	经营管理科 生产技术科	科室相关人员	《检修车间经营核算管理办法》

7. 信号段班组成本核算流程

企业名称	本流程控制点描述
	1.信号区段主任、信号工区工长做好材料领用及消耗的审核
责任单位：铁路公司	2.生产技术科负责审批和监督
流程编号：一	3-7.经营管理科负责统计分析并考核
信号段班组成本核算流程	

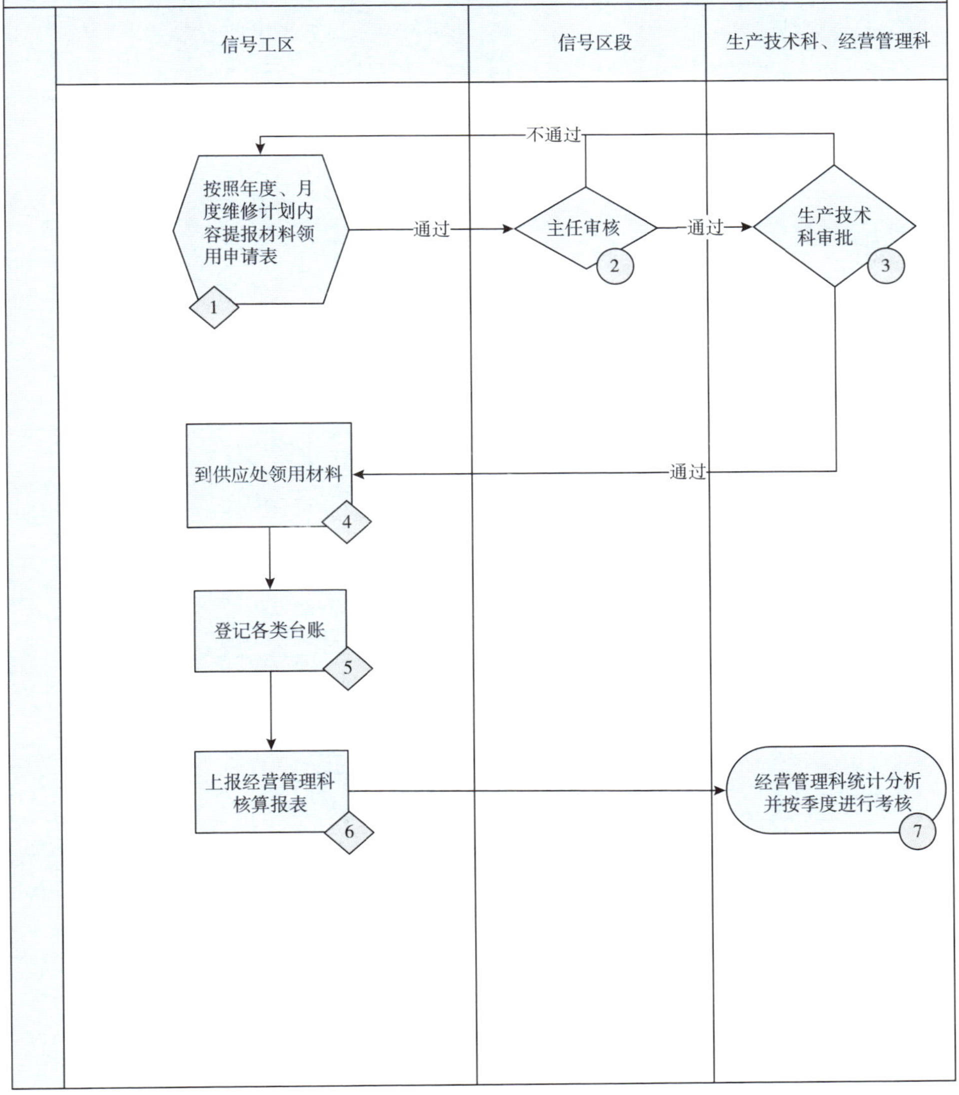

信号段班组成本核算流程控制矩阵

单位名称	铁路公司		流程名称	信号段班组成本核算流程	流程编号	—		
控制目标	强化材料领用消耗流程，优化信号设备使用寿命，降低成本费用，使设备在更合理和更稳定的经济状态下运行							
节点编号	节点目标	是否为关键控制点	风险描述	控制措施	控制证据	责任部门	责任岗位	控制制度/文件
1	确保材料计划内容符合实际，准确合理	否	由于材料计划计划提报不准确影响检修，影响行车安全	1. 信号工区工长对提报计划严格卡控，保证材料不浪费 2. 提报信号材料计划表之前要在其上签字，并负有相关责任	签字	信号工区	工长	《信号段管理细则》
2	对材料计划进行审核，确保准确合理	是	由于材料计划计划审核不严密导致材料费用超标，影响检修、行车安全	1. 各工区每季首月5日前向所在区段提报下一季度材料计划 2. 信号区段对提报计划严格卡控数量，确保材料费用与库存不超标 3. 确认信号材料计划无误，在材料计划表上审核签字，并提报生产技术科	审核签字	信号区段	区段主任	《信号段管理细则》

续表

节点编号	节点目标	是否为关键控制点	风险描述	控制措施	控制证据	责任部门	责任岗位	控制制度/文件
3	对材料计划进行审核，确保准确合理	是	由于审批不严密导致材料费用超标或未及时进行审批导致领料延误，最终有可能导致生产经营任务未按时完成	1. 各区段每季首月10日前向生产技术科提报下一季度材料计划 2. 生产技术科对提报计划严格卡控数量，确保材料费用与库存不超标 3. 确认信号材料计划无误，在材料计划表上审批签字，并下达材料计划	审批签字	生产技术科	生产技术科科长	《信号段管理细则》
4	按要求及时进行领料，确保检修按计划进行	否	由于没有及时领料，有可能导致生产没有在天窗计划之内完成，浪费天窗时间，延误行车	生产技术科审核后通知各工区集中领料，领料时间为每月的10—20日，无材料审批单不予领料	材料审批单	生产技术科	生产技术科科长	《信号段管理细则》

续表

节点编号	节点目标	是否为关键控制点	风险描述	控制措施	控制证据	责任部门	责任岗位	控制制度/文件
5	信号工区及时更新各类台账，确保材料数量准确	否	由于台账更新不及时、不严密导致库存不足影响检修、行车安全或导致库存超标	1. 各工区必须建立纸质材料台账，根据材料出入库情况及时进行账目登记。材料员每月进行一次账物核对，保证账物相符 2. 材料员认真做好材料库存报表，随时掌握材料库存动态，及时按定置要求补充材料 3. 工区每日工作所消耗的材料要记录在当日工作日志的“材料消耗”栏内，并且注明材料名称、规格、数量、单价，材料名称一样、规格不同的要分别记录 4. 工长对材料的使用要严格把关，保证材料不浪费、不流失	各类台账	信号工区	工长	《信号段管理细则》
6	信号工区按时上报核算报表，确保数据准确无误	否	由于报表数据错误导致汇总数据错误	1. 信号工区每月 22 日下班前将本工区月度核算报表上报经营管理科 2. 经营管理科每季度对各工区的材料使用情况、账物管理等进行检查	核算报表	经营管理科	经营管理科科长	《铁路公司信号段内部核算管理办法》《信号段管理细则》

续表

节点编号	节点目标	是否为关键控制点	风险描述	控制措施	控制证据	责任部门	责任岗位	控制制度/文件
7	经营管理科确保统计准确、刚性控制	是	由于统计不完全导致费用、库存超标或不足，影响生产经营任务的完成	1. 经营管理科牵头组织有关部门按季考核，各分项指标以各分管部门考核认定为准，考核结果由经营管理科汇总整理，经段主管领导审批后兑现 2. 考核采取日常检查、月度考核、季度验收相结合的形式进行	统计报表	经营管理科	经营管理科科长	《信号段绩效考评办法》

8. 通信段材料领用流程

企业名称	本流程控制点描述
	1-2.结合生产任务分析，根据分析情况报送计划
	3.根据生产情况分析年度计划，合理控制生产成本
责任单位：铁路公司	4-6.根据实际情况进行审批
	7-8.技术员做好材料的消耗使用记录，确保台账数据准确
流程编号：一	9-10.班组根据实际消耗记录台账
	11.经营管理科统计分析并按年度考核

通信段材料领用流程

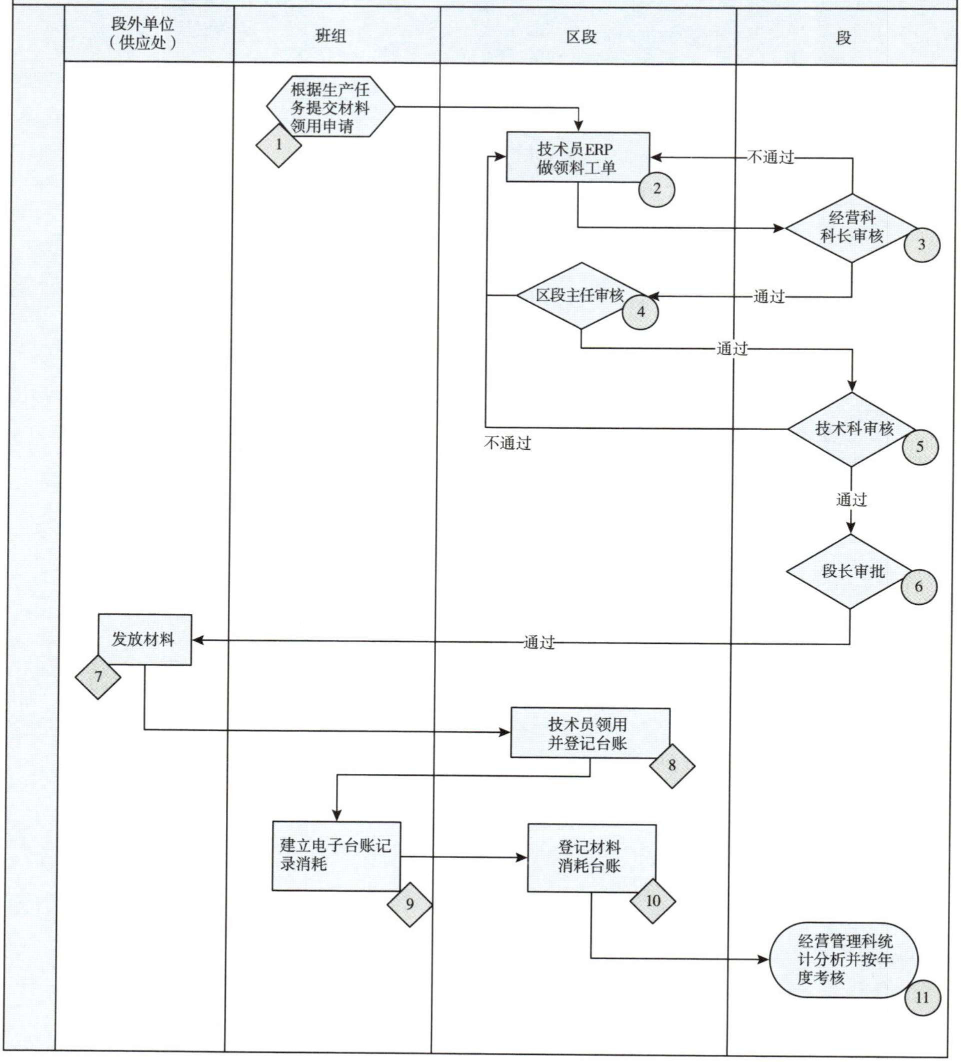

通信段材料领用流程控制矩阵

单位名称	铁路公司		流程名称	通信段材料领用流程	流程编号	—		
控制目标	进一步加强材料管理,控制生产成本,提高经济效益							
节点编号	节点目标	是否为关键控制点	风险描述	控制措施	控制证据	责任单位	责任岗位	控制制度/文件
1	生产任务顺利完成	否	未按生产任务或计划使用材料,可能导致生产任务无法完成	根据生产任务或年度生产计划,分解材料指标,形成日使用计划	材料使用计划	通信工区	工长	《通信段管理细则》
2	确保计划合理	是	报计划时未结合现场实际情况,导致计划数据与实际数据差距过大	结合生产任务分析,根据分析情况报送计划	材料计划单	区段	区段技术员	《通信段管理细则》
3	控制库存合理	是	库存过大,导致成本增加	根据生产情况,分析年度生产计划,合理控制生产成本	收支存报表	经营管理科	经营管理科科长	《通信段管理细则》
4/5/6	确保材料使用准确合理、切合实际	是	材料领用不合理影响生产,或因数量过多造成浪费	严格结合实际情况审批	ERP审批记录	区段、生产技术科、通信段	区段主任、生产技术科科长、段长	《通信段管理细则》

续表

节点编号	节点目标	是否为关键控制点	风险描述	控制措施	控制证据	责任单位	责任岗位	控制制度/文件
7	材料满足计划要求	否	未按计划及时付料，影响生产	根据材料需求及时采购材料	材料计划单	供应处	供应处相关人员	公司材料供应相关办法
8	汇总、整合入库记录和各项消耗	否	统计数据与实际使用情况有出入，影响数据的准确性	技术员统计好各项数据，保证无漏项，数据准确。若发现数据有差异，及时核对	材料领用单	区段	区段技术员	《通信段管理细则》
9/10	确保各项消耗数据原始记录准确、及时	否	原始数据未及时记录，数据记录不准确、不及时，影响数据汇总	原始记录要统一格式，台账做到登记及时	材料领用单	通信工区、区段	工长、区段主任	《通信段管理细则》
11	材料核算准确，分析合理，能准确反映现场实际用料情况	是	核算不准确、计算过程有漏项，造成核算成本等数据不准确	根据各区段上报的材料消耗，准确、真实、及时地反映出来，做好材料分析报表	统计报表	经营管理科	材料员	《通信段绩效考评办法》

9. 车辆段班组修旧利废管理流程

企业名称	本流程控制点描述
	1.班组修旧利废项目清单信息全面准确 2.班组修旧利废项目必须从班组生产实际出发，杜绝提报无须修旧利废项目
责任单位：铁路公司	3–4.修旧利废项目要达到节约成本的目的 5.根据配件的损坏程度进行合理的修旧利废
流程编号：一	6.考核总观
车辆段班组修旧利废管理流程	

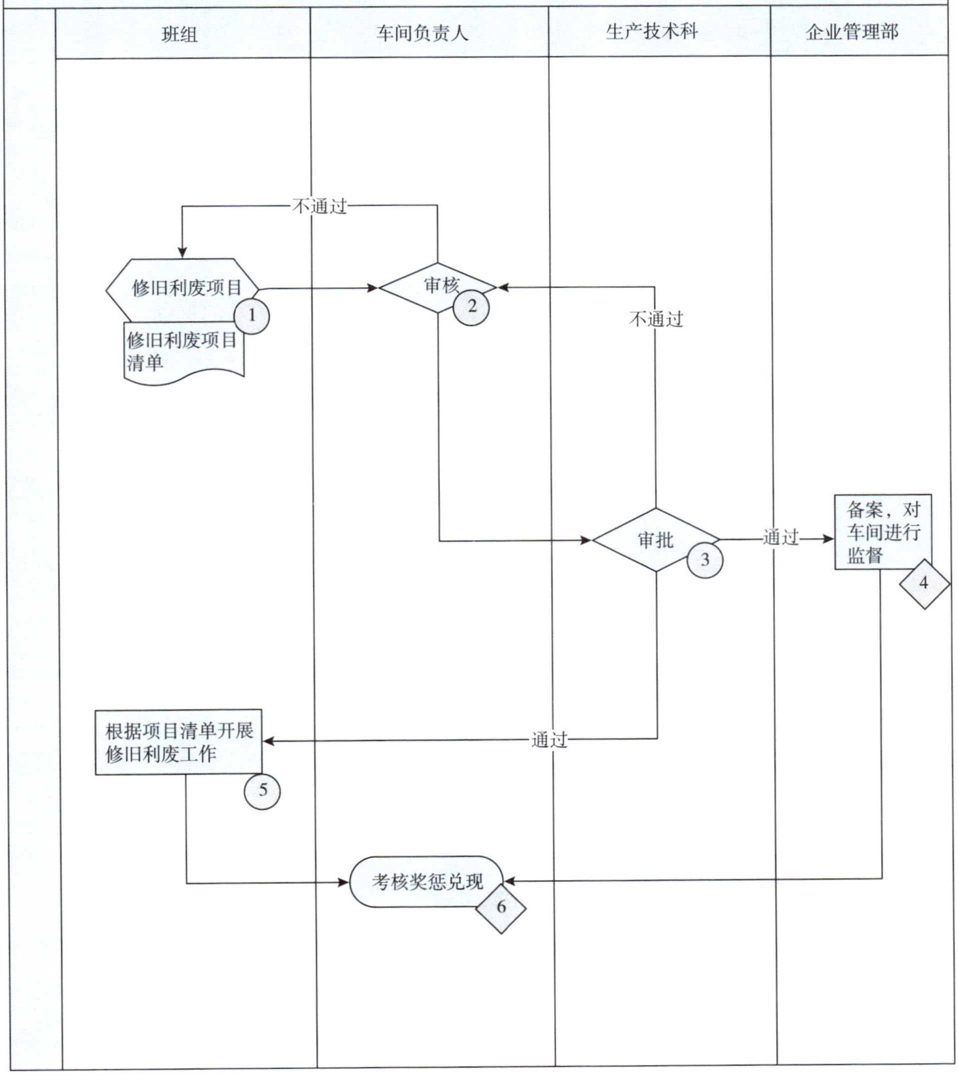

车辆段班组修旧利废管理流程控制矩阵

单位名称	铁路公司		流程名称	车辆段班组修旧利废管理流程		流程编号	—	
控制目标	班组维修创新、修旧利废项目从实际出发，杜绝提报无须修旧利废项目，实现利益最大化							
节点编号	节点目标	是否为关键控制点	风险描述	控制措施	控制证据	责任单位	责任岗位	控制制度/文件
1	班组建立修旧利废项目	是	未根据班组生产实际申报修旧利废项目，可能导致浪费可修配件或生产成本不够用	充分考虑班组生产中可修旧利废物件的情况	修旧利废项目清单	班组	班组长	《铁路公司修旧利废管理办法》
2	详细审核修旧利废项目	是	未根据车间生产任务做申请，可能导致生产任务无法完成或生产成本不够用	充分考虑车间生产中可能产生的成本费用发生情况	修旧利废项目清单	车间	车间负责人	《铁路公司修旧利废管理办法》
3	详细审批修旧利废项目	是	未根据车间生产任务做申请，可能导致生产任务无法完成或生产成本不够用	充分考虑车间生产中可能产生的成本费用发生情况	修旧利废项目清单	车间	生产技术科	《铁路公司修旧利废管理办法》

续表

节点编号	节点目标	是否为关键控制点	风险描述	控制措施	控制证据	责任单位	责任岗位	控制制度/文件
4	使班组修旧利废项目规范化	否	导致班组修旧利废失去真实性	信息和数据统计全面、准确、真实	修旧利废项目清单	班组	班组长	《铁路公司修旧利废管理办法》
5	班组根据项目清单开展修旧利废，节约成本	是	未开展修旧利废项目，可能导致存在问题无法及时发现，从而浪费成本	1. 做好班组修旧利废项目及分析 2. 及时发现班组实际修旧利废过程中存在的问题，采取相应的防范措施，确保不浪费成本费用	修旧利废项目清单	班组	班组长	《铁路公司修旧利废管理办法》
6	班组做好班组修旧利废，加强问题防范，节约成本	否	未对修旧利废项目及分析情况进行考核，可能导致此项工作流于形式，从而浪费成本	对班组修旧利废项目及分析进行考核，及时提出合理化建议节约成本，合理地给出奖励措施	考核结果	车间	车间负责人	《铁路公司修旧利废管理办法》

10. 信号段班组废旧物资管理流程

企业名称	本流程控制点描述
	1.换下的废旧件要遵循交旧领新的要求认真回收，并及时建立台账
责任单位：铁路公司	2.回收的废旧物资要统一管理，信号工区人员配合段废旧物资管理人员做好相关记录工作
流程编号：一	3–7.准确鉴定是否存在修复再利用价值，或是否可拆解后用于修旧利废工作

信号段班组废旧物资管理流程

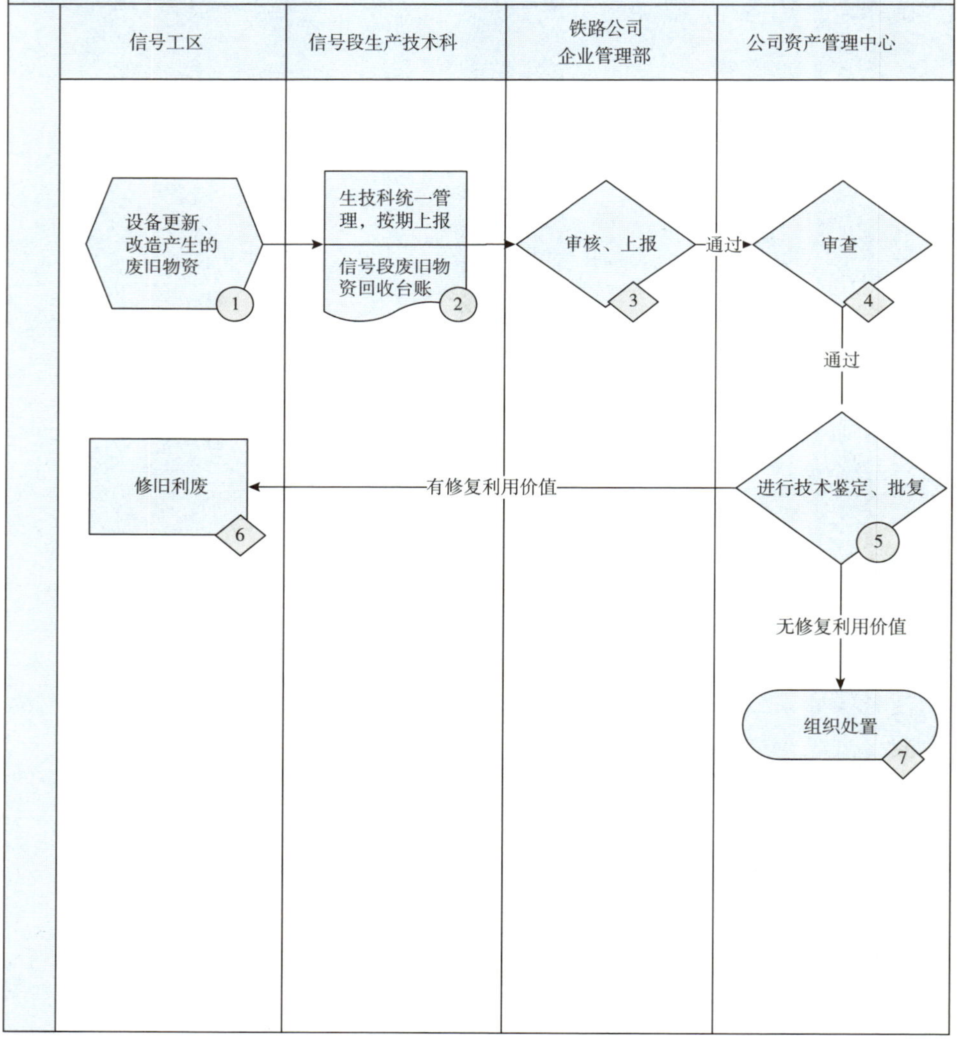

信号段班组废旧物资管理流程控制矩阵

单位名称	铁路公司		流程名称	信号段班组废旧物资管理流程	流程编号	—		
控制目标	回收废旧物资及时上报信号段进行统一管理，并做好相应记录，准确鉴定有无再修复利用价值，或拆解后用于修旧利废工作							
节点编号	节点目标	是否为关键控制点	风险描述	控制措施	控制证据	责任单位	责任岗位	控制制度/文件
1	合理回收，按类分配	是	旧物资堆积，影响正常生产	一旦产生废旧物资，及时回收	废旧物资回收台账	信号工区	工长	铁路公司废旧物资管理办法
2	统一管理，建立台账	是	回收不切合实际，可能导致生产受到影响	全面考虑设备更新、改造情况	废旧物资回收台账	信号段	技术员	《铁路公司废旧物资管理办法》
3	做好监督审核，按时上报	否	废旧物资去向不明	做好监督，审核，上报	废旧物资回收台账	铁路公司公司企业管理部	相关负责人	《铁路公司废旧物资管理办法》
4	回收要切合实际，杜绝浪费	否	回收不切合实际，可能导致浪费	全面考虑生产任务、设备状况及中心预算	签字审批	公司资产管理中心	相关负责人	《公司废旧物资管理办法》

续表

节点编号	节点目标	是否为关键控制点	风险描述	控制措施	控制证据	责任单位	责任岗位	控制制度/文件
5	鉴定准确、无误	是	技术鉴定不准确，可能导致生产受到影响或者浪费	全面考虑设备状况、使用年限等技术指标	签字审批	公司资产管理中心	相关负责人	《公司废旧物资管理办法》
6	修旧利废	否	浪费，成本增加	做好废物回收记录	废旧物资回收台账	信号工区	工长	《铁路公司废旧物资管理办法》
7	组织处置	否	可能导致废旧物资去向不明	做好记录、监督、检查考核	废旧物资回收台账	公司资产管理中心	相关负责人	《公司废旧物资管理办法》

第四节　生产服务中心班组经济管理

为进一步规范生产服务中心班组经济管理，提高核算水平，为成本管控提供基础数据，为生产经营提供科学的依据，使数据真实地反映生产经营的全过程和基本情况，真正使经济核算管理落实到各班组、车间。

一、班组经济管理的组织

生产服务中心成立班组经济核算管理领导小组，组长由中心经理担任，组员由经营部、财务部及各单位从事与核算、生产经营分析相关工作的人员组成。领导小组下设办公室，办公室设在经营部，办公室主任由经营管理部经理兼任，主要负责内部核算管理各环节的组织、协调、监督、考核等日常管理工作。各单位负责对各班组年、月、日核算及分析工作。

中心经营部负责对各单位的产量、能源、材料、配件等物料消耗进行分析汇总，对已领未结材料、配件等物资消耗进行核算汇总，并负责以成本中心对本单位生产成本进行核算和分析。

二、班组经济核算的管理

经营部设置专职核算管理人员，各队必须设置专职核算人员（核算员）负责该项工作，职责是贯彻和实施中心下达的核算内容及标准，负责本单位生产经营过程中能源及材料、配件等物资消耗情况进行分析，完成日常核算工作，并积极配合中心检查与考核工作。

中心专职核算岗位需满足以下几方面要求：

（1）年龄在四十五周岁以下；

（2）学历为大学专科及以上；

（3）具有与核算、统计相关的资格证（如会计从业资格证等），中心专职核算岗位人员调动须由中心经理审批。

三、班组经济核算的原则和要求

各队必须认真做好内部核算的基础数据统计工作，要做到数据真实、全面、准确、及时，不得虚报、漏报。

内部核算要做到核算方法恰当、合理，核算数据准确、全面，不得人为调整考核指标。

（一）原始记录的要求

（1）原始记录包括：生产记录、各种材料和能源消耗记录；各种物资领用、库存记录；各种消耗材料出库单、结算单据等。

（2）各单位的原始记录要统一格式，统一计算口径，指标含义明确，并有严格的报送程序。

（3）核算工作交接时，手续要齐全，责任要明确，要确保资料衔接。

（4）原始记录如有修改，要注明原因，且需填写人签字。

（5）原始记录要按期整理归档。

（二）统计台账的要求

（1）各单位要根据统计工作的需要，建立各类综合、专业统计台账。

（2）统计台账要清晰，指标不重不漏；统计台账、原始记录、统计报表数据要吻合，确保指标的系统性和资料的连续性。

（3）台账必须做到登记及时，指标完整，台账保管要有专人负责，台账不可转借或转抄，要注意保密。

（三）核算报表的要求

1. 核算内容

（1）各单位产量、工作任务完成情况等。

（2）主要能源消耗包括：煤、电、水、柴油、汽油等。

（3）材料、配件包括：配件、油脂、工器具、劳保用品及其他材料。

（4）其他支出包括：修理费、生产车辆费等。

2. 核算方法及基本流程

核算方法

各单位（班组）每日应对产量、能源及材料、配件等物资消耗进行原始记录，并对记录数据进行核对。

各单位（班组）对产量、能源及材料、配件等物资消耗除了要按照业务发生时间顺序逐笔进行日统计外，还应建立统计台账，并进行月度核算。

各单位（班组）对产量、能源、材料、配件等物资消耗应进行年度累计汇总核算。

核算的基本流程

后勤服务部食堂班组核算。各班组每日应对班组食品的原材料等消耗进行原始记录，并对记录数据进行核对。各班组对小组的食品原材料等物料消耗除了要按照业务发生时序逐笔序时进行日统计外，还应建立统计台账，并进行班组及不同小组月度核算。后勤服务部应根据月度核算及年度累计汇总进行班组及不同小组的物料消耗的年度核算。

后勤服务部食堂采购流程。各类食品原料及副食品采购计划，经后勤部负责人签字审批后可进入采购环节。根据计价组汇总结果，将每批次采购计划金额在3万元（含）以上的报送后勤服务部食品采购工作领导小组，三万元以下的报送后勤服务部采购小组。

后勤服务部食堂财务报销方法及基本流程。报销人须取得相应的合法票据（相关规定见发票管理制度），票据背面要有经办人签名。主管会计须对原始票据进行严格审核，并审核是否有验收单。验收单与票据金额须相符，验收单必须同时有采购员、验收员、保管员签章；未附验收单或者验收单填制不规范的货物采购凭证，不得作为记账依据。会计、出纳按财务管理要求建立规范账簿，使用规范的会计科目进行记账的。

水暖队班组核算。各班组长根据生产任务制订检修计划并附计划表，经队部审核通过后，可领取材料。确认材料合格后填写领料单，材料出库；如果材料质量、数量存在问题，应做原始记录。材料出库后核算员应做费用核算工作，细分到各班组，班组自行核算。每年根据月度核算及年度累计汇总，进行班组年度核算、分析。

供热车间班组核算。根据班组制订的检修计划统计所需材料、配件的型号和数量。经过车间领导检查审批之后，申报材料计划。待材料、配件运送到车间，库管检查材料、配件的型号、数量以及质量并做好原始记录，各班组拟定所需的材料、配件。各班组在检修时，需要填写领料单并签字，由库管办理材料、配件的出库手续并做记录。然后由核算员核算材料费用。各班组在实施检修任务时，必须严格按照检修规程作业。检修完成后，各班组要按照业务发生的时序逐笔进行统计与核算。

运输队班组核算。车辆班组每日应对班组所属车辆的维修保养、油耗等情况做原始记录，并对记录数据进行核对。车辆班组除对单车维修保养和油耗等情况按照发生的时序进行日统计外，还应建立统计台账，并进行月度核算。车辆班组对维修保养、油耗等情况应进行年度累计汇总核算。运输队根据月度核算及年度累计汇总对班组单车维修保养和油耗等进行年度核算。

产品部化工班班组核算。班组根据生产任务提交材料计划，经库管和队部领导审核后，进行采购，库管入库前应严格检查材料的质量和数量，并做相应台账，然后入库。出库时，按照领料单出库，并做记录。核算员根据实际领料单进行核算，确保核算数据准确。

产品部洗衣洗浴班班组核算。班组长根据每月材料的消耗情况及实际需要做出每月材料领用计划，报送队领导审核批准；计划审核通过后到库管处填写材料领用单，然后报送队核算员进行审核登记；核算员登记后由库管办理出库手续；出库手续办理完毕后回到班组进行班组月度核算，核算报表报队核算员；队核算员根据报表完成经营分析报告报相关领导，为召开经营分析会做准备。

3. 核算要求

各单位按照核算方法及基本流程，认真进行班组核算，将生产任务、能源和材料、配件等物资消耗准确、真实、及时地反映出来，确保核算资料的真实、及时、准确和完整，并形成各队基本核算表。

填写材料核算表时，重点材料要写实。消耗量比较大、对成本有较大影响的重要项目要列在前面；次重要项目也要列出具体消耗项目名称，非重要项目按金额排列。

除上述基本核算表外，中心核算报表还包括对其他内容的核算，具体核算表包括耗水统计表、车辆核算统计表等，各单位需对统计表中负责的内容进行认真统计核算，与基本核算表一同报送经营管理部，涉及财务部的表格要按照统一要求上报至财务部。

班组要做好核算报表分析说明，要对年度责任状及考核办法中的计划指标进行比较，说明本月以及累计产量变动情况、与计划产量的差异以及完成情况，可控费用与计划指标差异以及完成情况。实际与计划差异比较大的，需分析差异原因。

各单位应在每月 4 日下班前将本单位及所属班组的月度核算报表及其分析说明上报经营管理部。

四、考核

中心把核算工作纳入全面质量标准化体系中，按年度进行考核、评选、奖励。

1. 基础管理工作

（1）原始记录。记录是否及时，数字是否真实、全面，是否按期装订成册，妥善保管。

（2）统计台账。考核是否建立月度、季度、年度统计台账，内容是否全面，数据是否准确、完整。

2. 核算报表要求

及时，即考核报表是否按照规定时限上报。

准确，即考核数据是否计算准确、统一，是否自行调整。

全面，即考核数据是否全面、系统。

规范，即考核报表形式是否符合公司规范要求。

五、班组经济核算管理流程和矩阵

1. 后勤服务部食堂班组经济核算流程

企业名称	本流程控制点描述
单位名称：生产服务中心	1–2.后勤服务部核算员根据定额审核班组上报计划量，合理控制计划量 3.分管领导审批 4–6.核算员汇总并登记台账 7.各班组做好月度核算分析工作 8.总库保管员做好月、年度库存盘点 9.各班组做好年度核算分析工作 10.进行考核与奖惩
流程编号：一	
后勤服务部食堂班组经济核算流程	

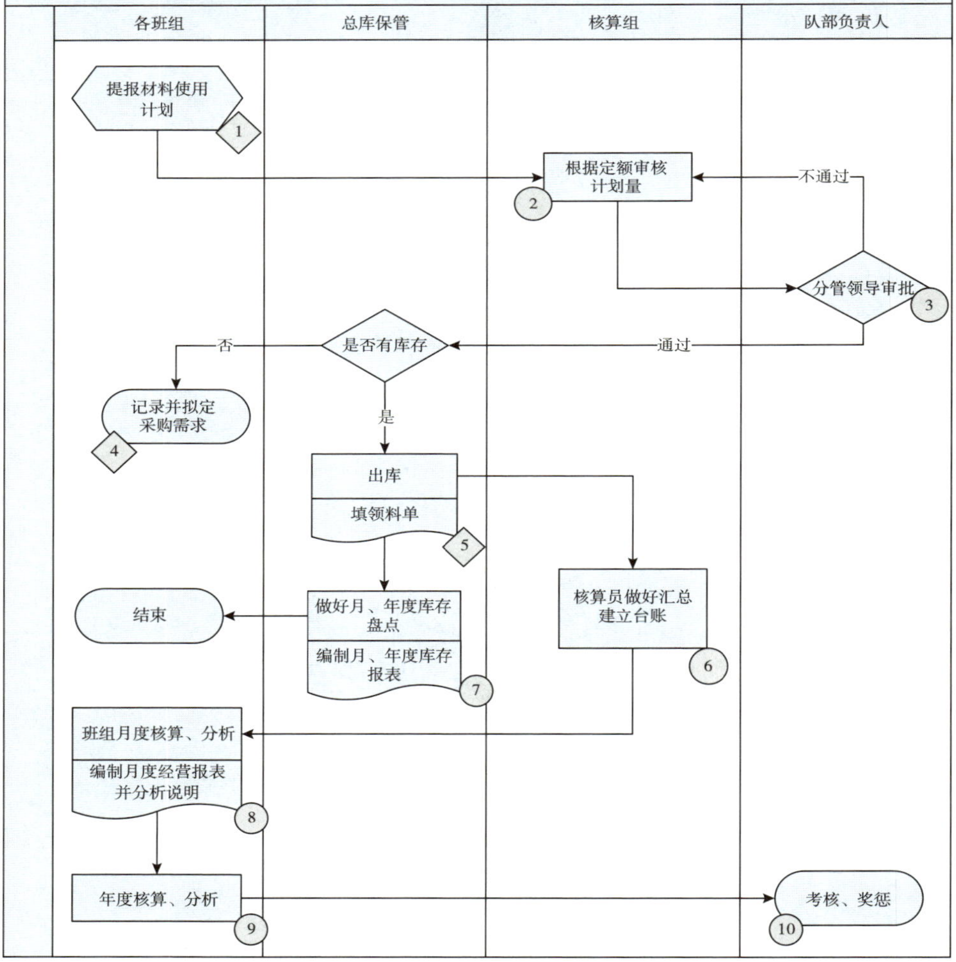

后勤服务部食堂班组经济核算流程控制矩阵

单位名称	生产服务中心		流程名称	后勤服务部食堂班组经济核算流程	流程编号	—		
控制目标	通过班组经济核算及时、准确地记录班组日常材料的消耗，对班组进行材料消耗定额的严格管控							
节点编号	节点目标	是否为关键控制点	风险描述	控制措施	控制证据	责任部门	责任岗位	控制制度/文件
1	制订准确的材料消耗计划	否	未能根据实际需求制订材料计划，影响正常生产	按定额严格制订原材料计划	原材料消耗定额表	各班组	各食堂班组长	《生产服务中心内部核算管理办法》
2	统计用料计划量准确无误	是	统计用料数量出错造成不必要的浪费或计划不准确导致用料短缺	申报前做二次确认	材料计划表	各班组	核算员	
3	严格审核计划单	是	审核不严格导致生产成本增加	领导对原材料计划及其所用材料严格审查	月度计划表	队部领导	分管领导	
4	确认库内材料的数量充足，质量合格	否	未及时发现材料数量质量问题影响生产进度	定期清查库内材料情况	库存盘点表	后勤服务部综合组	总库保管员	
5	出库领料填单准确无误	否	领料单填写错误，造成核算及其库存出现错误	出库后库管对照领料单确认材料数量	领料单	后勤服务部综合组	总库保管员	

续表

节点编号	节点目标	是否为关键控制点	风险描述	控制措施	控制证据	责任部门	责任岗位	控制制度/文件
6	费用核算准确	是	核算出现错误导致费用增加或者减少	核算员认真核算	领料单	后勤服务部综合组	核算员	
7	各班组月度核算	是	核算出现错误导致费用增加或者减少	各班组长核算无误	食堂月报表	各食堂	班组长	
8	库存盘点表准确无误	是	库存物品数量错误导致核算错误	总库保管员认真核对账物	库存盘点表	后勤服务部综合组	总库保管员	《生产服务中心内部核算管理办法》
9	各班组年度核算	是	核算出现错误导致费用增加或者减少	各班组长核算无误	食堂年报表	各食堂	班组长	
10	部队负责人对各报告进行考核、奖惩	是	导致费用的增加或减少	对班组进行材料消耗定额的严格管控	食堂年报表	各食堂	队部负责人	

2. 后勤服务部食品采购流程

企业名称	本流程控制点描述
	1–2.计划的制订要考虑职工需求、计划菜谱以及价格、季节等因素 3.经理审核 4.要严格把关，从有资质的供应商处采购
单位名称：生产服务中心	5.根据采购计划现场验收合格者按实际数量入总库，并索要相关检验票据建立台账，开具统一入库单，不合格者退回供应商
流程编号：一	6.由经理审批，总库保管、食堂管理员、食堂保管员确认，总库核算员制单 7.通过核算员出具的验收单，其中包括分管领导、采购员、总库保管、核算员的签字及供货商提供的统一税票，经核实后予以报销

后勤服务部食品采购流程

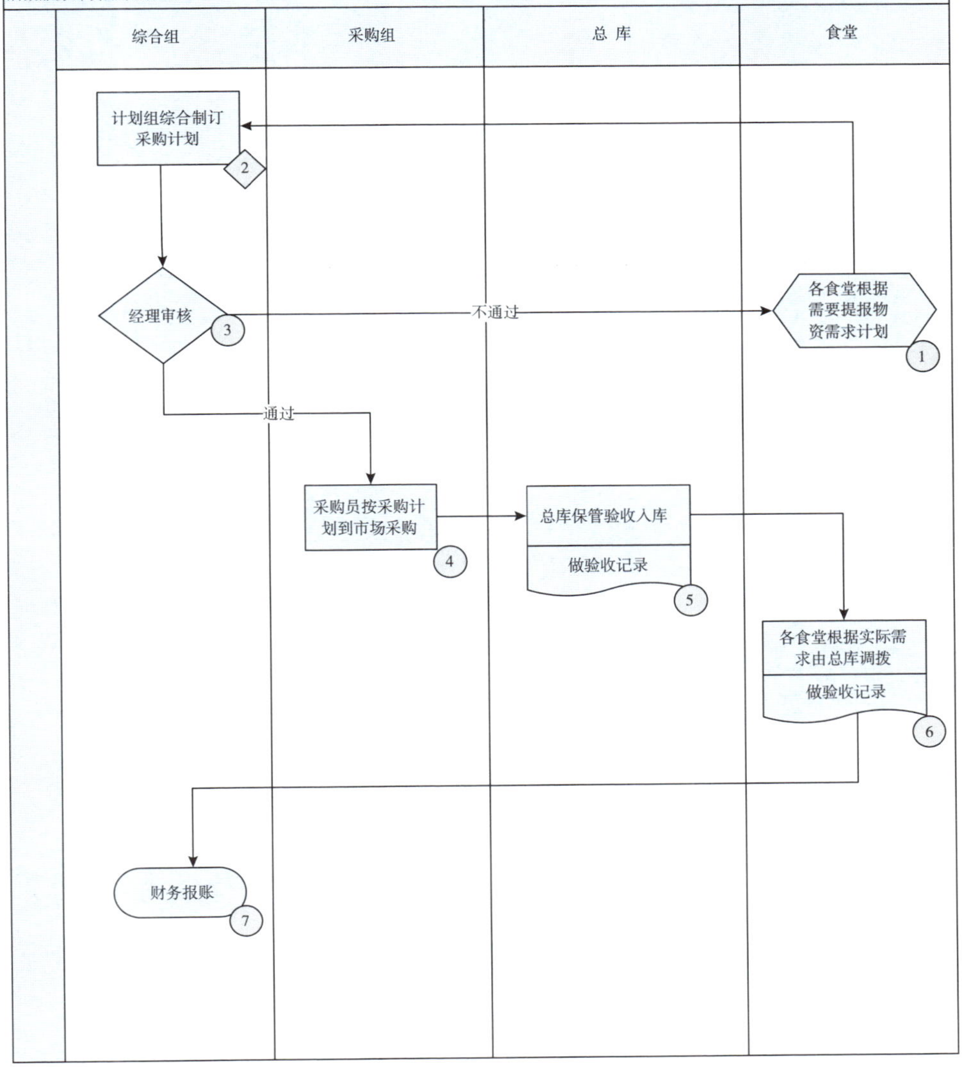

后勤服务部食品采购流程控制矩阵

单位名称	生产服务中心		流程名称	后勤服务部食品采购流程	流程编号	—		
控制目标	检查、考核各班组食品计划任务完成及使用管理情况，及时发现问题，解决问题，确保各项任务及时完成							
节点编号	节点目标	是否为关键控制点	风险描述	控制措施	控制证据	责任部门	责任岗位	控制制度/文件
1	各食堂根据需要制订计划	是	未能根据实际情况制定所需食品计划数量，影响正常使用	按实际用量制订食品所需计划	各食堂食品采购计划表	各班组	各班组管理员	《生产服务中心内部核算管理办法》
2	计划组综合制订采购计划	否	统计各食堂上报计划食品用量出错造成不必要的浪费及库存	申报前做两次确认	食品采购计划表	计划组	计划员	
3	经理审核	是	审核不严格导致采购数量不准确	领导对采购计划及各食堂所用食品量严格审查	食品采购计划表	部门负责人	部门负责人	
4	采购员按采购计划到市场采购	是	未及时发现食品质量问题影响食堂使用	供货商送货时要认真检查食品质量，发现问题立即要求供货商重新备货，送货	食品采购计划表	采购组	采购员	

续表

节点编号	节点目标	是否为关键控制点	风险描述	控制措施	控制证据	责任部门	责任岗位	控制制度/文件
5	总库保管验收库做验收记录	是	入库时未及时发现食品有质量问题，影响食堂使用，造成成本损失	出库后库管对照领料单确认材料数量	供货商资质，动检标志，检疫票，生产日期等	保管员	保管员	
6	各食堂根据实际需求由总库调拨 做验收记录	是	食堂所报需要食品数量有误或者核算员填错调拨单造成保管员出库错误	食堂管理员和核算员都要认真核对名称和数量	调拨单	食堂 核算组	管理员、核算员	《生产服务中心内部核算管理办法》
7	财务报账	是	财务人员看错验收单或者做错凭证	财务人员认真、仔细查看验收单和做报销凭证	验收单	财务	财务人员	

3. 后勤服务部财务报销流程

企业名称	本流程控制点描述
责任单位：生产服务中心	1–2.核对验收单数量及价格 3–4.采购员、保管员进行入库审核 5.会计审核 6.经理审核入库验收单、票据 7–8.主管进行审批相关单据 9.出纳出具兑换单
流程编号:一	
后勤服务部食堂财务报销流程	

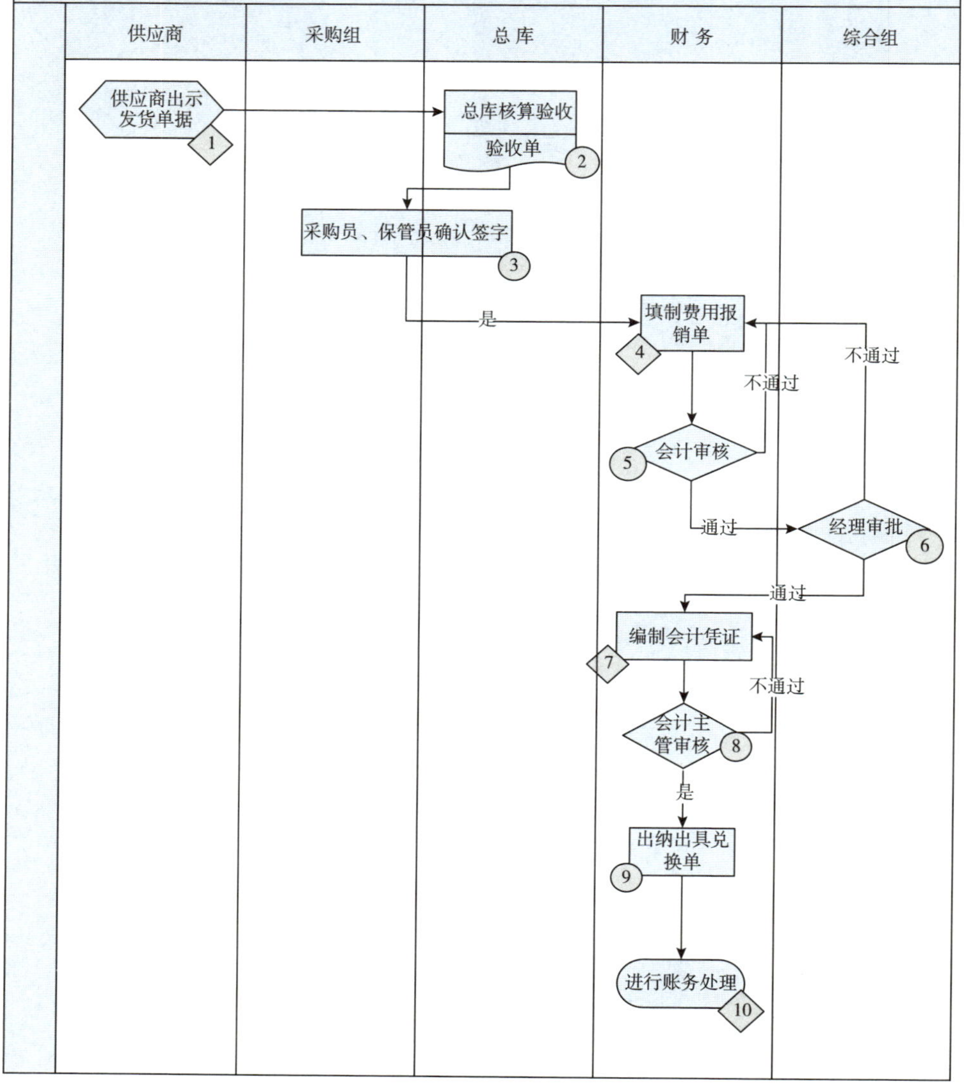

后勤服务部食堂财务报销流程控制矩阵

单位名称	生产服务中心		流程名称	后勤服务部食堂财务报销流程	流程编号	—		
控制目标	加强成本费用管理，理顺报销审批程序，严格地执行开支范围，准确核算成本							
节点编号	节点目标	是否为关键控制点	风险描述	控制措施	控制证据	责任部门	责任岗位	控制制度/文件
1	出示正确的发货单据	否	单据不正确导致单位利益受损	按照公司要求索要发票及销货清单	发货单据	财务组	会计	《生产服务中心内部核算管理办法》
2	确定物品的验收单填制正确完整	是	核对物品数量、价格是否与供应商发票相符	保证数量及价格的准确性，对于不符合要求的将予退回	验收入库单	验收组	验收员	
3	采购员、保管员确认入库	是	未及时发现质量与数量问题	把好验收入库关	验收入库单	总库	采购员、保管员	
4	确认票据并正确填写费用报销单	否	报销单填写错误，造成公司利益受损	按照财务要求填写费用报销单	费用报销单	各相关部门	报销人	
5	保证费用正确性	是	发票及报销单有误退回	会计审核原始凭证发票及报销费用有误退回纠正	报销单	财务部	会计	

续表

节点编号	节点目标	是否为关键控制点	风险描述	控制措施	控制证据	责任部门	责任岗位	控制制度/文件
6	保证费用正确性	是	增加费用，造成资金的浪费，加大费用同时影响资金计划的执行	财务经理对费用报销单进行审核	报销单	财务部	单位负责人	《生产服务中心内部核算管理办法》
7	编制会计凭证	否	账务处理不正确，影响会计报告的准确性	会计编制会计凭证，正确进行账务处理	会计凭证	财务组	会计	
8	保证费用的正确性	是	增加费用，造成资金的浪费，加大费用的同时影响资金计划的执行	主管要根据实际情况对费用进行账务处理	报销单	公司领导	会计主管	
9	出纳出具兑换单	是	凭证错误导致费用错误	根据会计凭证出具兑换单	会计凭证	财务部	出纳	
10	进行账务处理	否	确保账务真实有效地完成	提供会计信息真实性与及时性	各单据	财务部	会计	

4. 水暖队班组核算流程

企业名称	本流程控制点描述
	1-3.水暖综合服务队各班组认真分析现场情况，合理制订检修计划
	4-6.确认所需材料数量准确、质量合格
单位名称：生产服务中心	7.核算员核算费用及时、准确
	8-9.各班组将每月材料消耗分类进行核算、分析
流程编号：一	10.考核总观
水暖队班组核算流程	

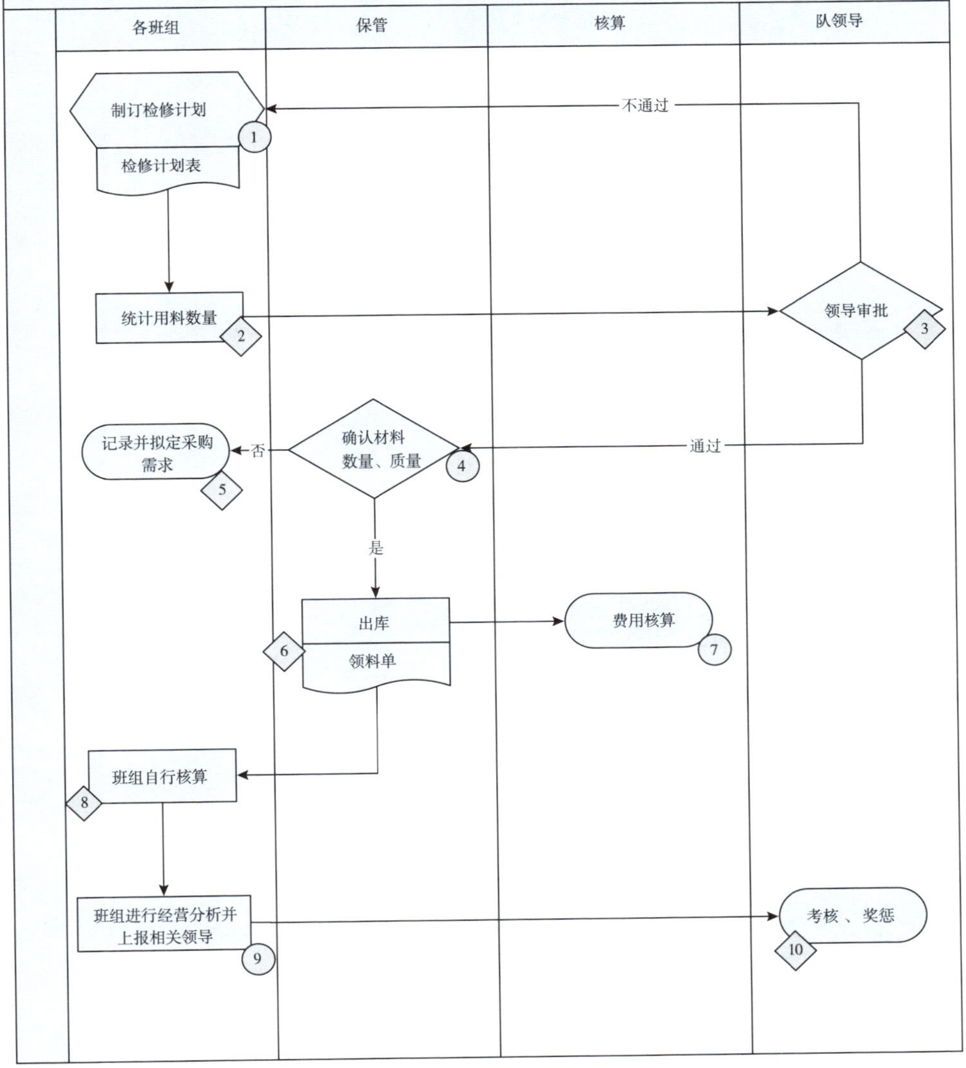

水暖队班组核算流程控制矩阵

单位名称	生产服务中心		流程名称	水暖队班组核算流程	流程编号	—		
控制目标	各班组把成本控制在预算范围之内，力争创新，降本增效							
节点编号	节点目标	是否为关键控制点	风险描述	控制措施	控制证据	责任部门	责任岗位	控制制度/文件
1	制订检修计划合理	是	未能根据实际情况制订检修计划，影响正常生产	按规定制订检修计划	检修计划表	各班组	检修工各班组长	《生产服务中心内部核算管理办法》
2	统计用料数量准确无误	否	统计用料数量出错造成不必要的浪费	申报前做两次确认	材料表	各班组	检修工各班组长	
3	审核检修计划严格	否	审核不严格导致维修成本增加	领导对检修计划及其所用材料严格审查	检修计划表	队领导	队领导	
4	确认库内材料的数量充足，质量合格	是	未及时发现材料质量问题影响检修进度	定期清查库内材料情况	查验记录	办公室	保管员	
5	及时记录所短缺、所需的材料	否	未及时记录所需材料影响正常生产检修工作	根据不同材料类型、存量、用度等拟定合理高效的采购需求	查验	各班组	检修工各班组长	

续表

节点编号	节点目标	是否为关键控制点	风险描述	控制措施	控制证据	责任部门	责任岗位	控制制度/文件
6	出库领料填单准确无误	否	领料单填写错误，造成核算及其库存出现错误	出库后库管对照领料单确认材料数量	领料单	办公室	保管员	
7	费用核算准确	是	核算出现错误导致费用增加或者减少	核算员认真核算	出库单	办公室	核算员	
8	各班组认真进行自行核算	否	核算出现错误导致费用增加或者减少	班组核算员认真核算	领料单	各班组	各班组核算员	
9	经营分析透彻、细致、全面	是	分析不透彻、不细致导致成本增加	各班组透彻、细致、全面地对本月所耗材料分类进行核算分析，找出本月各项成本增加或减少的原因并进行同比比较	材料分析报告	各班组	各班组核算员	《生产服务中心内部核算管理办法》
10	严格执行《生产服务中心班组核算管理办法》，认真考核，奖惩分明	否	考核不严格不认真、奖惩不到位，无法激励员工进行高效的控制成本	每月两次考核，一个季度兑现	材料分析报告	队领导	队领导	

5. 供热车间班组核算流程

企业名称	本流程控制点描述
单位名称：生产服务中心	1–3.认真分析现场情况，合理制订检修计划 4.确认所需材料数量准确、质量合格 5–6.针对成本控制的重点项目，材料消耗要进行分析，提出合理化建议 7–8.班组核算员根据原始单据认真核算材料费用 9.班组成员认真分析生产任务的完成情况及材料的使用方向，发现问题及时上报 10.根据经营分析结果，对职工进行奖惩
流程编号：一	
供热车间班组核算流程	

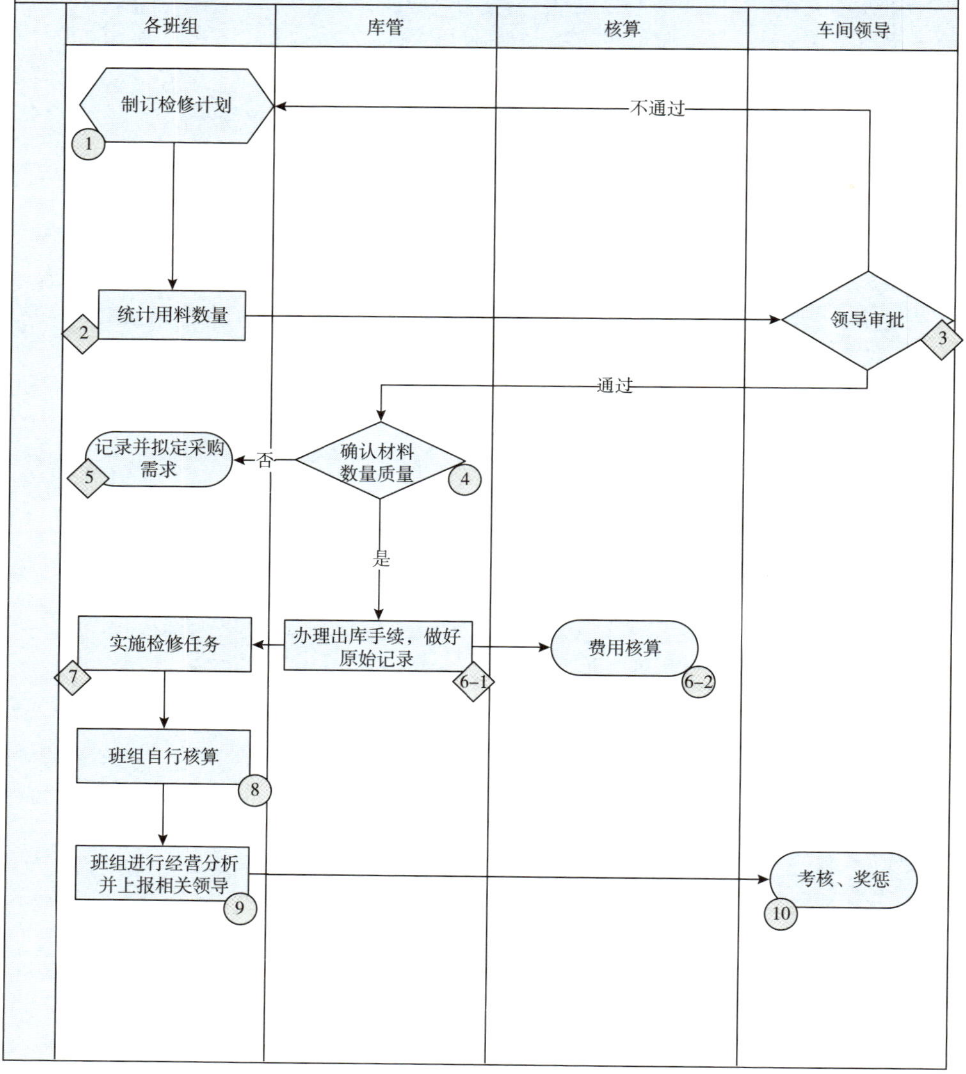

供热车间班组核算流程控制矩阵

单位名称	生产服务中心		流程名称	供热车间班组核算流程	流程编号	—		
控制目标	检查、考核各班组生产任务完成及生产组织管理情况，及时发现问题，解决问题，确保各项生产任务及时完成							
节点编号	节点目标	是否为关键控制点	风险描述	控制措施	控制证据	责任部门	责任岗位	控制制度/文件
1	合理制订检修计划	是	未能根据实际情况制订检修计划，影响正常生产	按规定制订检修计划	检修计划表	各班组	各班组长	《生产服务中心内部核算管理办法》
2	统计用料数量准确无误	否	统计用料数量出错造成不必要的浪费	申报前做两次确认	材料表	各班组	各班组长	
3	审核检修计划严格	否	审核不严格导致维修成本增加	领导对检修计划及其所用材料严格审查	检修计划表	车间领导	车间领导	
4	确认库内材料的数量充足，质量合格	是	未及时发现材料质量问题影响检修效果	定期清查库内材料情况	库存表	办公室	库管	
5	认真拟定所需材料	否	拟定不准确，影响采购造成不必要的浪费	申报前做两次确认	记录表	各班组	各班组长	

续表

节点编号	节点目标	是否为关键控制点	风险描述	控制措施	控制证据	责任部门	责任岗位	控制制度/文件
6-1	出库领料单填写准确无误	否	领料单填写错误，造成核算及其库存出现错误	出库后库管对照领料单确认材料数量	领料单	办公室	库管	
6-2	费用核算准确	是	核算出现错误导致费用增加	核算员认真核算	领料单	办公室	核算员	
7	认真完成检修任务	否	检修时防护措施不到位易造成人员伤害	按照检修规程检修	工作票	各班组	各班组长	《生产服务中心内部核算管理办法》
8	各班组自行核算	是	核算出现错误导致费用增加，影响核算员核算	核算员认真核算	领料单	各班组	核算员	
9	分析生产任务及材料的使用	是	生产任务分析不到位，影响生产进度	认真分析生产任务及材料的使用方向	分析报告单	车间领导	车间领导	
10	严格考核、落实奖惩	是	考核不严格，容易造成奖惩不合理	严格按照考核制度考核	考核表	车间领导	车间领导	

6. 运输队班组车辆维修保养核算流程

企业名称	本流程控制点描述
	1–2.运输队车辆班组故障报修
	3.修理厂出具维修明细
单位名称：生产服务中心	4–5.班组每月进行单车费用核算
流程编号：一	6.考核总观

运输队班组车辆维修保养核算流程

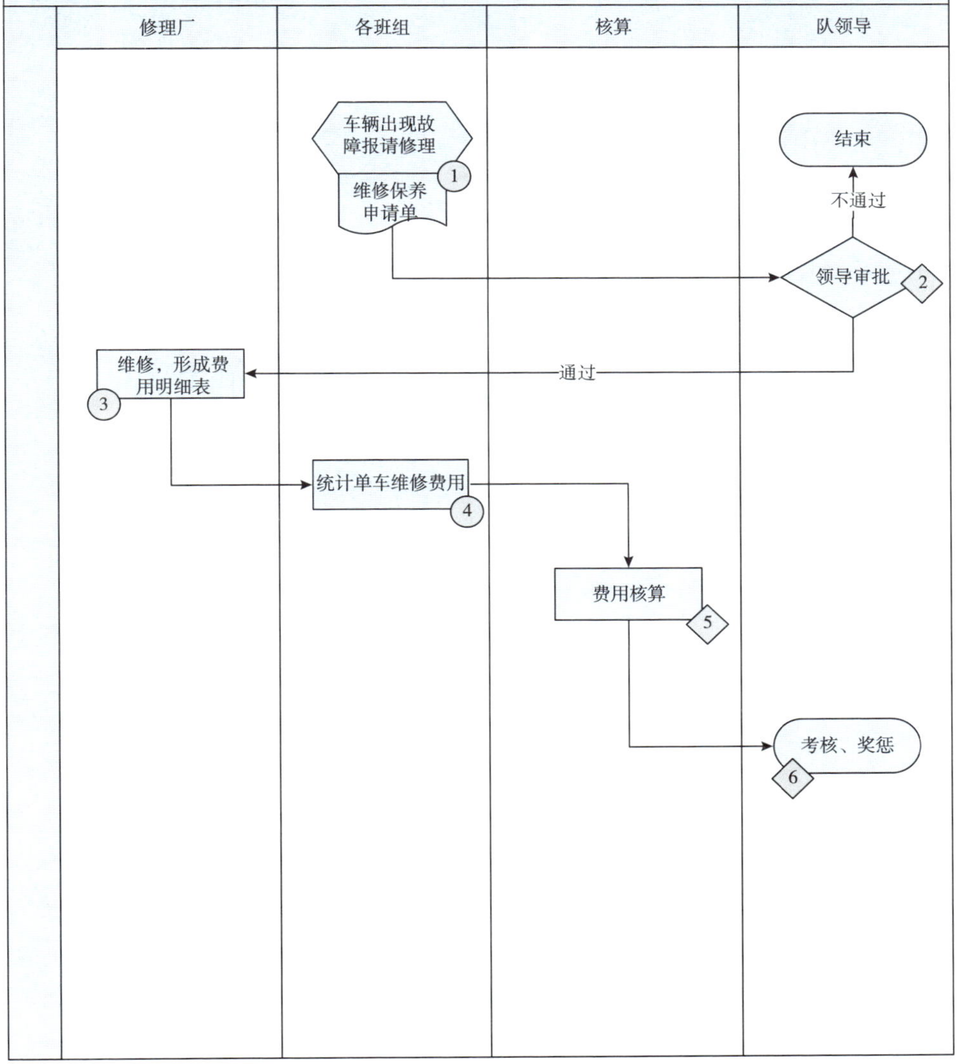

运输队班组车辆维修保养核算流程控制矩阵

单位名称	生产服务中心		流程名称	运输队班组车辆维修保养核算流程	流程编号	—		
控制目标	检查、考核班组车辆维修保养管理情况，及时发现问题，解决问题，确保各项生产任务及时完成							
节点编号	节点目标	是否为关键控制点	风险描述	控制措施	控制证据	责任部门	责任岗位	控制制度/文件
1	认真填写车辆维修保养申请单	是	未能根据实际情况填写维修保养单，影响正常生产	按照车辆实际情况填写维修保养项目	车辆维修保养申请单	车辆班组	班长	《生产服务中心内部核算管理办法》
2	严格对维修保养申请单进行审批	否	不严格审批，造成维修费用增加或减少	对维修保养申请单要严格进行审批	车辆维修保养申请单	队领导	队领导	
3	维修项目明细准确	是	未按照实际维修项目列明细	严格按照维修内容进行维修	车辆维修保养申请单、维修明细表	修理厂	修理工	
4	班组长对单车费用核算要准确	是	核算不准确，导致维修费用增加或减少	班组长要认真进行单车费用核算	车辆维修保养申请单	车辆班组	班长	
5	核算员对费用核算要准确	否	核算出现错误导致费用增加或者减少	核算员认真进行费用核算	车辆费用明细表	办公室	核算员	
6	队领导对车辆维修保养费用进行考核	否	不进行考核导致费用核算失控	严格按照考核办法进行考核	车辆费用明细表	队领导	队领导	

7. 车辆油脂消耗核算流程

企业名称	本流程控制点描述
	1–2.运输队班组根据工作任务提出领取油票申请
单位名称：生产服务中心	3–6.核算员每月进行单车油耗核算
流程编号：一	7.考核总观

运输队班组油脂消耗核算流程

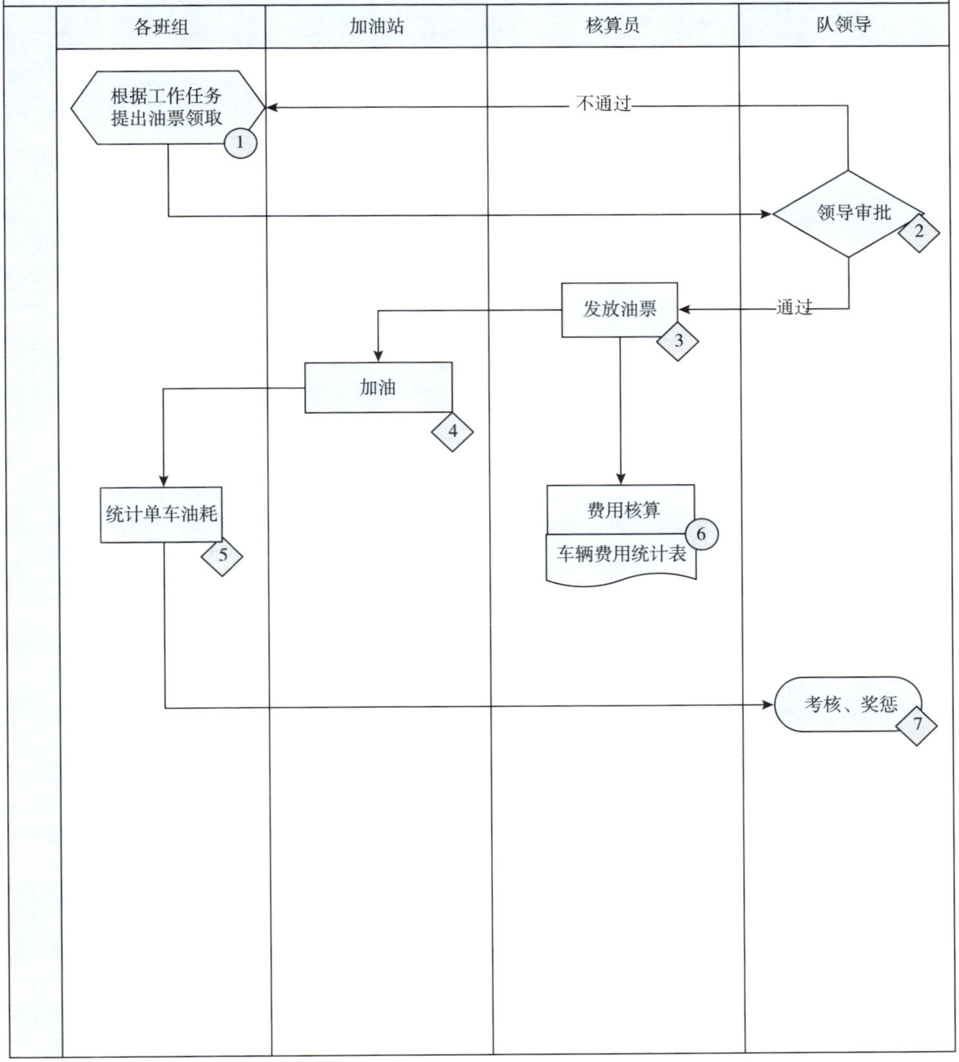

车辆油脂消耗核算流程控制矩阵

单位名称	生产服务中心		流程名称		车辆油脂消耗核算	流程编号		—
控制目标	检查、考核班组车辆油耗管理情况，及时发现问题，解决问题，确保各项生产任务及时完成							
节点编号	节点目标	是否为关键控制点	风险描述	控制措施	控制证据	责任部门	责任岗位	控制制度/文件
1	根据车辆耗油情况领取油票，认真填写加油记录	是	未及时领取油票，影响车辆正常运行	及时领取油票，并做好加油记录	领料单、加油记录	车辆班组	班长	《生产服务中心内部核算管理办法》
2	严格对油票领用进行审批	否	不严格审批，造成油耗增加或减少	对油票使用要严格进行审批	加油记录	队领导	队领导	
3	及时发放油票	否	发放不及时，影响车辆正常运行	要及时发放油票，并做好记录	领料单	办公室	核算员	
4	准确统计加油量	否	统计不准确，造成油耗增加或减少	严格按照加油实际数进行统计	油票统计表	加油站	加油工	
5	班组长对单车油耗核算要准确	否	核算不准确，导致油耗增加或减少	班组长要认真进行单车油耗费用核算	加油记录	车辆班组	班长	
6	核算员对费用核算要准确	是	核算出现错误导致费用增加或者减少	核算员根据加油站统计的油耗量与各单位车油耗量进行对比，认真进行费用核算	车辆油耗统计表	办公室	核算员	
7	队领导对车辆油耗进行考核	否	不进行考核导致费用核算失控	严格按照考核办法进行考核	车辆费用明细表	队领导	队领导	

8. 产品部化工班班组核算流程

企业名称	本流程重要控制点描述
	1-2.产品生产部化工班组合理制订采购计划
	3-6.库管确认数量、质量以及是否符合使用要求
单位名称：生产服务中心	7-8.班组核算要及时、准确
流程编号：一	9.考核总观
产品部化工班班组核算流程	

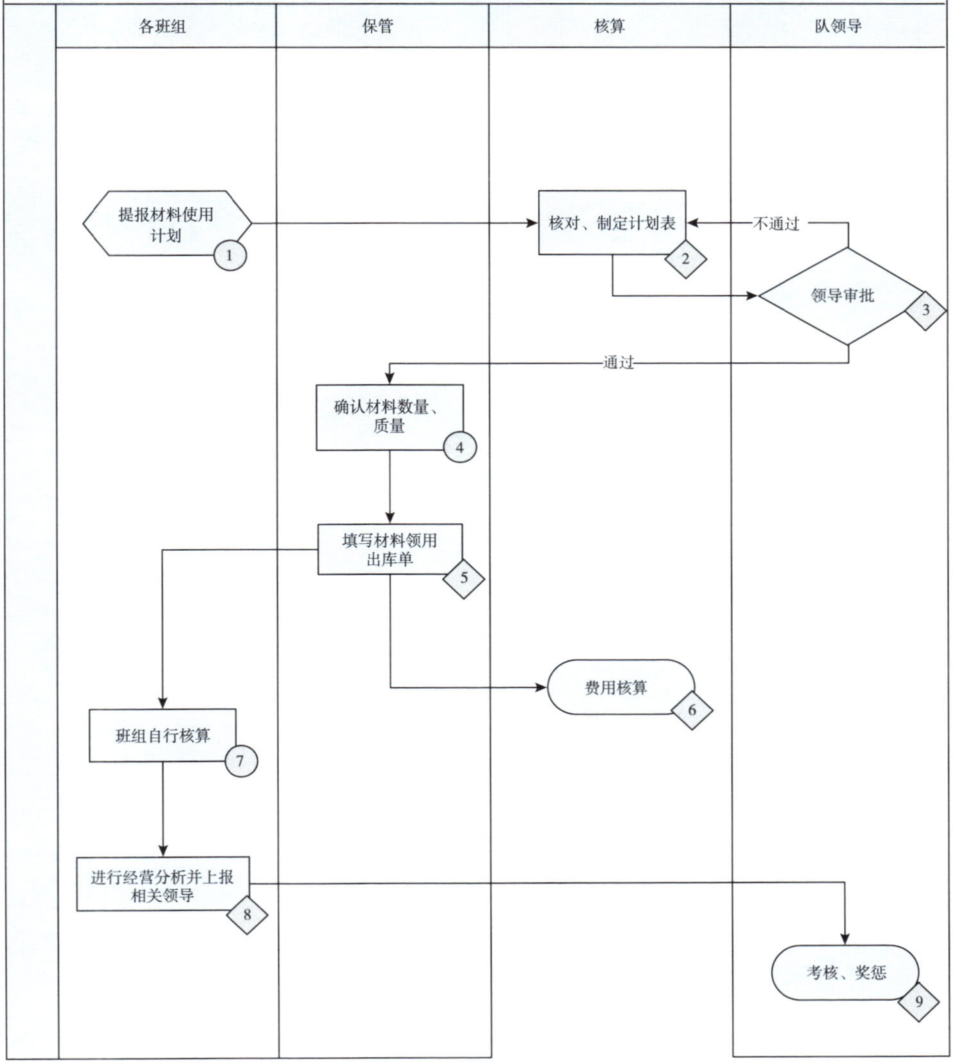

产品部化工班班组核算流程控制矩阵

单位名称	生产服务中心		流程名称	产品部化工班班组核算流程	流程编号	—		
控制目标	严格控制材料的采购需求，确保材料的质量，保障各项生产任务及时完成							
节点编号	节点目标	是否为关键控制点	风险描述	控制措施	控制证据	责任部门	责任岗位	控制制度/文件
1	制订材料领用计划	是	未根据实际需求提报计划，影响正常生产	按需求制订采购计划	生产任务量	化工班	班组长	《生产服务中心内部核算管理办法》
2	核对名称、数量，制订计划表	否	未核实库存，造成过剩或不足，计划与实物不符	核对库存，纠正采购计划	台账	办公室	核算员	
3	严格审核计划	否	审核不严造成成本增加	领导严格审查计划	计划表	部领导	部领导	
4	入库登记	是	对实物未进行确认，影响正常使用	对实物的质量、数量认真核对	计划表	办公室	库管	
5	出库	否	未核对领料单，造成库存不符	严格按照领料单出库	领料单	办公室	库管	
6	费用核算准确	否	核算错误造成费用增加或减少	对照领料单认真核算	领料单	办公室	核算员	

续表

节点编号	节点目标	是否为关键控制点	风险描述	控制措施	控制证据	责任部门	责任岗位	控制制度/文件
7	班组自行核算	是	核算错误造成费用有误	认真核算	领料单	化工班	班组长	
8	班组经营分析，上报领导	否	分析不准确，造成月度分析不准	对照核算，认真分析	班组核算表	化工班	班组长	《生产服务中心内部核算管理办法》
9	考核、奖惩	否	考核不及时，影响当月奖惩	严格进行考核	班组核算表	办公室	队领导	

9. 环卫绿化队材料领用核算流程

企业名称	本流程重要控制点描述
	3.洗衣洗浴班做好领用计划明细后，交队领导审批通过 5.去保管员那填好材料领用单后，送到核算员那进行认真审核，正确无误后去办理出库手续
单位名称：生产服务中心	7.班组自行核算后报班组经济核算表 8.核算员根据班组经济核算表做经营分析
流程编号：一	9.队领导根据一年来班组核算情况做出年终考核、奖惩
环卫绿化队材料领用核算流程	

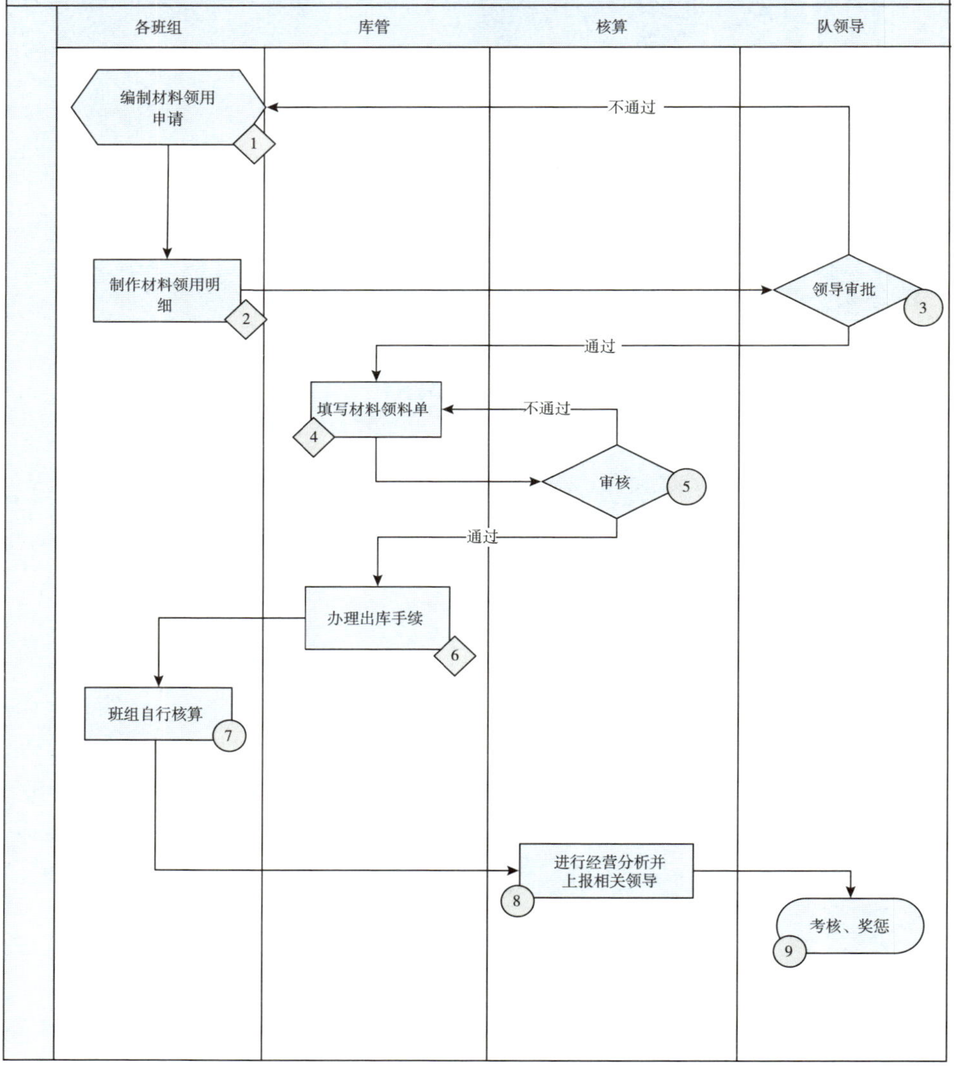

环卫绿化队材料领用核算流程控制矩阵

单位名称	生产服务中心		流程名称	环卫绿化队材料领用核算流程	流程编号	—		
控制目标	把好材料领用关，做到降本增效的同时确保各项生产任务及时完成							
节点编号	节点目标	是否为关键控制点	风险描述	控制措施	控制证据	责任部门	责任岗位	控制制度/文件
1	编制材料领用申请	否	不根据实际情况制订材料领用计划，影响正常工作	按规定制订材料领用计划	材料领用计划表	洗衣班组	班组长	《生产服务中心内部核算管理办法》
2	制作材料领用明细	否	统计用料数量不准确会耽误生产	申报前做多次确认	材料领用表	洗衣班组	班组长	
3	报送队领导审核批准	是	不确定材料明细会造成不必要的浪费	确定材料领用名细与数量	材料领用明细表	队领导	队领导	
4	填写材料领用单	否	不填写材料领用单不能及时领取材料，会影响生产	认真填写材料领用单	材料领用单	环卫绿化队	库管	
5	报队核算员进行审核	是	不认真审核会造成核算与库管账物不符	认真检查材料领用明细，确定领用数量	材料领用明细表	环卫绿化队	核算员	

续表

节点编号	节点目标	是否为关键控制点	风险描述	控制措施	控制证据	责任部门	责任岗位	控制制度/文件
6	认真办理出库手续	否	领料单填写错误，造成核算及其库存出现错误	库管对照领料单确认材料数量	出库单	环卫绿化队	库管	《生产服务中心内部核算管理办法》
7	班组自行核算	是	未进行对照与核算会造成领用明细与实物不相符	认真对照并核算领料单	领料单	洗衣班	班组长	
8	核算员准确核算做经营分析报告	是	不认真核算则不能准确算出每个班组所消耗材料，无法进行成本核算	核算员认真细致核算，确保准确无误	班组经济核算表	环卫绿化队	核算员	
9	年终队内进行统一考核、奖惩	是	不进行年终考核、奖惩，无法提高班组节能降耗的积极性	公平、公正做出年终考核与奖惩工作	经营分析	环卫绿化队	队领导	

10. 班组修旧利废管理流程

企业名称	1.班组修旧利废项目清单信息全面准确 2.班组修旧利废项目必须从班组生产实际出发，确定修旧利废项目 3–5.修旧利废项目要达到节约成本的目的 6.根据配件的损坏程度进行合理的修旧利废
单位名称：生产服务中心	
流程编号：一	

班组修旧利废管理流程

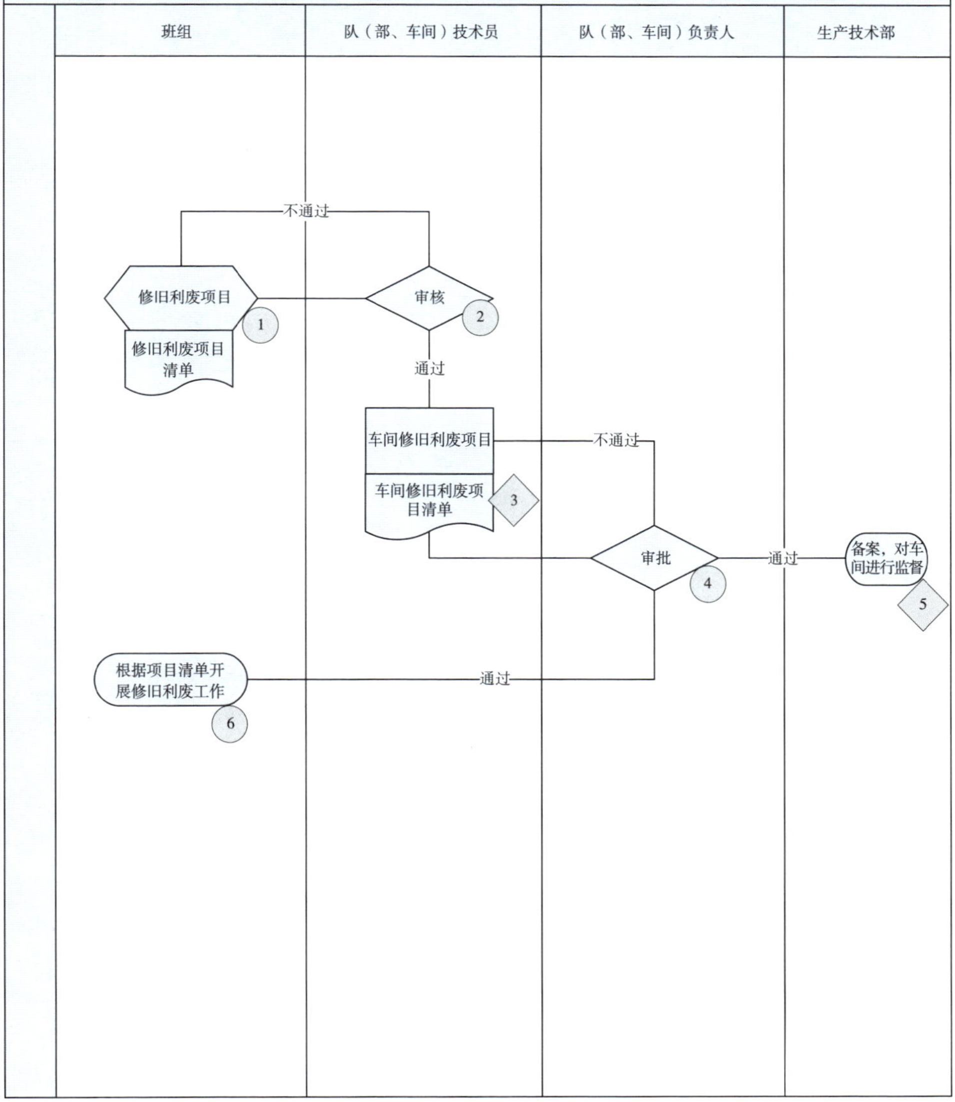

班组修旧利废管理流程控制矩阵

单位名称	生产服务中心		流程名称	班组修旧利废管理流程	流程编号	—		
控制目标	班组维修创新、修旧利废项目从实际出发，减少成本发生							
节点编号	节点目标	是否为关键控制点	风险描述	控制措施	控制证据	责任单位	责任岗位	控制制度/文件
1	班组正确确定修旧利废项目	是	未根据班组生产实际申报修旧利废项目，可能导致浪费可修复配件或增加生产成本	充分考虑班组生产中可修旧利废物件的情况	修旧利废项目清单	班组	班组长	《生产服务中心修旧利废管理办法》
2	申请要切合实际，杜绝虚假项目	是	申请不切合实际，可能导致成本费用超支	全面考虑班组生产任务、设备状况及车间预算	修旧利废项目清单	队、车间	技术员/核算员	
3	详细验收修旧利废项目	否	未根据车间生产任务做申请，可能导致生产任务无法完成或生产成本增加	充分验证修旧利废项目的可行性	修旧利废项目清单	队、车间	技术员/核算员	
4	申请要切合实际，杜绝虚假项目	是	申请不切合实际，可能导致配件浪费或成本费用超支	全面考虑车间生产任务、设备状况	修旧利废项目清单	队、车间	车间负责人	

续表

节点编号	节点目标	是否为关键控制点	风险描述	控制措施	控制证据	责任单位	责任岗位	控制制度/文件
5	使班组修旧利废项目规范化	否	导致班组修旧利废失去真实性	信息、数据统计全面、准确、真实	修旧利废项目清单	班组	班组长	
6	班组根据项目清单开展修旧利废，节约成本	是	未开展修旧利废项目，可能导致存在问题无法及时发现，从而浪费成本	1. 做好班组修旧利废项目及分析 2. 及时发现班组实际修旧利废过程中存在的问题，采取相应的防范措施，确保不浪费成本费用	修旧利废项目清单	班组	班组长	《生产服务中心修旧利废管理办法》

11. 班组废旧物资管理流程

企业名称	1.检修换下的废旧件要遵循交旧领新的要求认真回收,并及时建立台账 2. 回收的废旧物资要及时交往队（车间）进行集中存放，配合队（车间）废旧物资管理人员做好相关记录工作
单位名称：生产服务中心 流程编号：一	3–6.准确鉴定是否存在修复再利用价值，或是否可拆解后用于修旧利废工作
班组废旧物资管理流程	

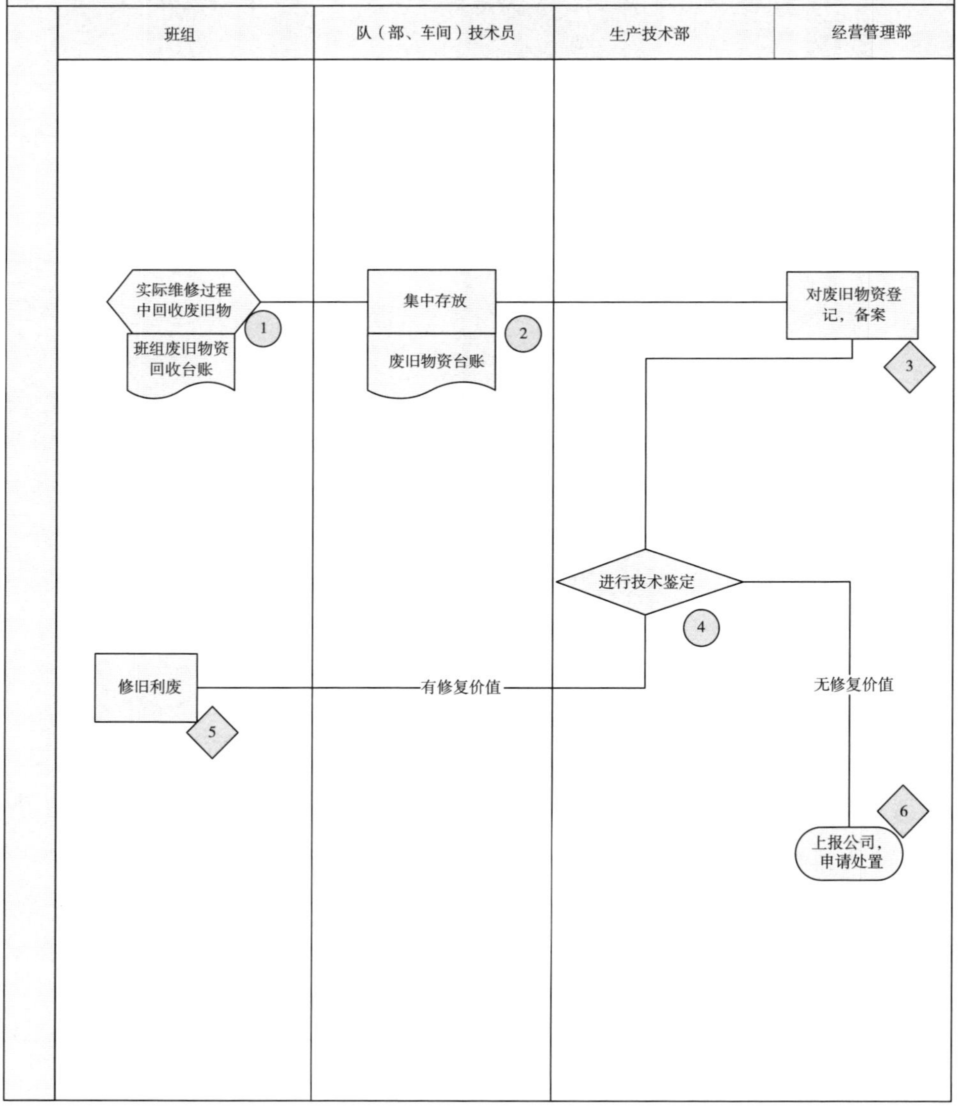

班组废旧物资管理流程控制矩阵

单位名称	生产服务中心		流程名称	班组废旧物资管理流程		流程编号	—	
控制目标	防止废旧物资流失，准确鉴定有无修复利用价值							
节点编号	节点目标	是否为关键控制点	风险描述	控制措施	控制证据	责任单位	责任岗位	控制制度/文件
1	合理回收，按类分配，建立台账	是	旧物资堆积，影响正常生产	一旦产生废旧物资，及时回收	废旧物资回收台账	班组	班组长	《生产服务中心旧物资管理办法》
2	集中存放，统一管理，建立台账	是	回收不切合实际，可能导致生产受到影响	全面考虑班组生产任务	废旧物资回收台账	队（车间）	保管员	
3	对废旧物资进行监督控制	否	废旧物资去向不明	做好监督、控制工作	废旧物资回收台账	经营管理部	经营管理部负责人	
4	回收要切合实际，杜绝浪费	是	回收不切合实际，可能导致浪费	从实际出发，全面考虑生产任务、设备状况	生产任务单	生产技术部、经营管理部、队	生产技术部、经营管理部、队相关人员	
5	修旧利废	否	浪费，成本增加	做好废物回收记录	废旧物资回收台账	班组	班组长	
6	按照公司处置流程，合理处置	否	可能导致废旧物资去向不明	做好记录、监督、检查考核	废旧物资回收台账	经营管理部	经营管理部负责人	

第二章　班组经济管理的监督检查

本章重点

1. 理解班组经济管理的监督检查内容
2. 掌握班组经济管理的检查方法
3. 了解不同类型企业班组经济管理检查模板

【案例引导】

某综合能源企业一直以来，不断出现一些管理问题和涉及生产安全的风险，特别是在基层班组经济管理环节。例如，在某月的经济分析会上，某班组对当月发生的设备损坏行为进行了分析，认为不是属于工人操作的问题而是属于设备质量的问题。为此，设备采购维修部门非常为难。企业分管经营工作的领导及时做出决策，要求企业成立由生产、设备、采购、企管、审计等部门组成的联合调查组，请设备维修部门组成专家技术小组，认真比对某设备的各项技术指标，分析提出客观意见。按照联合调查组的意见，最后，企业做出该设备损失责任的明确意见。

问题1：如何开展经济管理方面的监督检查?
问题2：监督检查的标准是什么?

第一节　班组经济管理监督检查及作用

班组经济管理的监督检查主要是指各单位对班组流程控制点实施有效管

控情况的督导和检查。

监督检查是经济管理运行过程中的重要保障手段之一，是广泛动员和组织各级管理人员搞好经营管理工作的一种有效方法，是发现经济管理体系设计、运行缺陷的一个重要途径。

经济管理检查包括上级主管部门组织检查、业务主管部门检查、各单位自行组织检查、单位之间互查、监督部门的检查、以岗位牵制为目的的复核性检查等。

各级管理人员通过组织监督检查，查找不安全因素，解决不安全问题，预防经济领域风险事件的发生，对提高管理人员、关键控制点执行人员的经济安全意识，发挥重要的作用。

公司应当制定经济管理监督检查管理办法，明确规定检查的程序和方法，检查主体职责权限、缺陷等级认定标准等内容。

第二节　班组层面监督检查的程序和方法

班组层面的检查是指公司职能部门对班组业务流程节点管控情况的检查。其目的是保证各控制点的控制措施落实到位，保证经济管理体系有效地落地运行。

班组层面的监督检查，分为全面检查和专项检查两类，全面检查每年至少一次，专项检查视工作需要而定。

检查应当以公司发布实施的班组经济管理操作手册中的检查表为主要依据，通过编制检查工作底稿，采用核对、检查、观察、分析性复核、穿行测试等方法，获取充分适当的检查证据，得出检查结论，出具检查报告。

工作底稿是将一定期间调查搜集得到的资料或计算所得的资料汇集一起，为取得一定数据而进行调整、试算、分析的一种表式，是检查人员工作过程和内容的全面记录和反映。

检查方法包括但不限于核对、实地查验、检查、分析性复核、计算、比较、询问和观察等。询问和观察不能作为检查的唯一方法，仅作为其他检查方法的辅助方法。

检查发现存在问题的，应当形成缺陷汇总表，详细记录缺陷情况，并初步判断缺陷等级或严重程度。

检查人员汇总、整理相关证据资料，与被检查单位进行充分交流、沟通，撰写监督检查报告。

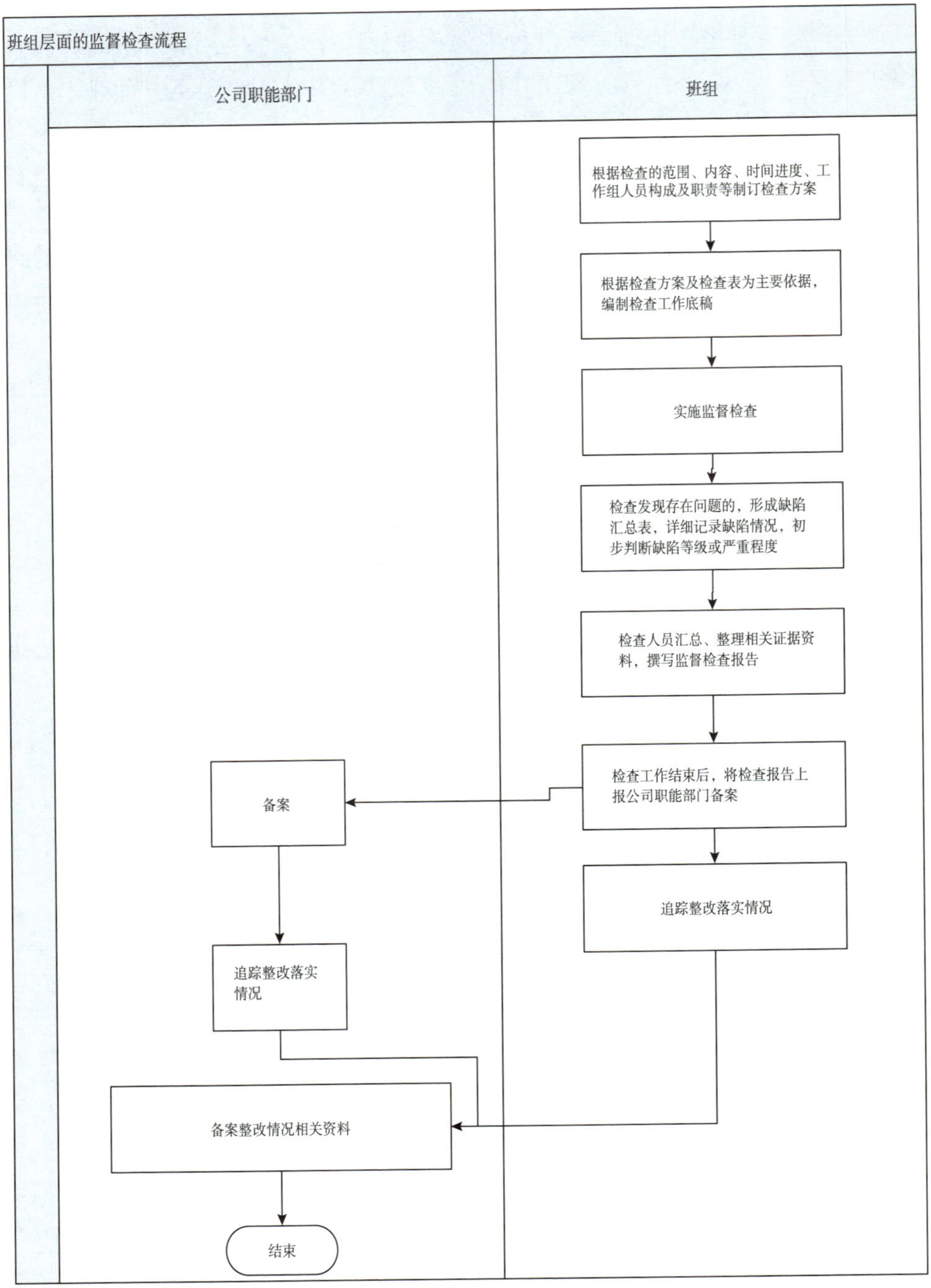
班组层面的监督检查流程
公司职能部门
班组
根据检查的范围、内容、时间进度、工作组人员构成及职责等制订检查方案
根据检查方案及检查表为主要依据，编制检查工作底稿
实施监督检查
检查发现存在问题的，形成缺陷汇总表，详细记录缺陷情况，初步判断缺陷等级或严重程度
检查人员汇总、整理相关证据资料，撰写监督检查报告
检查工作结束后，将检查报告上报公司职能部门备案
备案
追踪整改落实情况
追踪整改落实情况
备案整改情况相关资料
结束

第三节 缺陷等级认定

经济管理检查发现的各类缺陷应当形成缺陷汇总表，并按规定确定缺陷等级。

公司将缺陷分为能用经济损失衡量的缺陷和无法用经济损失衡量的缺陷两类。

（一）能用经济损失衡量的缺陷分级标准

某一控制缺陷造成的损失在考虑补偿性控制措施后，导致的损失金额大于等于重要性水平（重要性水平等于生产单位为全年核定生产成本的1%为重大缺陷）。考虑补偿性措施后，导致损失金额小于重要性水平80%而大于等于重要性水平10%的内部控制缺陷为重要缺陷。其他为一般缺陷。

对某些性质的内部控制缺陷，即使其导致的损失金额小于重要性水平的10%，其缺陷的认定结果也应调高，包括但不限于：

（1）发现班组存在舞弊或者员工存在串谋舞弊情形的；

（2）公司业务主管部门对其主管领域监督无效的；

（3）在财务会计、资产管理、产品质量、安全生产、环境保护等方面发生重大违法违规事件和责任事故，给公司造成不利影响，或者遭受监管部门处罚的；

（4）公司认定的其他情形。

（二）无法用经济损失衡量的缺陷分级标准

对公司经济安全的影响无法用经济损失进行反映，但其对企业经营管理的战略目标、合法合规、资产安全、运营的效率和效果等控制目标实现产生影响的控制缺陷，公司主要依据缺陷涉及业务性质的严重程度、直接或潜在负面影响的性质、影响的范围，同时考虑经理层的意见，确定缺陷的等级。

1. 出现以下情形的认定为重大缺陷

（1）制度或控制措施违反国家法律、法规或规范性文件；

（2）存在可能导致系统性失效的制度缺失；

（3）前期发现的重大缺陷不能得到整改；

（4）出现可能导致单位重大决策失误的统计、分析、报告错误；

（5）在全国性媒体上出现负面新闻；

（6）公司权力机构认定的其他情形。

2. 出现以下情形的认定为重要缺陷

（1）业务处理程序、方法和结果违反国家法律、法规或规范性文件；

（2）领导班子成员违反企业内部规章制度决策程序进行决策；

（3）重要业务制度或系统存在缺陷；

（4）内部控制重要或一般缺陷未得到整改；

（5）出现可能引起单位一般性决策失误的统计、分析、报告错误；

（6）在省级媒体出现负面新闻；

（7）公司认定的其他情形。

不属于重大、重要缺陷的其他控制缺陷作为一般缺陷。

第四节　检查模板

一、煤矿班组经济管理检查模板

1. 爆破班组经济管理检查模板

控制点编号	控制证据	检查内容	是否为关键控制点	控制发生频率	控制执行人	样本量	样本描述	缺陷描述	检查资料索引	检查方法	备注
1	日能源、材料使用计划	爆破技术员是否根据生产任务或年度生产计划，分解能源、材料指标，形成日使用计划	否								
2	日能源、材料使用计划	队长是否严格结合实际情况，审核计划，确保情况符合实际	是								

续表

控制点编号	控制证据	检查内容	是否为关键控制点	控制发生频率	控制执行人	样本量	样本描述	缺陷描述	检查资料索引	检查方法	备注
3	日能源、材料使用计划	工长是否严格结合实际情况，审批计划，确保情况符合实际	是								
4－1	火工品计划单	爆破技术员是否认真勘查现场、分析，根据分析情况报送计划	是								
4－2	出库单	保管员是否根据生产情况，领用能源、材料（非火工品），保管员、领用人是否在领料单或出库单签字确认	是								
5	炸药单	爆破工长每日是否将所需炸药提前告知炸药厂	否								
6	火工品记录单等	1. 炮区负责人是否按矿内部经济核算管理办法及物料领用等相关要求，及时做好原始数据记录并妥善保管 2. 炮区负责人的原始记录是否统一格式，统一计算口径，指标含义是否确切，并有严格的传递、报送程序	是								

续表

控制点编号	控制证据	检查内容	是否为关键控制点	控制发生频率	控制执行人	样本量	样本描述	缺陷描述	检查资料索引	检查方法	备注
6	火工品记录单等	3. 炮区负责人核算工作交接时，交接手续是否清楚，责任是否明确，是否确保资料的衔接顺利 4. 炮区负责人的原始记录如有修改，是否注明原因，且填写人签字 5. 炮区负责人的原始记录是否按期整理归档	是								
7/8/9	火工品记录单等	爆破技术员是否每班统计好各项数据，保证无漏项，数据准确，若发现数据有差异，是否及时与炸药厂进行联系核对	是								
10	各类物资能源消耗台账	1. 爆破技术员统计台账是否做到有层次，指标不重不漏；统计台账、原始记录、统计报表数据吻合，确保指标的系统性和资料的连续性	是								

续表

控制点编号	控制证据	检查内容	是否为关键控制点	控制发生频率	控制执行人	样本量	样本描述	缺陷描述	检查资料索引	检查方法	备注
10	各类物资、能源消耗台账	2. 爆破技术员台账是否做到登记及时，指标完整，台账保管是否由专人负责，做到不转借，不转抄，注意保密	是								
11	物料领用记录、工单等	工长、技术员等是否在每月固定时间（10—15 天），根据原始单据认真核对确认各项材料、能源消耗数据	是								
12/13	班组核算表	核算员是否按照核算方法认真进行班组月度核算，将生产任务、能源、材料、配件等物资消耗准确、真实、及时地反映出来，确保核算资料的真实性、及时性、准确性和完整性，形成	是								

续表

控制点编号	控制证据	检查内容	是否为关键控制点	控制发生频率	控制执行人	样本量	样本描述	缺陷描述	检查资料索引	检查方法	备注
12/13	班组核算表	各队班组月度核算表；是否做好核算报表分析说明，说明本月以及累计产量变动情况，本月以及累计能源、材料消耗情况，实际与计划差异比较大的，是否分析差异原因	是								
14	班组核算表	核算员是否按照核算方法认真进行班组年度核算，将生产任务、能源、材料、配件等物资消耗准确、真实、及时地反映出来，确保核算资料的真实性、及时性、准确性和完整性，形成单机单车核算表；是否做好核算报表分析说明，说明累计产量变动情况，累计能源、材料消耗情况，实际与计划差异比较大的，是否分析差异原因	是								

2. 材料领用核算管理流程检查模板

控制点编号	控制证据	检查内容	是否为关键控制点	控制发生频率	控制执行人	样本量	样本描述	缺陷描述	检查资料索引	检查方法	备注
1-1	工务队设备单机考核记录(包含机电、安全、工程质量);机电报表;电量消耗数据表	工务队技术员是否及时处理洒水车故障与缺陷，加强对加水工及洒水车司机的教育和监督，保证适量加水；是否合理安排组织生产，加强对电铲司机的教育和监督	否								
1-2	ERP系统领用工单	核算员是否严格结合实际情况，填写工单，确保工单情况符合实际	否								
2	ERP系统领用工单	工务队队长是否严格结合实际情况，审批工单，确保工单情况符合实际。	是								
3	ERP系统领用工单	核算员是否严格按领用情况填写工单数量，并认真核对数量，确保工单填写数量与领用数量一致	否								
4	付款凭据	财务部门是否仔细按工单与系统进行核对，并保证内部往来及时清理	是								

续表

控制点编号	控制证据	检查内容	是否为关键控制点	控制发生频率	控制执行人	样本量	样本描述	缺陷描述	检查资料索引	检查方法	备注
5	ERP 系统领用工单 ERP 系统出库单、提油票（穿爆队、采掘队）	核算员是否认真核对矿外单位材料发放数量与工单数量	否								
6	物料领用记录、收货单、工单、矿内加水量表（工务队） 材料发放记录（运输队）	1. 核算员是否按矿内部经济核算管理办法及物料领用等相关要求，及时做好原始数据记录并妥善保管 2. 核算员的原始记录是否统一格式，统一计算口径，指标含义确切，并有严格的传递、报送程序 3. 核算员在核算工作交接时，交接手续是否清楚，责任是否明确，是否确保资料的衔接 4. 办事员对原始记录如有修改，是否注明原因，填写人是否签字 5. 办事员对原始记录是否按期整理归档	是								

续表

控制点编号	控制证据	检查内容	是否为关键控制点	控制发生频率	控制执行人	样本量	样本描述	缺陷描述	检查资料索引	检查方法	备注
7	物料领用记录、矿内加水量表（工务队）	核算员与相关人员是否每日根据原始单据认真核对确认各项材料消耗数据	是								
8	核对记录矿内加水量表(工务队)	核对不一致的，相关人员是否及时与矿外单位联系，核对并确认	是								
9	各类消耗台账	1. 核算员统计台账是否做到有层次，指标不重不漏；统计台账、原始记录、统计报表数据吻合，确保指标的系统性和资料的连续性 2. 核算员对台账是否做到登记及时，指标完整，台账保管是否由专人负责，做到不转借，不转抄，注意保密	是								

续表

控制点编号	控制证据	检查内容	是否为关键控制点	控制发生频率	控制执行人	样本量	样本描述	缺陷描述	检查资料索引	检查方法	备注
10	物料领用记录、收货单、工单、矿内加水量表（工务队）	工长、核算员与相关人员是否在每月固定时间段（10—15天），根据原始单据认真核对确认各项材料消耗数据	是								
11/12	单机核算表	核算员是否按照核算方法认真进行单机单车月度核算，将生产任务、材料消耗准确、真实、及时地反映出来，确保核算资料的真实性、及时性、准确性和完整性，形成单机月度核算表；是否做好核算报表分析说明，说明本月以及累计产量变动情况，本月以及累计材料消耗情况，与计划指标差异以及完成情况，实际与计划差异比较大的，是否分析差异原因	是								

续表

控制点编号	控制证据	检查内容	是否为关键控制点	控制发生频率	控制执行人	样本量	样本描述	缺陷描述	检查资料索引	检查方法	备注
13	单机核算表	核算员是否按照核算方法认真进行单机年度核算，将生产任务、材料消耗准确、真实、及时地反映出来，确保核算资料的真实性、及时性、准确性和完整性，形成单机核算表；是否做好核算报表分析说明，根据年初责任状及“五型企业”考核办法中的计划指标进行比较，说明累计产量变动情况，累计材料消耗情况，与计划指标差异以及完成情况，实际与计划差异比较大的，是否分析差异原因	是								

3. 柴油核算流程检查模板

控制点编号	控制证据	检查内容	是否为关键控制点	控制发生频率	控制执行人	样本量	样本描述	缺陷描述	检查资料索引	检查方法	备注
1	提油单	油槽班工长是否严格结合实际情况，确保柴油储备情况符合生产实际需要	否								

续表

控制点编号	控制证据	检查内容	是否为关键控制点	控制发生频率	控制执行人	样本量	样本描述	缺陷描述	检查资料索引	检查方法	备注
2	出库单	供应处付油员是否严格执行柴油领用制度	否								
3	提油单、出库单	油槽班工长是否严格执行柴油领用制度	是								
4	柴油领用单	加油车司机是否严格执行柴油领用制度	是								
5	提油单、柴油领用单	油槽班工长是否严格执行柴油领用制度，查明原因	是								
6	提油单、柴油领用单	核算员是否严格执行柴油领用制度，查明原因	是								
7	提油单、柴油领用单	核算员是否严格结合实际情况，填写工单，确保工单情况符合实际	否								
8	ERP 计划审批	机电管理部经理是否严格结合实际情况，核实柴油数量	是								

续表

控制点编号	控制证据	检查内容	是否为关键控制点	控制发生频率	控制执行人	样本量	样本描述	缺陷描述	检查资料索引	检查方法	备注
9	付款凭据	财务部门是否仔细按工单与系统进行核对，并保证内部往来及时清理	是								
10/11/12	单机核算表、成本控制奖罚记录	核算员是否按照核算方法认真进行机组月度核算，将生产任务和柴油消耗准确、真实、及时地反映出来，确保核算资料的真实性、及时性、准确性和完整性，形成单机月度核算表；是否做好核算报表分析说明，说明本月以及累计产量变动情况，本月以及累计柴油消耗情况，与计划指标差异以及完成情况，实际与计划差异比较大的，是否分析差异原因	是								

续表

控制点编号	控制证据	检查内容	是否为关键控制点	控制发生频率	控制执行人	样本量	样本描述	缺陷描述	检查资料索引	检查方法	备注
13	单机核算表	核算员是否按照核算方法认真进行单机年度核算，将生产任务和柴油消耗准确、真实、及时地反映出来，确保核算资料的真实性、及时性、准确性和完整性，形成单机核算表；是否做好核算报表分析说明，根据年初责任状及“五型企业”考核办法中的计划指标进行比较，说明累计产量变动情况，累计柴油消耗情况，与计划指标差异以及完成情况，实际与计划差异比较大的，是否分析差异原因	否								

4. 轮胎核算流程检查模板

控制点编号	控制证据	检查内容	是否为关键控制点	控制发生频率	控制执行人	样本量	样本描述	缺陷描述	检查资料索引	检查方法	备注
1	申请证明	技术员是否严格结合实际情况，提出申请，确保现场轮胎储备情况符合生产需要	否								

续表

控制点编号	控制证据	检查内容	是否为关键控制点	控制发生频率	控制执行人	样本量	样本描述	缺陷描述	检查资料索引	检查方法	备注
2	申请证明	技术员是否严格结合实际情况，核实好申请数量，确保现场轮胎储备情况符合生产需要	是								
3	ERP计划	核算员是否严格结合实际情况，填写工单，确保工单情况符合实际	否								
4	ERP计划审批	机电管理部经理是否严格结合实际情况，审批工单，确保工单情况符合实际	是								
5	ERP工单	核算员是否严格执行计划，并认真核对数量	否								
6	付款凭据	财务部门是否仔细按工单与系统进行核对，并保证内部往来及时清理	是								
7	ERP工单	技术员是否严格执行计划，并认真核对数量	否								

续表

控制点编号	控制证据	检查内容	是否为关键控制点	控制发生频率	控制执行人	样本量	样本描述	缺陷描述	检查资料索引	检查方法	备注
8	轮胎领用明细	技术员是否认真核对轮胎数量	是								
9	轮胎领用明细	技术员是否合理安排存放位置，便于查点数量	否								
10	轮胎记录	技术员是否严格执行轮胎记录管理办法	是								
11	轮胎领用明细	技术员是否做好领用记录和发放记录	是								
12	核对记录	核对不一致的，使用人是否及时与轮胎车间、供应处联系，核对并确认	是								
13	轮胎台账	技术员是否建立好材料消耗台账，账目清晰	是								
14/15/16	单机单车核算表、成本控制奖罚记录	核算员是否按照核算方法认真进行单机单车月度核算，将生产任务、能源等物资消耗准确、真实、及时地反映出来，确保核算资料的真实性、及时性、准确性和完整性，形成各队单机单	是								

续表

控制点编号	控制证据	检查内容	是否为关键控制点	控制发生频率	控制执行人	样本量	样本描述	缺陷描述	检查资料索引	检查方法	备注
14/15/16	单机单车核算表、成本控制奖罚记录	车月度核算表；是否做好核算报表分析说明，说明本月以及累计产量变动情况，本月以及累计能源、材料消耗情况，与计划指标差异以及完成情况，实际与计划差异比较大的，是否分析差异原因	是								
17	单机单车核算表	核算员是否按照核算方法认真进行单机单车年度核算，将生产任务、能源等物资消耗准确、真实、及时地反映出来，确保核算资料的真实性、及时性、准确性和完整性，形成单机单车核算表；是否做好核算报表分析说明，根据年初责任状及“五型企业”考核办法中的计划指标进行比较，说明累计产量变动情况，累计能源、材料消耗情况，与计划指标差异以及完成情况，实际与计划差异比较大的，是否分析差异原因	是								

续表

控制点编号	控制证据	检查内容	是否为关键控制点	控制发生频率	控制执行人	样本量	样本描述	缺陷描述	检查资料索引	检查方法	备注
18	抽查存档资料	内部核算员是否按要求及时对报告进行核算	是								

5. 洒水核算流程检查模板

控制点编号	控制证据	检查内容	是否为关键控制点	控制发生频率	控制执行人	样本量	样本描述	缺陷描述	检查资料索引	检查方法	备注
1	抽查存档资料	队长、工长、司机是否准确接收指令，核实好所接收的指令	否								
2	水量报表	司机是否对水车水量判断准确	否								
3	水量报表	司机加水时是否对准水鹤，及时联系关闭阀门	否								
4	水量报表	工长、司机是否按照规定进行洒水作业	否								
5	水量报表	工长、司机是否做好相关记录	是								

续表

控制点编号	控制证据	检查内容	是否为关键控制点	控制发生频率	控制执行人	样本量	样本描述	缺陷描述	检查资料索引	检查方法	备注
6	水量报表	核算员是否及时对水量报表进行审核	是								
7	水量报表	核算员是否认真、准确地核对，出现错误及时更正	是								
8	抽查存档资料	内部核算员是否及时准确地对水量报表进行核算	是								

6. 供电检修班组核算管理流程检查模板

控制点编号	控制证据	检查内容	是否为关键控制点	控制发生频率	控制执行人	样本量	样本描述	缺陷描述	检查资料索引	检查方法	备注
1	日能源、材料使用计划	工长是否根据生产任务或年度生产计划，分解能源、材料指标，形成日使用计划	否								
2	ERP 审批流程	工长是否与队领导及时沟通	是								
3	ERP 审批流程	队领导是否与矿分管领导及时沟通	否								

续表

控制点编号	控制证据	检查内容	是否为关键控制点	控制发生频率	控制执行人	样本量	样本描述	缺陷描述	检查资料索引	检查方法	备注
4	柴油计划	工长是否认真计划生产需求，实时分析，根据分析情况报送计划	是								
5	柴油计划	工长是否计划合理准确，保证油车司机柴油数量	否								
6	工单	核算员是否根据班组材料能源计划填制工单	否								
7	付款凭据	财务部门是否仔细按工单与系统进行核对，并保证内部往来及时清理	是								
8	工单、出库单	供应处保管员是否做好原始记录	否								
9	工单、收货单	根据生产情况，领用材料（非柴油），保管员、领用人是否在领料单或出库单签字确认	是								
10	材料领用单	班组是否根据生产情况，领用材料（非柴油），保管员、领用人是否在领料单或出库单签字确认，形成使用记录	是								

续表

控制点编号	控制证据	检查内容	是否为关键控制点	控制发生频率	控制执行人	样本量	样本描述	缺陷描述	检查资料索引	检查方法	备注
11	出库单、加油记录单	每班库管员是否统计好各项数据，保证无漏项，数据准确，若发现数据有差异，及时进行联系核对	是								
12	各类物资、能源消耗台账	1. 核算员统计台账是否做到有层次，指标不重不漏；统计台账、原始记录、统计报表数据吻合，确保指标的系统性和资料的连续性 2. 核算员对台账登记是否及时、指标完整，台账保管是否由专人负责，做到不转借，不转抄，注意保密	是								
13/14	物料领用记录等	工长、核算员等是否在每月固定时间（10—15 天），根据原始单据认真核对确认各项材料、能源消耗数据	是								

续表

控制点编号	控制证据	检查内容	是否为关键控制点	控制发生频率	控制执行人	样本量	样本描述	缺陷描述	检查资料索引	检查方法	备注
15/16	核算表	工长是否按照核算方法认真进行班组月度核算，将生产任务、能源、材料、配件等物资消耗准确、真实、及时地反映出来，确保核算资料的真实性、及时性、准确性和完整性，形成各队班组月度核算表；是否做好核算报表分析说明，说明本月以及累计产量变动情况，本月以及累计能源、材料消耗情况，实际与计划差异比较大的，是否分析差异原因	是								
17	核算表	核算员是否按照核算方法认真进行班组年度核算，将生产任务、能源、材料、配件等物资消耗准确、真实、及时地反映出来，确保核算资料的真实性、及时性、准确性和完整性，形成单机单车核算表；是否做好核算报表分析说明，说明累计产量变动情况，累计能源、材料消耗情况，实际与计划差异比较大的，是否分析差异原因	是								

7. 班组修旧利废管理流程检查模板

控制点编号	控制证据	检查内容	是否为关键控制点	控制发生频率	控制执行人	样本量	样本描述	缺陷描述	检查资料索引	检查方法	备注
1	修旧利废项目清单	工长是否充分考虑班组生产中可修旧利废物件的情况	是								
2	修旧利废项目清单	技术员是否全面考虑生产现场电缆使用需求及供电队预算	是								
3	修旧利废项目清单	技术员是否充分考虑供电队生产中可能产生的成本费用发生情况	否								
4	修旧利废项目清单	供电队负责人是否全面考虑供电队生产任务及供电队预算	是								
5	修补电缆统计表、电缆修补原始记录	供电主管是否对信息、数据统计全面、准确、真实	否								
6	修旧利废项目清单	1. 工长是否做好班组修旧利废项目及分析 2. 工长是否及时发现班组实际修旧利废过程中存在的问题，采取相应的防范措施，确保不浪费成本费用	是								

续表

控制点编号	控制证据	检查内容	是否为关键控制点	控制发生频率	控制执行人	样本量	样本描述	缺陷描述	检查资料索引	检查方法	备注
7	考核结果	技术员是否对班组修旧利废项目及分析进行考核，及时提出合理化建议节约成本，合理地给出奖励措施	否								

8. 班组核算管理流程检查模板

控制点编号	控制证据	检查内容	是否为关键控制点	控制发生频率	控制执行人	样本量	样本描述	缺陷描述	检查资料索引	检查方法	备注
1	班组预算报表	班组长是否充分考虑班组维修中可能产生的成本费用发生情况，编制班组预算报表	否								
2	班组预算报表（签字审核）	技术员是否全面考虑班组生产任务、设备状况及车间预算，并在班组预算报表上签字确认	是								
3	车间预算报表	技术员是否充分考虑车间生产中可能产生的成本费用发生情况，并在班组预算报表上签字确认	否								

续表

控制点编号	控制证据	检查内容	是否为关键控制点	控制发生频率	控制执行人	样本量	样本描述	缺陷描述	检查资料索引	检查方法	备注
4	车间预算报表（签字审批）	车间负责人是否全面考虑车间生产任务、设备状况及中心预算，并对班组预算报表进行审批	是								
5	保养日志/故障维修日志	1. 班组长是否做好班组保养、故障维修日志 2. 班组长是否做好班组保养、故障维修日志相关信息、数据的统计工作	是								
6	班组核算报表及分析	1. 班组长是否做好班组核算及分析工作 2. 班组长是否及时发现班组实际生产中存在的问题，采取相应的防范措施，确保不浪费成本费用	是								
7－1	考核结果	班组长是否对班组核算及分析进行考核，及时提出合理化建议节约成本	是								

续表

控制点编号	控制证据	检查内容	是否为关键控制点	控制发生频率	控制执行人	样本量	样本描述	缺陷描述	检查资料索引	检查方法	备注
7-2	考核结果	技术员是否对班组核算及分析进行考核，及时提出合理化建议节约成本	是								
7-3	考核结果	会计是否对班组核算及车间月度分析进行考核，及时提出合理化建议节约成本	是								
8	考核结果	班组长是否对班组核算及分析进行个人考核兑现，及时提出合理化建议节约成本	否								

9. 班组单机核算管理流程检查模板

控制点编号	控制证据	检查内容	是否为关键控制点	控制发生频率	控制执行人	样本量	样本描述	缺陷描述	检查资料索引	检查方法	备注
1	班组预算报表	班组长是否充分考虑班组生产中可能产生的成本费用发生情况，编制班组预算报表	否								

续表

控制点编号	控制证据	检查内容	是否为关键控制点	控制发生频率	控制执行人	样本量	样本描述	缺陷描述	检查资料索引	检查方法	备注
2	班组预算报表（签字审核）	技术员是否全面考虑班组生产任务、设备状况及车间预算，并在班组预算报表上签字确认	是								
3	车间预算报表	技术员是否充分考虑车间生产中可能产生的成本费用发生情况，并在班组预算报表上签字确认	否								
4	车间预算报表（签字审批）	车间负责人是否全面考虑车间生产任务、设备状况及中心预算，对预算进行审批	是								
5	保养日志/故障维修日志	1. 班组长是否做好班组保养、故障维修日志 2. 班组长是否做好班组保养、故障维修日志相关信息、数据的统计工作	是								

续表

控制点编号	控制证据	检查内容	是否为关键控制点	控制发生频率	控制执行人	样本量	样本描述	缺陷描述	检查资料索引	检查方法	备注
6	班组核算报表及分析	1. 班组长是否做好班组核算及分析 2. 班组长是否及时发现班组实际生产中存在的问题，采取相应的防范措施，确保不浪费成本费用	是								
7-1	单机核算报表	1. 班组长是否做好班组核算及分析工作 2. 班组长是否及时发现班组实际生产中存在的问题，采取相应的防范措施，确保不浪费成本费用	是								
7-2	单机核算报表	技术员是否对班组核算及分析进行考核，及时提出合理化建议节约成本	是								
7-3	年度效能分析结果	会计是否对班组核算及分析进行考核，及时提出合理化建议节约成本	是								

10. 班组材料配件领用管理流程检查模板

控制点编号	控制证据	检查内容	是否为关键控制点	控制发生频率	控制执行人	样本量	样本描述	缺陷描述	检查资料索引	检查方法	备注
1	旧件	班组长是否充分考虑班组生产中可能产生可使用旧件的成本费用，增加成本支出	否								
2	交旧领新台账	技术员是否全面考虑班组生产任务、设备状况及车间预算，交旧件，并登记交旧领新台账	是								
3	材料配件领用申请	班组长是否充分考虑车间生产中可能产生的成本费用发生情况，填制材料配件领用申请单	是								
4	材料配件领用申请	车间负责人是否全面考虑车间生产任务、设备状况及中心预算，对材料配件领用申请进行审核	是								
5	ERP 领料申请单	车间负责人是否对信息、数据统计全面、准确、真实审核	否								

续表

控制点编号	控制证据	检查内容	是否为关键控制点	控制发生频率	控制执行人	样本量	样本描述	缺陷描述	检查资料索引	检查方法	备注
6	ERP领料申请单	1. 班组长是否做好班组核算及分析 2. 班组长是否及时发现班组实际生产中存在的问题，采取相应的防范措施，确保不浪费成本费用	是								
7	材料配件	技术员是否对班组核算及分析进行考核，是否及时提出合理化建议节约成本	否								

11. 班组修旧利废管理流程检查模板

控制点编号	控制证据	检查内容	是否为关键控制点	控制发生频率	控制执行人	样本量	样本描述	缺陷描述	检查资料索引	检查方法	备注
1	修旧利废项目清单	班组长是否充分考虑班组生产中可修旧利废物件的情况，编制修旧利废项目清单	是								

续表

控制点编号	控制证据	检查内容	是否为关键控制点	控制发生频率	控制执行人	样本量	样本描述	缺陷描述	检查资料索引	检查方法	备注
2	修旧利废项目清单	技术员是否全面考虑班组生产任务、设备状况及车间预算，对修旧利废项目清单进行审核	是								
3	修旧利废项目清单	技术员是否充分考虑车间生产中可能产生的成本费用发生情况，对修旧利废项目清单进行审核	否								
4	修旧利废项目清单	车间负责人是否全面考虑车间生产任务、设备状况及中心预算，对修旧利废项目清单进行审核	是								
5	修旧利废项目清单	班组长对信息和数据统计全面、准确、真实负责	否								
6	修旧利废项目清单	1. 班组长是否做好班组修旧利废项目及分析 2. 班组长是否及时发现班组实际修旧利废过程中存在的问题，采取相应的防范措施，确保不浪费成本费用	是								

续表

控制点编号	控制证据	检查内容	是否为关键控制点	控制发生频率	控制执行人	样本量	样本描述	缺陷描述	检查资料索引	检查方法	备注
7	考核结果	技术员是否对班组修旧利废项目及分析进行考核，及时提出合理化建议节约成本，合理地给出奖励措施	否								

12. 班组废旧物资管理流程检查模板

控制点编号	控制证据	检查内容	是否为关键控制点	控制发生频率	控制执行人	样本量	样本描述	缺陷描述	检查资料索引	检查方法	备注
1	废旧物资回收台账	班组生产中一旦产生废旧物资，班组长是否及时回收废旧物资，并登记台账	是								
2	废旧物资回收台账	技术员是否全面考虑班组生产任务及车间预算，检查台账登记情况	是								
3	废旧物资回收台账	企管部负责人是否做好监督，考核	否								

续表

控制点编号	控制证据	检查内容	是否为关键控制点	控制发生频率	控制执行人	样本量	样本描述	缺陷描述	检查资料索引	检查方法	备注
4	车间预算报表（签字审批）	技术员是否全面考虑车间生产任务、设备状况及中心预算，对车间预算报表进行审批	是								
5	废旧物资回收台账	班组长是否做好废物回收记录	否								
6	废旧物资回收台账	企管部负责人是否做好记录、监督，检查考核工作	否								

二、电力公司班组经济管理检查模板

1. 运行部厂用电调整控制管理检查模板

控制点编号	控制证据	检查内容	是否为关键控制点	控制发生频率	控制执行人	样本量	样本描述	缺陷描述	检查资料索引	检查方法	备注
1	供电系统及方案	专业部长是否审核供电系统及方案合理性	否								

续表

控制点编号	控制证据	检查内容	是否为关键控制点	控制发生频率	控制执行人	样本量	样本描述	缺陷描述	检查资料索引	检查方法	备注
2	缺陷登记记录、校验合格证	1. 电能计量表故障及时登记缺陷联系检修处理 2. 按规定时间对电能计量表进行校验	是								
3	用电系统及方案	专业部长是否审核用电系统及方案合理性	否								
4	机组节电方案分析材料	1. 部长、值长是否执行机组节电方案分析方法 2. 部长、值长是否提供准确的机组参数和数据	是								
5	节电方案审批程序	分管部长是否审核节电方案审批程序合理性	是								
6	节电调整实施方案	值长是否严格实施节电运行调整方案	是								
7	统计存档资料	统计员统计是否正确，存档是否及时	否								

2. 发电运行部燃煤运行调整管理流程检查模板

控制点编号	控制证据	检查内容	是否为关键控制点	控制发生频率	控制执行人	样本量	样本描述	缺陷描述	检查资料索引	检查方法	备注
1	输送煤系统及方案	专业部长审核输送煤系统及方案合理性	否								
2	缺陷登记记录、校验合格证	煤量秤故障及时登记缺陷联系检修处理 按规定时间对煤量秤进行校验	是								
3	运行调整历史记录	1. 依据运行优化调整指导卡 2. 找出经济工况点运行参数，并形成历史记录	是								
4	机组经济工况点分析材料	1. 严格执行机组经济运行工况点分析方法 2. 提供准确的机组参数和数据	是								
5	节煤优化运行方案审批程序	分管部长是否审核节煤优化运行方案审批程序合理可行	是								

续表

控制点编号	控制证据	检查内容	是否为关键控制点	控制发生频率	控制执行人	样本量	样本描述	缺陷描述	检查资料索引	检查方法	备注
6	运行优化调整实施方案	值长是否审核实施优化运行调整方案	是								
7	统计存档资料	统计员统计是否正确，存档是否及时	否								

3. 发电运行部脱硫、脱硝消耗性材料控制管理流程检查模板

控制点编号	控制证据	检查内容	是否为关键控制点	控制发生频率	控制执行人	样本量	样本描述	缺陷描述	检查资料索引	检查方法	备注
1	校验合格证	脱硫班长热工主检储存仓料位计校验是否正常，校验合格的，是否出具校验合格证	否								
2	物料输送系统及方案	专业部长是否审核物料输送系统及方案合理性	否								
3	缺陷登记记录、校验合格证	1. 给料计量表故障及时登记缺陷联系检修处理 2. 按规定时间对给料计量表进行校验	是								

续表

控制点编号	控制证据	检查内容	是否为关键控制点	控制发生频率	控制执行人	样本量	样本描述	缺陷描述	检查资料索引	检查方法	备注
4	运行调整历史记录	主值是否依据环保排放标准调整	否								
5	机组节约方案分析材料	1. 严格执行机组节约方案分析方法 2. 提供准确的机组参数和数据	是								
6	节约调整方案审批程序	分管部长是否节约调整方案审批程序合理可行	是								
7	节约调整方案实施	值长是否严格实施节约调整方案	是								
8	统计存档资料	统计员统计是否正确，存档是否及时	否								

4. 设备检修部物资领用管理流程检查模板

控制点编号	控制证据	检查内容	是否为关键控制点	控制发生频率	控制执行人	样本量	样本描述	缺陷描述	检查资料索引	检查方法	备注
1	领　料申请单	领料申请人是否正确填写领料申请单上物资的数量、规格型号和使用方向	否								

续表

控制点编号	控制证据	检查内容	是否为关键控制点	控制发生频率	控制执行人	样本量	样本描述	缺陷描述	检查资料索引	检查方法	备注
2	ERP系统中批准	各专业负责人是否依据《物资领用管理标准》对领料申请单上物资的数量、规格型号和使用方向进行审核	是								
3	ERP系统中批准	1. 部门负责人依据《物资领用管理标准》和当月资金计划，对领料申请单上物资的数量、规格型号和使用方向进行审批 2. 部门负责人根据各专业库存，对领料申请单上物资的数量、规格型号和使用方向进行审批	是								
4	领料申请单	库房管理员是否对照领料申请单核对物资实际数量，进行发放	否								
5	材料入库单上签字	库房管理员是否对照领料申请单核对物资实际数量，进行登记入库	否								

续表

控制点编号	控制证据	检查内容	是否为关键控制点	控制发生频率	控制执行人	样本量	样本描述	缺陷描述	检查资料索引	检查方法	备注
6	领料申请单签字	领料申请人是否正确填写领料申请单上物资的数量、规格型号和使用方向	否								
7	材料出库单上签字	各专业负责人依据《物资领用管理标准》和工作量对材料出库单上物资的数量、规格型号和使用方向进行审批	是								
8	检修记录	工作负责人是否使用正确的检修工艺，防止物资损坏；适量使用，不浪费	否								
9	月度经济分析记录	各专业统计人员是否依据《班组经济核算管理标准》全面统计，准确分析	是								
10	月度经济分析记录	部门统计人员是否依据《班组经济核算管理标准》全面、准确统计	是								

5. 发电运行部生产用水调整管理流程检查模板

控制点编号	控制证据	检查内容	是否为关键控制点	控制发生频率	控制执行人	样本量	样本描述	缺陷描述	检查资料索引	检查方法	备注
1	供水系统及方案	专业部长是否审核供水系统及方案合理性	否								
2	缺陷登记记录、校验合格证	值长是否对流量计故障及时登记缺陷并联系检修处理	是								
3	用水系统及方案	专业部长是否审核用水系统及方案合理性	否								
4	机组节水方案分析材料	1. 部长、值长是否严格执行机组节水方案分析方法 2. 主值是否提供准确的机组参数和数据	是								
5	节水运行方案审批程序	分管部长是否审核节水运行方案、审批程序合理性	是								
6	节水调整实施方案	值长主值是否严格实施节水运行调整方案	是								
7	统计存档资料	统计员统计是否正确，存档是否及时	否								

6. 值际指标竞赛考核管理流程检查模板

控制点编号	控制证据	检查内容	是否为关键控制点	控制发生频率	控制执行人	样本量	样本描述	缺陷描述	检查资料索引	检查方法	备注
1	小指标统计报表	1. 值长严格执行小指标考核管理制度 2. 值长负责监督管理	是								
2	小指标统计报表	1. 值长严格执行小指标考核管理制度 2. 值长负责监督管理	否								
3	小指标竞赛月度报表	1. 统计员是否严格执行小指标考核管理制度 2. 发电部部长负责监督管理	否								
4	小指标竞赛月度报表	1. 统计员是否严格执行小指标考核管理制度 2. 发电部部长负责监督管理	是								
5	运行调整措施方案、奖金分配方案	1. 值长严格执行小指标考核管理制度 2. 发电部部长、副部长、值长负责监督管理	是								
6	运行调整实施方案	1. 值长严格执行小指标考核管理制度 2. 发电部部长、副部长、值长负责监督管理	是								

续表

控制点编号	控制证据	检查内容	是否为关键控制点	控制发生频率	控制执行人	样本量	样本描述	缺陷描述	检查资料索引	检查方法	备注
7	奖金分配表	分管部长是否严格执行值际指标竞赛奖金分配方案	否								
8	奖金分配方案审批程序	分管部长是否审核奖金分配方案、审批程序合理性	是								
9	班务公开档案	分管部长、值长是否对值际指标竞赛结果进行班务公开	否								

7. 班组废旧物资管理流程检查模板

控制点编号	控制证据	检查内容	是否为关键控制点	控制发生频率	控制执行人	样本量	样本描述	缺陷描述	检查资料索引	检查方法	备注
1	废旧物资回收台账	班组长是否根据回收的废旧物资，及时登记废旧物资回收台账	否								
2	物资报废申请单	部门负责人审核废旧物资分类是否正确，物资报废申请单是否填报准确	是								
3	物资报废申请单	部门负责人对物资是否具有修复利用价值的判定进行审核	是								

续表

控制点编号	控制证据	检查内容	是否为关键控制点	控制发生频率	控制执行人	样本量	样本描述	缺陷描述	检查资料索引	检查方法	备注
4	物资报废申请单	副经理是否对修复利用价值的判定结果进行核实	是								
5	报废申请	会计申报内容是否正确	是								

8. 班组修旧利废管理流程检查模板

控制点编号	控制证据	检查内容	是否为关键控制点	控制发生频率	控制执行人	样本量	样本描述	缺陷描述	检查资料索引	检查方法	备注
1	修旧利废审报表	主管充分考虑专业生产中可修旧利废物件的情况后，填报修旧利废审报表	是								
2－3	修旧利废审报表	负责人全面考虑专业生产任务、设备状况及预算，对修旧利废审报表进行审核	是								
4－5	修旧利废审报表	负责人充分考虑生产中可能产生的成本费用发生情况，对修旧利废审报表进行审核	是								

续表

控制点编号	控制证据	检查内容	是否为关键控制点	控制发生频率	控制执行人	样本量	样本描述	缺陷描述	检查资料索引	检查方法	备注
6	修旧利废审报表	1. 主管做好专业修旧利废项目及分析 2. 及时发现专业实际修旧利废过程中存在的问题，采取相应的防范措施，确保不浪费成本费用	是								
7	修旧利废审报表	负责人信息和数据统计全面、准确、真实	否								
8	修旧利废审报表	评审组是否对每项修旧利废项目进行评定	否								
9	考核、奖励结果	负责人对专业修旧利废项目及分析进行考核，及时提出合理化建议节约成本，合理地给出奖励措施	否								

三、铁路公司班组经济管理检查模板

1. 车务段材料领用、发放检查模板

控制点编号	控制证据	检查内容	是否为关键控制点	控制发生频率	控制执行人	样本量	样本描述	缺陷描述	检查资料索引	检查方法	备注
1	库存台账	各站室班组要严格根据实际生产情况，对确需补充的材料进行申请需求，杜绝多报浪费等情况的发生	否								
2	库存台账	站室负责人及材料员对班组上报的材料需求，要实地证实是否真实需要，坚决遏制虚报、多报现象的发生	是								
3	最近一次领料记录	段材料员要根据各站室实际情况，严格审核材料需求计划，杜绝一切虚报、多报现象的发生	是								
4	当次需求计划	段材料员要严格按照站室申请的材料实际需求来编制需求计划，严控成本费用及储备资金超额超限	否								
5	经营科提供申领记录	段领导要严把审核关，杜绝不合理需求计划的提报，以及成本费用的超支	是								

续表

控制点编号	控制证据	检查内容	是否为关键控制点	控制发生频率	控制执行人	样本量	样本描述	缺陷描述	检查资料索引	检查方法	备注
6	ERP需求计划	分管领导要严把审核关，杜绝不合理需求计划的提报，以及成本费用的超支	是								
7	入库单	材料需求计划审批完成后，材料到货是否及时入库	否								
8	领料申请单	段材料员接到到货通知后及时编制领料申请单，及时领用发放材料，确保不影响运输生产	否								
9	领料申请单	段材料员应将制作好的领料申请单及时交给驻段保管员，核对好品项、数量后及时领用发放，确保不影响运输生产	否								
10	领料单	驻段保管员应根据领料申请单内容及时发放材料，避免耽误运输生产等情况的发生	否								

续表

控制点编号	控制证据	检查内容	是否为关键控制点	控制发生频率	控制执行人	样本量	样本描述	缺陷描述	检查资料索引	检查方法	备注
11	领料单	材料员接到领用通知及时领用发放，避免班组材料短缺，影响生产情况的发生	是								
12	库存台账	班组应及时将领用的材料配置到所需岗位，避免造成影响安全和运输生产任务等情况的发生	否								
13	材料消耗台账	班组长未及时登记材料消耗台账，易造成材料浪费、流失、数量不准确等情况的发生	否								
14	材料台账	材料员应及时登记材料台账，避免造成材料浪费、流失、数量不准确等情况的发生	否								
15	车务段月经营分析报告	经营科及时对当月各项成本费用发生情况进行考核、分析，对异动指标项进行详细分析，杜绝各站、室、班组的一切超成本计划的支出和不合理支出	是								

2. 机务段机车检修单台核算流程检查模板

控制点编号	控制证据	检查内容	是否为关键控制点	控制发生频率	控制执行人	样本量	样本描述	缺陷描述	检查资料索引	检查方法	备注
1	预报计划单	领料员是否根据生产任务计划，核定单台机车材料指标，形成单台使用计划	否								
2	检修车间单台机车定量表	检修主任是否根据机车修程用料明细严格卡控	否								
3	检修车间单台机车定量表	车间核算员、办事员是否根据单台机车定量调整	是								
4	ERP系统和预报计划单	车间核算员是否进行二次对比	否								
5	段ERP终端审批电子单据	经营科是否设专人进行盯控	否								
6	出库单或领用单	领用材料，领用人在领料单或出库单签字确认	否								
7	出库单或领用单	领料员是否核对材料数量，确认无误后领取	否								

续表

控制点编号	控制证据	检查内容	是否为关键控制点	控制发生频率	控制执行人	样本量	样本描述	缺陷描述	检查资料索引	检查方法	备注
8	班组单台机车核算表/物资消耗台账	1. 按机务段内部经济核算管理办法及物料领用等相关要求，及时做好原始数据记录并妥善保管 2. 原始记录要统一格式，指标准确 3. 原始记录如有修改，需注明原因，且需填写人签字 4. 原始记录要按期整理归档	是								
9－1	班组材料领用台账	是否对照班组材料领用台账进行统计	否								
9－2	物资消耗台账、班组材料领用台账	1. 统计台账、原始记录数据吻合 2. 台账必须做到登记及时，台账保管要由专人负责	是								
10－1	物资消耗台账、班组材料领用台账	工长、领料员等在每月固定时间（25日至28日），根据原始单据认真核对确认各项材料消耗数据	是								

续表

控制点编号	控制证据	检查内容	是否为关键控制点	控制发生频率	控制执行人	样本量	样本描述	缺陷描述	检查资料索引	检查方法	备注
10－2	物资消耗台账、班组材料领用台账	按照核算方法认真进行班组月度核算，确保核算资料的真实性、准确性	是								
11	物资消耗台账及检修车间单台定量表	按照核算方法认真进行单台核算，将材料、配件等物资消耗准确、真实、及时地反映出来，通过奖惩制度激发班组节支降耗活力	是								

3. 工务段材料领用、发放流程检查模板

控制点编号	控制证据	检查内容	是否为关键控制点	控制发生频率	控制执行人	样本量	样本描述	缺陷描述	检查资料索引	检查方法	备注
1	相关负责人签字确认	科学、合理、详细、及时编制物资领用计划，并按通用、专用及养路机械配件分别填写其数量、单位、规格型号等，核对物资计划与所需实际是否相符	是								

续表

控制点编号	控制证据	检查内容	是否为关键控制点	控制发生频率	控制执行人	样本量	样本描述	缺陷描述	检查资料索引	检查方法	备注
2	相关负责人确认签字	区段和核算员要随时掌握各工区材料使用和库存情况，避免统计汇总各工区领用计划时出现重报、多报、虚报和瞒报等情况，确保材料计划的准确性和真实性	是								
3	科目负责人确认签字	生产技术科相关负责人对区段上报的材料领用计划进行详细考察核对，对计划的合理性、真实性和准确性进行认真负责，并设计或施工工艺变更时及时通知工区更改计划，确保领用计划与实际相符	是								
4	ERP上报需求计划	进一步核对材料领用数量规格型号的基础上及时、准确地按分类在ERP系统里上报年度计划、季度计划、月度计划或通用计划、专用计划，并进行跟踪计划，提醒相关审批人员	否								

续表

控制点编号	控制证据	检查内容	是否为关键控制点	控制发生频率	控制执行人	样本量	样本描述	缺陷描述	检查资料索引	检查方法	备注
5	审核	经营管理科材料主管或材料员适当提醒相关领导对 ERP 上报的需求计划及时审核修改，确保材料需求计划真实可靠的同时对计划与实际需求是否相符进行认真审核	是								
6	审核	经营管理科材料主管或材料员适当提醒铁路公司计划审批相关人员，若未能及时审批导致不良后果，相关人员对其进行负责	否								
7	采购	经营管理科材料主管或材料员保持与物资供应处相关采购员进行沟通，确保物资采购及时。若采购不及时导致影响安全生产，物资供应处相关人员对其进行负责	否								

续表

控制点编号	控制证据	检查内容	是否为关键控制点	控制发生频率	控制执行人	样本量	样本描述	缺陷描述	检查资料索引	检查方法	备注
8	领用计划	物资采购回来后经营管理材料员及时按各工区领用数量足额发放给各工区，严格把关，确保发放数量和规格型号准确无误。区段材料员发放物资时材料丢失、损坏或未及时发放到各工区影响安全生产，区段材料员负全部责任	是								
9	材料领用台账	要求工区对发送的物资及时记入相关台账，且将物资分类摆放在仓库货架上，并每月工区自行盘点统计，确保物资账、卡、物相符，避免丢失、损坏等情况出现	否								
10	工区班组核算相关台账记录	按照班组核算管理办法要求班组长严格执行职责，加强班组管理，将工区每天发生的消耗物资及时、准确地填写班组核算相关台账，确保班组核算数据真实有效	是								

续表

控制点编号	控制证据	检查内容	是否为关键控制点	控制发生频率	控制执行人	样本量	样本描述	缺陷描述	检查资料索引	检查方法	备注
11	区段班组核算相关台账记录	区段核算员严格执行班组职责，及时、准确统计汇总各工区上报的班组核算相关台账，每季度对各工区的班组核算计划与实际发生额相对比，并对其进行认真、详细分析	是								
12	相关负责人签字确认	区段材料员对各工区上报的班组核算消耗表进行认真核对，将填写错误的工区及时修正，对瞒报、虚报、漏报的班组核算数据及时补充和修改后上报经营管理科。若未及时核对就上报，区段材料员对其后果负一定责任	否								
13	验收、汇总结果	经营管理科和生产技术科相关人员定期对各区段、工区班组核算情况以及相关班组核算台账填写是否准确、真实和班组核算相关人员是否严格执行各自的岗位职责进行全面、详细的检查考核	是								

续表

控制点编号	控制证据	检查内容	是否为关键控制点	控制发生频率	控制执行人	样本量	样本描述	缺陷描述	检查资料索引	检查方法	备注
14	验收、汇总结果	经营管理科和生产技术科相关人员对各区段、工区班组核算工作考核情况认真汇总、总结后对其相关人员和班组严格按照班组核算考核标准进行评分奖惩	否								

4. 供电段材料领用流程检查模板

控制点编号	控制证据	检查内容	是否为关键控制点	控制发生频率	控制执行人	样本量	样本描述	缺陷描述	检查资料索引	检查方法	备注
1	材料领用工单	班组是否对材料领用创建区段进行把控	否								
2	审批结果	相关审批人员是否通过系统进行审批	是								
3	材料领用工单	供应处是否对照工单核对材料	否								
4	工单审核表	供应处是否对工单进行审核	否								
5	材料入库登记表	验收人是否按照工单对材料进行逐一核对材料入库	是								

续表

控制点编号	控制证据	检查内容	是否为关键控制点	控制发生频率	控制执行人	样本量	样本描述	缺陷描述	检查资料索引	检查方法	备注
6	材料消耗台账	是否准确编制材料消耗台账，材料的数目是否准确	否								
7	材料消耗台账	是否对上报的材料消耗台账进行认真核对并汇总认真分析	是								

5. 供电段用电管理流程检查模板

控制点编号	控制证据	检查内容	是否为关键控制点	控制发生频率	控制执行人	样本量	样本描述	缺陷描述	检查资料索引	检查方法	备注
1	年度用电计划	核对、核查年度运量，根据年度运量计算用电数据	否								
2	每月用电计划	经营科对用电计划进行按月分解，按月向铁路公司报送	否								
3	变配电所月报表	各变配点所上报的电度表读数，修配车间统计的汇总读数	是								

续表

控制点编号	控制证据	检查内容	是否为关键控制点	控制发生频率	控制执行人	样本量	样本描述	缺陷描述	检查资料索引	检查方法	备注
4	计量电费表	供电段人员对用电量进行反复核算，供电段和供电局人员两头核对用电量	是								
5	电费票	段相关人员与供电局人员核对各用电指数，确认后是否取票	是								
6	电费电度盖章	供电局人员审阅所有用电数据，供电局人员核查是否通过	是								
7	用电分析表	核对人员进行用电分析，是否将用电分析表报送段生产技术科、经营管理科	否								
8	付费审批表	段核算人员对付费审批表进行审核，将相关票据报送铁路财务部相关部门	否								
9	转账票据	段相关人员及时通知各供电局，各供电局人员及时进行查收	否								

续表

控制点编号	控制证据	检查内容	是否为关键控制点	控制发生频率	控制执行人	样本量	样本描述	缺陷描述	检查资料索引	检查方法	备注
10	付款函	供电局及时向供电段发出付款通知	否								
11	年度用电计划	进行用电分析 做下一年用电计划	否								

6. 货车段材料领用、发放流程检查模板

控制点编号	控制证据	检查内容	是否为关键控制点	控制发生频率	控制执行人	样本量	样本描述	缺陷描述	检查资料索引	检查方法	备注
1	车辆检修通知单	调度员是否按照上报的计划及时、准确扣车，保证行车安全	否								
2	车辆检查记录	作业人员是否对车辆进行检查，确认配件更换数量的准确性	否								
3	班组材料领料单	作业人员是否核对所领材料的配件、型号、数量，确保领料准确	否								
4	班组材料领用单	1. 作业人员领料后是否在班组材料领用单上签字确认，确保出库材料的准确无误 2. 库管员是否核对领料单，杜绝错领现象	否								

续表

控制点编号	控制证据	检查内容	是否为关键控制点	控制发生频率	控制执行人	样本量	样本描述	缺陷描述	检查资料索引	检查方法	备注
5	班组材料领用单	车辆份配送人员是否核对配件，确保配件数量的准确送达	否								
6	日写实台账	相关人员是否对车辆实际消耗如实填记，班组核算员做好核对	否								
7	日写实台账	班组工长是否及时认真复查日写实台账记录	是								
8	日写实台账	各工长是否复查日写实台账 车间核算员是否根据各组上报的日写实台账进行核算	否								
9	备品管理系统	综合事务员通过备品管理系统进行核对时，是否逐项核对、认真计算，确保数据准确	是								
10	段修生产任务考核表	车间工长是否对货车段修辅助台账及生产任务考核表进行检查	否								

续表

控制点编号	控制证据	检查内容	是否为关键控制点	控制发生频率	控制执行人	样本量	样本描述	缺陷描述	检查资料索引	检查方法	备注
11	货车段修辅助台账生产任务完成考核表	车间主任在核对时，是否逐项分析，确保上报经营管理科的数据准确无误	是								
12	车辆段成本考核表	经营科是否对上报成本报表及相关台账认真分析、核查，保证材料成本的有效卡控	是								

7. 信号段班组成本核算流程检查模板

控制点编号	控制证据	检查内容	是否为关键控制点	控制发生频率	控制执行人	样本量	样本描述	缺陷描述	检查资料索引	检查方法	备注
1	信号材料计划表	1. 信号工区工长对提报计划严格卡控，保证材料不浪费 2. 提报信号材料计划表之前要在其上签字，并负有相关责任	否								

续表

控制点编号	控制证据	检查内容	是否为关键控制点	控制发生频率	控制执行人	样本量	样本描述	缺陷描述	检查资料索引	检查方法	备注
2	信号材料计划表	1. 各工区每季首月5日前向所在区段提报下一季度材料计划 2. 信号区段对提报计划严格卡控数量，确保材料费用与库存不超标 3. 确认信号材料计划无误，在材料计划表上审核签字，并提报生产技术科	是								
3	信号材料计划表	1. 各区段每季首月10日前向生产技术科提报下一季度材料计划 2. 生产技术科对提报计划严格卡控数量，确保材料费用与库存不超标 3. 确认信号材料计划无误，在材料计划表上审批签字，并下达材料计划	是								

续表

控制点编号	控制证据	检查内容	是否为关键控制点	控制发生频率	控制执行人	样本量	样本描述	缺陷描述	检查资料索引	检查方法	备注
4	材料审批单	生产技术科审核后通知各工区集中领料，领料时间为每月的10—20日，无材料审批单不予领料	否								
5	各类台账	1. 各工区必须建立纸质材料台账，根据材料出入库情况及时进行账目登记。材料员每月进行一次账物核对，保证账物相符 2. 材料员认真做好材料库存报表，随时掌握材料库存动态，及时按定置要求补充材料 3. 工区每日工作所消耗的材料要记录在当日工作日志的"材料消耗"栏内，并且注明材料名称、规格、数量、单价，材料名称一样，规格不同的要分别记录 4. 工长对材料的使用要严格把关，保证材料不浪费、不流失	否								

续表

控制点编号	控制证据	检查内容	是否为关键控制点	控制发生频率	控制执行人	样本量	样本描述	缺陷描述	检查资料索引	检查方法	备注
6	核算报表	1. 信号工区每月22日下班前将本工区月度核算报表上报经营管理科 2. 经营管理科每季度对各工区的材料使用情况、账物管理等进行检查	否								
7	统计报表	经营管理科牵头组织有关部门按季考核，各分项指标以各分管部门考核认定为准，考核结果由经营管理科汇总整理，经段主管领导审批后兑现；考核采取日常检查、月度考核、季度验收相结合的形式进行	是								

8. 通信段材料领用流程检查模板

控制点编号	控制证据	检查内容	是否为关键控制点	控制发生频率	控制执行人	样本量	样本描述	缺陷描述	检查资料索引	检查方法	备注
1	材料使用计划	工长是否根据生产任务或年度生产计划，分解材料指标，形成日使用计划	否								

续表

控制点编号	控制证据	检查内容	是否为关键控制点	控制发生频率	控制执行人	样本量	样本描述	缺陷描述	检查资料索引	检查方法	备注
2	材料计划单	区段技术员结合生产任务分析时，是否根据分析情况报送计划	是								
3	收支存报表	经营管理科科长是否分析年度生产计划	是								
4/5/6	ERP审批记录	区段主任、生产技术科科长、段长是否结合实际情况审批	是								
7	材料计划单	供应处相关人员是否根据材料需求及时采购材料	否								
8	材料领用单	区段技术员是否统计各项数据，保证无漏项，数据准确。若发现数据有差异，是否及时核对	否								
9/10	材料领用单	工长、区段主任是否登记台账	否								
11	统计报表	材料员是否根据各区段上报的材料消耗，准确、真实、及时地反映出来，做好材料分析报表	是								

9. 车辆段班组修旧利废管理流程检查模板

控制点编号	控制证据	检查内容	是否为关键控制点	控制发生频率	控制执行人	样本量	样本描述	缺陷描述	检查资料索引	检查方法	备注
1	修旧利废项目清单	班组长应当建立修旧利废项目，是否形成修旧利废项目清单	是								
2	修旧利废项目清单	车间负责人是否详细审核修旧利废项目	是								
3	修旧利废项目清单	生产技术科是否审批修旧利废项目	是								
4	修旧利废项目清单	班组长是否对修旧利废项目规范化进行审核	否								
5	修旧利废项目清单	班组是否根据项目清单开展修旧利废	是								
6	考核结果	车间负责人是否做好班组修旧利废的考核工作，加强问题防范，节约成本	否								

10. 信号段班组废旧物资管理流程检查模板

控制点编号	控制证据	检查内容	是否为关键控制点	控制发生频率	控制执行人	样本量	样本描述	缺陷描述	检查资料索引	检查方法	备注
1	废旧物资回收台账	一旦产生废旧物资，工长是否及时回收	是								
2	废旧物资回收台账	技术员是否考虑设备更新、改造情况	是								
3	废旧物资回收台账	先关负责人是否做好监督、审核、上报	否								
4	废旧物资回收签字审批	相关负责人全面考虑生产任务、设备状况及中心预算	否								
5	废旧物资回收签字审批	相关负责人全面考虑设备状况、使用年限等技术指标	是								
6	废旧物资回收台账	工长是否做好废物回收记录	否								
7	废旧物资回收台账	相关负责人是否做好记录、监督、检查考核	否								

四、生产服务中心班组经济管理检查模板

1. 后勤服务部班组经济核算流程检查模板

控制点编号	控制证据	检查内容	是否为关键控制点	控制发生频率	控制执行人	样本量	样本描述	缺陷描述	检查资料索引	检查方法	备注
1	原材料消耗定额表	各食堂班组长是否按定额严格制订原材料计划	否								
2	材料计划表	核算员申报前是否做二次确认	是								
3	月度计划表	分管领导是否对原材料计划及其所用材料进行审查	是								
4	库存盘点表	总库保管员是否定期清查库内材料情况	否								
5	领料单	出库后总库保管员是否对照领料单确认材料数量	否								
6	核算资料	核算员是否认真核算	是								
7	食堂月报表	各班组长是否核算无误	是								
8	库存盘点表	总库保管员是否认真核对账物，进行物资盘点，并在盘点表上签字确认	是								
9	食堂年报表	各班组长是否核算无误	是								
10	食堂年报表	队部负责人是否对班组进行材料消耗定额的严格管控	是								

2. 后勤服务部食品采购流程检查模板

控制点编号	控制证据	检查内容	是否为关键控制点	控制发生频率	控制执行人	样本量	样本描述	缺陷描述	检查资料索引	检查方法	备注
1	各食堂食品采购计划表	各班组管理员是否按实际用量制订食品所需计划	是								
2	食品采购计划表	计划员申报前是否做两次确认	否								
3	食品采购计划表	部门负责人是否对采购计划及各食堂所用食品量严格审查	是								
4	食品采购计划表	供货商送货时，采购员是否认真检查食品质量，发现问题是否立即要求供货商重新备货、送货	是								
5	供货商资质，动检标志，检疫票，生产日期等	出库后库管是否对照领料单确认材料数量	是								
6	调拨单	食堂管理员和核算员是否都认真核对名称和数量	是								
7	验收单	财务人员是否认真、仔细查看验收单和做报销凭证	是								

3. 后勤服务部财务报销流程检查模板

控制点编号	控制证据	检查内容	是否为关键控制点	控制发生频率	控制执行人	样本量	样本描述	缺陷描述	检查资料索引	检查方法	备注
1	发货单据	会计是否按照公司要求索要发票及销货清单	否								
2	验收入库单	验收员是否保证数量及价格的准确性，对于不符合要求的将予退回	是								
3	验收入库单	保管员是否及时验收入库	是								
4	费用报销单	报销人是否按照财务要求填写费用报销单	否								
5	报销单	会计是否认真审核原始凭证发票及报销费用有误退回纠正	是								
6	报销单	财务经理是否对费用报销单进行审核	是								
7	会计凭证	会计是否编制会计凭证，正确进行账务处理	否								
8	报销单	主管是否要根据实际情况对费用进行账务处理	是								
9	会计凭证	出纳是否根据会计凭证出具兑换单	是								
10	各单据	会计提供会计信息是否具有真实性与及时性	否								

4. 水暖队班组核算流程检查模板

控制点编号	控制证据	检查内容	是否为关键控制点	控制发生频率	控制执行人	样本量	样本描述	缺陷描述	检查资料索引	检查方法	备注
1	检修计划表	检修工各班组长是否按规定制订检修计划	是								
2	材料表	检修工各班组长申报前是否做两次确认	否								
3	检修计划表	队领导是否对检修计划及其所用材料严格审查	否								
4	查验记录	保管员是否定期清查库内材料情况	是								
5	查验记录	检修工各班组长是否根据不同材料类型、存量、用度等拟定合理高效的采购需求	否								
6	领料单	出库后库管是否对照领料单确认材料数量	否								
7	出库单	核算员是否认真核算	是								
8	领料单	班组核算员是否认真核算	否								
9	材料分析报告	各班组核算员是否透彻、细致、全面地对本月所耗材料分类进行核算分析，找出本月各项成本增加或减少的原因并进行同比比较	是								
10	材料分析报告	队领导是否每月两次考核，一个季度兑现	否								

5. 供热车间班组核算流程检查模板

控制点编号	控制证据	检查内容	是否为关键控制点	控制发生频率	控制执行人	样本量	样本描述	缺陷描述	检查资料索引	检查方法	备注
1	检修计划表	各班组长是否按规定制订检修计划	是								
2	材料表	各班组长申报前是否做两次确认	否								
3	检修计划表	车间领导是否对检修计划及其所用材料严格审查	否								
4	库存表	库管是否定期清查库内材料情况	是								
5	记录表	各班组长申报前是否做两次确认	否								
6－1	领料单	出库后库管是否对照领料单确认材料数量	否								
6－2	领料单	核算员是否认真核算	是								
7	工作票	各班组长是否按照检修规程检修	否								
8	领料单	核算员是否认真核算	是								
9	分析报告单	车间领导是否认真分析生产任务及材料的使用方向	是								
10	考核表	车间领导是否严格按照考核制度考核	是								

6. 运输队车辆维修保养核算流程检查模板

控制点编号	控制证据	检查内容	是否为关键控制点	控制发生频率	控制执行人	样本量	样本描述	缺陷描述	检查资料索引	检查方法	备注
1	车辆维修保养申请单	班长是否按照车辆实际情况填写维修保养项目	是								
2	车辆维修保养申请单	队领导是否对维修保养申请单严格进行审批	否								
3	车辆维修保养申请单、维修明细表	修理工是否严格按照维修内容进行维修	是								
4	车辆维修保养申请单	班组长是否认真进行单车费用核算	是								
5	车辆费用明细表	核算员是否认真进行费用核算	否								
6	车辆费用明细表	队领导是否严格按照考核办法进行考核	否								

7. 车辆油脂消耗核算流程检查模板

控制点编号	控制证据	检查内容	是否为关键控制点	控制发生频率	控制执行人	样本量	样本描述	缺陷描述	检查资料索引	检查方法	备注
1	领料单、加油记录	班长是否及时领取油票，并做好加油记录	是								
2	加油记录	队领导是否对油票使用严格进行审批	否								
3	领料单	核算员是否及时发放油票，并做好记录	否								
4	油票统计表	加油工是否严格按照加油实际数进行统计	否								
5	加油记录	班组长是否认真进行单车油耗费用核算	否								
6	车辆油耗统计表	核算员是否根据加油站统计的油耗量与各单位车油耗量进行对比，认真进行费用核算	是								
7	车辆费用明细表	队领导是否严格按照考核办法进行考核	否								

8. 产品部化工班班组核算流程检查模板

控制点编号	控制证据	检查内容	是否为关键控制点	控制发生频率	控制执行人	样本量	样本描述	缺陷描述	检查资料索引	检查方法	备注
1	生产任务量	班组长是否按需求制订采购计划	是								
2	台账	核算员是否认真核对库存，纠正采购计划	否								
3	计划表	部领导是否严格审查计划	否								
4	计划表	库管是否对实物的质量、数量认真核对	是								
5	领料单	库管是否严格按照领料单出库	否								
6	领料单	核算员是否对照领料单认真核算	否								
7	领料单	班组长是否认真核算	是								
8	班组核算表	班组长是否对照核算，认真分析	否								
9	班组核算表	队领导是否严格进行考核	否								

9. 环卫绿化队材料领用核算流程检查模板

控制点编号	控制证据	检查内容	是否为关键控制点	控制发生频率	控制执行人	样本量	样本描述	缺陷描述	检查资料索引	检查方法	备注
1	材料领用计划表	班组长是否按规定制订材料领用计划	否								
2	材料领用表	班组长申报前是否做多次确认	否								
3	材料领用明细表	队领导是否确定材料领用名细与数量	是								
4	材料领用单	库管是否认真填写材料领用单	否								
5	材料领用明细表	核算员是否认真检查材料领用明细，确定领用数量	是								
6	出库单	库管对照领料单确认材料数量	否								
7	领料单	班组长是否认真对照并核算领料单	是								
8	班组经济核算表	核算员认真细致核算，确保准确无误	是								
9	经营分析	队领导是否公平、公正做出年终考核与奖惩工作	是								

10. 班组修旧利废管理流程检查模板

控制点编号	控制证据	检查内容	是否为关键控制点	控制发生频率	控制执行人	样本量	样本描述	缺陷描述	检查资料索引	检查方法	备注
1	修旧利废项目清单	班组长是否充分考虑班组生产中可修旧利废物件的情况	是								
2	修旧利废项目清单	技术员是否全面考虑班组生产任务、设备状况及车间预算	是								
3	修旧利废项目清单	技术员是否充分验证修旧利废项目的可行性	否								
4	修旧利废项目清单	车间负责人是否全面考虑车间生产任务、设备状况	是								
5	修旧利废项目清单	班组长是否对信息、数据统计全面、准确、真实	否								
6	修旧利废项目清单	1. 班组长是否做好班组修旧利废项目及分析 2. 班组长是否及时发现班组实际修旧利废过程中存在的问题，采取相应的防范措施，确保不浪费成本费用	是								

11. 班组废旧物资管理流程检查模板

控制点编号	控制证据	检查内容	是否为关键控制点	控制发生频率	控制执行人	样本量	样本描述	缺陷描述	检查资料索引	检查方法	备注
1	废旧物资回收台账	一旦产生废旧物资，班组长是否及时回收	是								
2	废旧物资回收台账	保管员是否全面考虑班组生产任务	是								
3	废旧物资回收台账	经营管理部负责人是否做好监督、控制工作	否								
4	生产任务单	生产技术部是否从实际出发，全面考虑生产任务、设备状况	是								
5	废旧物资回收台账	班组长是否做好废物回收记录	否								
6	废旧物资回收台账	经营管理部负责人是否做好记录、监督、检查考核	否								